Arbeitsmarktpolitik nach der Vereinigung

Herausgegeben vom
Wissenschaftszentrum Berlin für Sozialforschung

Forschungsschwerpunkt: Arbeitsmarktpolitik und Beschäftigung
Direktor: Professor Dr. Günther Schmid

Hubert Heinelt
Gerhard Bosch
Bernd Reissert (Hg.)

Arbeitsmarktpolitik nach der Vereinigung

Die Deutsche Bibliothek - CIP-Einheitsaufnahme

Arbeitsmarktpolitik nach der Vereinigung / [Hrsg. vom
Wissenschaftszentrum Berlin für Sozialforschung,
Forschungsschwerpunkt: Arbeitmarktpolitik und Beschäftigung].
Hubert Heinelt ... (Hg.). - Berlin : Ed. Sigma, 1994
  ISBN 3-89404-133-1
NE: Heinelt, Hubert [Hrsg.]; Wissenschaftszentrum Berlin für
  Sozialforschung / Forschungsschwerpunkt Arbeitsmarktpolitik
  und Beschäftigung

© Copyright 1994 by edition sigma® rainer bohn verlag, Berlin.
Alle Rechte vorbehalten. Dieses Werk einschließlich aller seiner
Teile ist urheberrechtlich geschützt. Jede Verwertung außerhalb der
engen Grenzen des Urheberrechtsgesetzes ist ohne schriftliche
Zustimmung des Verlags unzulässig und strafbar. Das gilt insbesondere für Vervielfältigungen, Mikroverfilmungen, Übersetzun-
gen und die Einspeicherung in elektronische Systeme.

Konzeption und Gestaltung: Rother + Raddatz, Berlin.

Druck: WZB
Printed in Germany

Inhalt

Seite

Arbeitsmarktpolitik nach der Vereinigung. Einleitende Bemerkungen
Hubert Heinelt/Gerhard Bosch/Bernd Reissert   7

I. Arbeitsmarktpolitik in der (bundes-)politischen Debatte

Zur Veränderung der arbeitsmarktpolitischen Instrumente seit 1990
Jürgen Kühl   13

Aktuelle Debatten über eine Reform des Arbeitsförderungsgesetzes
Gerhard Bosch   30

Beitrags- oder Steuerfinanzierung der Arbeitsmarktpolitik? Rückblick und Ausblick auf eine Debatte
Bernd Reissert   43

Kontinuität trotz Veränderung. Arbeitsmarktpolitik nach der Vereinigung
Hubert Heinelt   58

II. Die Krise des Erwerbssystems in Ostdeutschland

Wirksamkeit von Arbeitsmarktpolitik angesichts regional bedeutsamer Betriebsschließungen
Hartmut Häußermann/Heiner Heseler   76

III. Arbeitsmarktpolitische Instrumente in der Bewährung

Kurzarbeit und Qualifizierung - ein neues Instrument zur Förderung des Strukturwandels?
Hartmut Seifert   100

Mega-Arbeitsbeschaffungsmaßnahmen in den neuen Bundesländern - Bestandsaufnahme und Perspektiven
Knut Emmerich 115

AFG-geförderte Weiterbildung - mehr als eine "Warteschleife"?
Karin Müller 137

Plädoyer für Lohnkostensubventionen in den neuen Bundesländern
Lutz Bellmann 150

IV. Problemlösung durch dezentrale Politik? Zu den Trägern arbeitsmarktpolitischer Aktivitäten

Die Umsetzung von Arbeitsmarktpolitik durch die Arbeitsverwaltung
Brigitte Völkel 158

ABS-Gesellschaften als dezentrale Akteure der Arbeitsmarkt- und Strukturpolitik: Problemlösung "vor Ort"?
Matthias Knuth 172

Trägerstrukturen im ökonomischen Strukturbruch Ostdeutschlands. Die Trägergesellschaft Schiffbau in der Werftindustrie Mecklenburg-Vorpommerns
Bernd-Georg Spies 185

Betriebliche Weiterbildung als Element regionaler Arbeitsmarktpolitik in den neuen Bundesländern?
Rolf Dobischat/Rudolf Husemann 197

Das scheue Reh und die Kröte. Investition und Beschäftigung im Kalkül der Treuhandanstalt
Roland Czada 214

Die Kommunen als arbeitsmarktpolitischer Akteur
Alexander Wegener 234

Autorinnen und Autoren 249

Arbeitsmarktpolitik nach der Vereinigung. Einleitende Bemerkungen

Hubert Heinelt/Gerhard Bosch/Bernd Reissert

> "In welcher Art und Weise, unter welchen Bedingungen, mit welchen Verzögerungen und mit welchen Langzeit-Wirkungen Katastrophen die staatliche Steuerung beeinflussen, das (...) sind Fragen, auf die man beim derzeitigen Forschungsstand keine gesicherten Antworten geben kann." (Schmidt 1988, 25)

Manfred G. Schmidt nimmt in diesem Zitat zwar ausdrücklich auf Katastrophen ("Kriege und nicht-kriegsbedingte Katastrophen") Bezug, die Intention seiner Feststellung bezieht sich jedoch allgemeiner auf einschneidende Ereignisse oder Entwicklungen und auf die Frage nach einem "Lernen aus Katastrophen" (vgl. dazu Schmidt 1989). Seine Aussage läßt sich deshalb auch allgemeiner formulieren: Politikwissenschaftliche Forschungen haben sich bisher darauf beschränkt, "konventionelle" Wechselbeziehungen zwischen dem politischen System und den Anforderungen aus der gesellschaftlichen Umwelt sowie zwischen Politikinhalten einerseits und politischen Strukturen und Prozessen andererseits zu analysieren. Angesichts fehlender außerordentlicher Ereignisse in den letzten Jahrzehnten konnte sich die Forschung eine derartige Beschränkung auch erlauben.

Die mit dem Zusammenbruch der DDR-Gesellschaft in Gang gesetzte Entwicklung im vereinigten Deutschland stellt nun allerdings eine außerordentliche Situation dar und fordert dazu heraus, das von M.G. Schmidt konstatierte Forschungsdefizit zu beheben.

Eine Frage, die die Beiträge des vorliegenden Buches durchzieht, lautet denn auch, "in welcher Art und Weise, unter welchen Bedingungen, mit welchen Verzögerungen und mit welchen Langzeit-Wirkungen" die "Beschäftigungskatastrophe" in den neuen Bundesländern auf Institutionen und Instrumente der Arbeitsmarktpolitik wirkt. Damit in Verbindung steht auch die Frage, warum trotz der in der Wirtschaftsgeschichte nahezu einzigartigen Beschäftigungsverluste und des ebenso einzigartigen massiven Einsatzes arbeitsmarktpolitischer Maßnahmen in Ostdeutschland mit weitgehend denselben Instrumenten und Institutionen operiert wird, die sich unter völlig anderen Bedingungen in Westdeutschland herausgebildet haben. Konkret: Warum hat sich angesichts der Beschäftigungskatastrophe und der Massenarbeitslosigkeit in Ostdeutschland keine grundlegende Veränderung der Arbeitsmarktpolitik ergeben?

Die aufgeworfene Frage läßt sich auf allgemeinere wissenschaftliche Erkenntnisse rückbeziehen. Wenn es nämlich zutrifft, daß Sozialpolitik (und damit auch Arbeitsmarktpolitik) in Deutschland eine bemerkenswerte Kontinuität über gesellschaftliche Umbrüche hinweg aufweist (vgl. insbesondere Schmidt 1988, 109 ff. sowie Alber 1988 und Ritter 1987), dann ist zu fragen, wie dennoch ein "Umweltbezug" hergestellt worden ist (und hergestellt wird), d.h. wie funktionale Probleme der Gesellschaft im politischen System thematisiert und Lösungen für veränderte Probleme entwickelt und institutionalisiert worden sind (und institutionalisiert werden). Oder anders ausgedrückt: Wie gelingt es dem politischen System trotz seiner bemerkenswerten Kontinuität, bei Veränderungen der gesellschaftlichen Umwelt zu "Lernprozessen" und "Strukturverbesserungen" zu gelangen (Zapf 1991, 46) oder zumindest das völlige Versagen der Politik zu vermeiden?

Im ersten Teil des Buches, der die Rahmenbedingungen der Arbeitsmarktpolitik im Vereinigungsprozeß beleuchtet, zeigt *Jürgen Kühl* zunächst, wie politisch mit lediglich marginalen Veränderungen der arbeitsmarktpolitischen Instrumente seit 1990 auf die Herausforderungen der deutschen Einigung reagiert worden ist. Dem stellt *Gerhard Bosch* die aktuellen Debatten über eine Reform des Arbeitsförderungsgesetzes gegenüber; in diesen Reformdebatten, die nicht zuletzt durch die ostdeutschen Erfahrungen angestoßen worden sind, wird kontrovers darüber diskutiert, ob sich die beabsichtigten Reformen innerhalb des bestehenden Arbeitsförderungsgesetzes realisieren lassen oder ob ein institutioneller Bruch notwendig ist. Der anschließende Beitrag von *Bernd Reissert* geht auf die Debatten um die Finanzierung der Arbeitsmarktpolitik ein, die die arbeitsmarktpolitische Diskussion auch schon vor der deutschen Vereinigung beherrscht haben (vgl. etwa Bosch 1986; Bruche/Reissert 1985) und die trotz der sich abzeichnenden institutionellen und finanziellen Grenzen der bestehenden Arbeitsmarktpolitik im Vereinigungsprozeß keine Resonanz gefunden haben. *Hubert Heinelt* stellt am Ende des ersten Teils Reflexionen über Strukturmerkmale verschiedener staatlicher Problemlösungen (Reformtypen) an, fragt nach politikfeld-spezifischen Besonderheiten der Problemthematisierung und institutionellen Innovation, die für staatliche Problemlösungen im Bereich der Arbeitsmarktpolitik maßgeblich sind, und versucht, Entwicklungstendenzen der Arbeitsmarktpolitik aufzudecken, die deswegen unterbewertet oder unentdeckt geblieben sind, weil sich die Aufmerksamkeit entweder auf marginale Veränderungen von Instrumenten oder auf eine erhoffte grundlegende Reform der Arbeitsmarktpolitik konzentriert hat.

Im zweiten Teil des Buches folgt ein Beitrag von *Hartmut Häussermann und Heiner Heseler*, der das Ausmaß der Krise des Erwerbssystems in den neuen Bundesländern am Beispiel regional bedeutsamer Betriebsschließungen verdeutlicht und damit auch das Einsatzfeld und die Bedeutung arbeitsmarktpolitischer Abfederungs- und Anpassungsmaßnahmen beleuchtet.

Im dritten Teil werden die Bewertungen arbeitsmarktpolitischer Instrumente und ihrer Veränderungen, die Jürgen Kühl im Einleitungsbeitrag vorgenommen hat, durch Analysen zur Kurzarbeit (von *Hartmut Seifert*), zu Arbeitsbeschaffungsmaßnahmen (von *Knut Emmerich*) und zu Fortbildungs- und Umschulungsmaßnahmen nach dem Arbeitsförderungsgesetz (von *Karin Müller*) vertieft. Im Mittelpunkt stehen dabei die Fragen, ob sich die Instrumente in Ostdeutschland "bewährt" haben und ob sich aus dem vom Westen abweichenden Instrumenteneinsatz Perspektiven für die Reform arbeitsmarktpolitischer Instrumente in Gesamtdeutschland gewinnen lassen. Letzteres gilt etwa für Weiterbildung im Rahmen von Kurzarbeit, für neue Finanzierungs- und Trägerkonstruktionen bei Arbeitsbeschaffungsmaßnahmen und für Kooperationsmodelle bei Fortbildungs- und Umschulungsmaßnahmen. Mit einem auf die Reform arbeitsmarktpolitischer Interventionen abzielenden Plädoyer für befristete Lohnkostensubventionen schließt *Lutz Bellmann* diesen Teil zu den Instrumenten der Arbeitsmarktpolitik ab.

Der vierte Teil, der sich mit Trägern arbeitsmarktpolitischer Aktivitäten beschäftigt, ist mit der Frage "Problemlösung durch dezentrale Politik?" überschrieben. Damit ist die Richtung angegeben, in der eine Antwort auf die eingangs aufgeworfenen Fragen zu suchen ist - vor allem auf die Frage, warum in Ostdeutschland trotz einzigartiger Beschäftigungsverluste mit weitgehend unveränderten arbeitsmarktpolitischen Instrumenten und Institutionen operiert werden konnte und es dennoch zu Lernprozessen und Innovationen und nicht zum völligen Versagen der "Politik" gekommen ist. Die Bedeutung dezentraler Politik für die Beantwortung dieser Frage ergibt sich daraus, daß "aktive Arbeitsmarktpolitik" in der Bundesrepublik zwar vergleichsweise stark verrechtlicht ist (Schmid/Reissert/Bruche 1987, 222 ff.), die rechtlichen Normen aber dennoch Spielräume für Gestaltungs- und Aushandlungsprozesse vor Ort lassen. Die Realisierung eines politischen Zwecks/Ziels wird deshalb trotz der starken Verrechtlichung nicht vollständig durch die "von oben" vorgegebenen Instrumente und Institutionen bestimmt; sie hängt entscheidend von (lokalen) "Implementationsakteuren und -strukturen" ab, die die arbeitsmarktpolitischen Instrumente nicht nur situativ anzupassen haben, sondern auch inhaltlich ausgestalten können (vgl. dazu u.a. Wollmann 1986; Bosch u.a. 1987; Schmid 1987; Maier 1988; Benzler/Heinelt 1991). Die Flexibilität dieser dezentralen Akteure - so deuten es die hier versammelten Beiträge an - hat die Arbeitsmarktpolitik in Ostdeutschland offenbar trotz fehlender instrumenteller und institutioneller Veränderungen vor dem Scheitern bewahrt.

In den einzelnen Beiträgen dieses vierten Teils geht *Brigitte Völkel* zunächst auf die Umsetzung der Arbeitsmarktpolitik durch die Arbeitsverwaltung ein. *Matthias Knuth* thematisiert in einer Analyse der Beschäftigungs- und Qualifizierungsgesellschaften unmittelbar die Handlungsmöglichkeiten und Perspektiven arbeitsmarktpolitischer Problemlösung "vor Ort". Ergänzt wird der Beitrag von Matthias Knuth durch eine Darstellung der Trägergesellschaft Schiffbau in der Werftindustrie Mecklenburg-Vorpommerns von *Bernd-Georg Spies*; in ihr wird die Notwendigkeit, aber auch die Möglichkeit einer Verzahnung von Wirtschafts-, Struktur- und Arbeitsförderung durch örtliche Akteure herausgearbeitet. Spies unterstreicht auch die Bedeutung der in Ostdeutschland neu entstandenen Beratungseinrichtungen, auf die im übrigen auch Jürgen Kühl in seinem Aufriß arbeitsmarktpolitischer Veränderungen hingewiesen hat. *Rolf Dobischat und Rudolf Husemann* thematisieren Anforderungen und Bedingungen betrieblicher Weiterbildung in Ostdeutschland, und *Roland Czada* setzt sich mit der Privatisierungspolitik der Treuhandanstalt und ihren immer deutlicher hervortretenden arbeitsmarktpolitischen Funktionen auseinander. *Alexander Wegener* geht schließlich auf die ostdeutschen Kommunen als arbeitsmarktpolitische Akteure ein, wobei er ihre Aktivitäten mit westdeutschen Debatten und Erfahrungen einer innovativen Arbeitsmarktpolitik "von unten" konfrontiert.

Hervorgegangen ist dieses Buch aus einer Tagung, die die Herausgeber am 11. und 12. März 1993 im Leibnizhaus in Hannover veranstaltet haben. Die Tagung fand unter der Schirmherrschaft des niedersächsischen Sozialministers Walter Hiller statt und wurde vom Institut Arbeit und Technik des Wissenschaftszentrums Nordrhein-Westfalen (Gelsenkirchen), der Abteilung Sozialpolitik und Public Policy des Instituts für Politische Wissenschaft der Universität Hannover, dem Institut für Sozialpolitik und Stadtforschung (Hannover) und dem Wissenschaftszentrum Berlin für Sozialforschung (WZB) organisatorisch und finanziell unterstützt. Wir bedanken uns in diesem Zusammenhang besonders bei Regina Eggers, Ute Huntebrinker, Veronique Jaeger, Judith Jungfels und Karin Reinsch, die an der organisatorischen Vorbereitung und Abwicklung der Tagung beteiligt waren, bei den Teilnehmern der Tagung, die die einzelnen Referate kritisch und hilfreich diskutierten, bei Dagmar Simon, die die schriftlichen Beiträge kommentierte, bei Stefan Plaß und Sigune Hartnack, die bei der technischen und redaktionellen Bearbeitung der Beiträge für die Publikation behilflich waren, sowie bei Günther Schmid, der die Buchpublikation unterstützte. Bei einem Empfang im Rathaus am Abend des ersten Veranstaltungstages gab der Oberbürgermeister der Landeshauptstadt Hannover, Herbert Schmalstieg (MdL), zusammen mit Oberstadtdirektor Jobst Fiedler den Teilnehmern der Tagung die Möglichkeit zu einem entspannten Gedankenaustausch.[1]

Literatur

Alber, J., 1988: Der Sozialstaat in der Bundesrepublik Deutschland 1950-1983, Frankfurt/New York

Benzler, S./Heinelt, H., 1991: Stadt und Arbeitslosigkeit. Örtliche Arbeitsmarktpolitik im Vergleich, Opladen

Bosch, G., 1986: Perspektiven der Finanzierung der Arbeitsmarktpolitik, in: K.J. Bieback (Hrsg.): Die Sozialversicherung und ihre Finanzierung, Frankfurt/New York, S. 320-348

---

1 Nicht dokumentiert ist im vorliegenden Buch eine lebhafte Podiumsdiskussion unter Praktikern zum Thema "Zukunft der Arbeitsmarktpolitik", mit der die Tagung abgeschlossen wurde. An ihr nahmen unter der Leitung von *Henning Schierholz* (Institut für Jugend-, Arbeits- und Bildungsfragen/INJAB) teil: *Georg Sandmann* (Leiter der Unterabteilung Arbeitsförderung und Arbeitslosenversicherung im Bundesministerium für Arbeit und Sozialordnung), *Christian Hawel* (Leiter der Abteilung Arbeitsvermittlung und Arbeitsberatung beim Landesarbeitsamt Niedersachsen-Bremen), *Dieter Kleine* (Leiter des Referats Arbeit im Niedersächsischen Sozialministerium) und *Bernd-Georg Spies* (Gesellschaft zur Beschäftigungsförderung des Sektors Maschinen- und Schiffbau mbH, Rostock).

Bosch, G./Gabriel, H./Seifert, H./Welsch, J., 1987: Beschäftigungspolitik in der Region, Köln

Bruche, G./Reissert, B., 1985: Die Finanzierung der Arbeitsmarktpolitik. System, Effektivität, Reformansätze, Frankfurt/New York

Maier, F., 1988: Beschäftigungspolitik vor Ort: Die Politik der kleinen Schritte, Berlin

Ritter, G.A., 1987: Soziale Sicherheit in Deutschland und Großbritannien von der Mitte des 19. Jahrhunderts bis zum Ersten Weltkrieg, in: Geschichte und Gesellschaft 13/1987, S. 137-156

Schmid, G., 1987: Handlungsspielräume der Arbeitsämter beim Einsatz operativer Arbeitsförderungsmaßnahmen, in: P. Hurler/M. Pfaff (Hrsg.), Lokale Arbeitsmarktpolitik, Berlin, S. 31-56

Schmid, G./Reissert, B./Bruche, G., 1987: Arbeitslosenversicherung und aktive Arbeitsmarktpolitik: Finanzierungssysteme im internationalen Vergleich, Berlin

Schmidt, M.G., 1988: Einleitung, in: ders. (Hrsg.): Staatstätigkeit. Internationale und historisch vergleichende Analysen (PVS-Sonderheft 19), Opladen, S. 1-35

Schmidt, M.G., 1989: Learning from Catastrophes. West Germany's Public Policy, in: F.G. Castles (Hrsg.): The Comparative History of Public Policy, Cambridge/Oxford, S. 56-99

Wollmann, H., 1986: Stadtpolitik - Erosion oder Erneuerung des Sozialstaats "von unten"?, in: Blanke, B./Evers, A./Wollmann, H. (Hrsg.): Die Zweite Stadt. Neue Formen lokaler Arbeits- und Sozialpolitik (Leviathan-Sonderheft 7), Opladen, S. 79 - 101

Zapf, W., 1991: Der Untergang der DDR und die soziologische Theorie der Modernisierung, in: Giesen, B./Leggewie, C. (Hrsg.): Experiment Vereinigung. Ein sozialer Großversuch, Berlin, S. 38-51

Zur Veränderung der arbeitsmarktpolitischen Instrumente seit 1990

Jürgen Kühl

1. Die Alternativen der Arbeitsförderungsinstrumentarien

Die Beschäftigungskatastrophe in den neuen Ländern geht zu nicht zurechenbaren Teilen auf den an westlichen Maßstäben gemessen nur halb so effizienten Zustand der DDR-Wirtschaft in 1989/90, auf die Verschlechterung ihrer Exportperspektiven durch die Aufwertung ihrer Währung am 1. Juli 1990 und den Einbruch der Ostmärkte sowie auf die nunmehr dreijährige Transformationskrise am Arbeitsmarkt zurück. Das Institut für Arbeitsmarkt- und Berufsforschung (IAB) beziffert für Mai 1993 das ostdeutsche Arbeitsplatzdefizit auf 36 % der Erwerbspersonen plus Maßnahmeteilnehmer. Eingeschlossen ist der Saldo der Pendler - 460.000 West - abzüglich 75.000 Ostpendler; nicht enthalten ist die denkbare Arbeitsplatznachfrage der sich auf 100.000 Personen allmählich aufbauenden Stillen Reserve und der eventuell rückwanderungswilligen DDR-Flüchtlinge und Übersiedler (vgl. Bach u.a. 1993, 16). Das Beschäftigungsdefizit ist überall groß, am geringsten im Arbeitsamt (AA)-Bezirk Dresden mit 26 %, am größten im AA-Bezirk Suhl mit 43 %.

Die wichtigsten Bewältigungsformen der Beschäftigungskatastrophe, die auch als Halbierung der Beschäftigtenzahl zwischen 1989/90 und 1993 ausgedrückt werden kann, waren
- *"Vorverrentungen"* für 220.200 Empfänger von Vorruhestandsgeld und 646.400 von Altersübergangsgeld, so daß im Mai 1993 79 "Vorrentner" auf 100 registrierte Arbeitslose entfielen. Obendrein arbeiten jene 10 bis 15 % der Rentner nicht mehr, die in der DDR wegen Kräftemangel, besonderer Unterstützung und niedriger Renten erwerbstätig waren. Es ist fraglich, ob diese eine Million Menschen wieder arbeiten würde;
- *Übersiedlungen, Abwanderungen und Westpendler* machen über eine weitere Million aus, die im Unterschied zur Gruppe der "Verrenteten" sehr wohl als Arbeitsplatznachfrager im Osten in Frage kommen;

- Gut eine Million Menschen ist *arbeitslos*, Langzeitarbeitslosigkeit mit ihren strukturellen Verhärtungen und Konzentrationen baut sich ebenso auf wie die Stille Reserve;
- *Kurzarbeit* von 215.000 - dies entspricht bei einem durchschnittlichen Arbeitszeitausfall von 45 % rd. 100.000 -, gut eine viertel Million in Arbeitsbeschaffungsmaßnahmen (ABM) aller Art und 382.000 Teilnehmer an Vollzeitmaßnahmen der beruflichen *Fortbildung und Umschulung* (FuU) beziffern die Entlastung der Arbeitslosigkeit durch *aktive Arbeitsmarktpolitik* auf eine dreiviertel Million;
- Von den ehemals 4,08 Millionen Arbeitsplätzen in Kombinaten, Betrieben und Verwaltungen, die später der Treuhandanstalt (THA) unterstellt wurden, sind nach dreijähriger Arbeit noch gut eine Million Arbeitsplätze in *privatisierten Betrieben* vorhanden, freilich mit 1993/94 sinkender Tendenz in allen Arbeitsamtsbezirken und allen Branchen mit Ausnahme des Baunebengewerbes. Dies und viele andere Indikatoren belegen die De-Industrialisierung im Transformationsprozeß, ohne daß massive Kapitalsubventionen, öffentliche Investitionen, Existenz- und Ausgründungen eine Reindustrialisierung zu einer wettbewerbsfähigen Wertschöpfungsbasis eingeleitet hätten (vgl. Kühl 1993b).

Es ist müßig, den politischen Akteuren und Institutionen Versagen vorzuhalten, da sie zum Zeitpunkt der Wirtschafts-, Währungs- und Sozialunion von der Vereinigung beider deutscher Staaten weder eine konzeptionelle noch eine finanzielle Vorstellung von Ablauf, Dauer, Kosten und deren gerechte Verteilung zwischen den Bevölkerungsgruppen oder den Steuer- bzw. Beitragszahlern hatten. Zudem wurden Hinweise, Prognosen, Perspektivrechnungen und Szenarien über die Beschäftigungskatastrophe nicht Grundlage politischen Handelns, Verschlechterungen der Lage und der Perspektiven nicht Anlaß zum Strategiewechsel. Die Beschäftigungsprobleme einer Systemumwandlung und der simplen Transplantation von Währung, Marktsystem, Regelungen und Institutionen des Westens ohne Kenntnis des Zeitbedarfs von Transformationsprozessen bleiben auf der Bundesebene zwei öffentlich-rechtlichen Anstalten, der Bundesanstalt für Arbeit (BA) und der Treuhandanstalt, sowie den neuen Ländern überlassen.

Alle waren im Aufbau und instrumentell, finanziell und personell mit den völlig neuen Aufgaben und deren nie erlebten Ausmaßen überfordert:

- Zum einen haben BA und THA keinen beschäftigungs- und strukturpolitischen Auftrag, obwohl sie zeitweilig bis zu 40 % des ostdeutschen Sozialprodukts ausgeben. Die zuständigen Länder hatten freilich kein Geld für diese Aufgaben und der Bund erschöpfte sich in Aufschwungprogrammen zur Anschubfinanzierung;
- zum anderen verfolgte die THA in dem Irrtum, Privatisierung sei die beste Sanierung, lange Zeit die Strategie eines Beschäftigungsabbaus in ihren Firmen solange, bis Kaufinteressenten an der Übernahme interessiert waren, weil ja die soziale Sicherung die Betroffenen auffangen würde. Die BA war freilich mit ihrem Instrumentarium des Arbeitsförderungsgesetzes (AFG) nicht in der Lage, rd. drei Millionen an Beschäftigungsabbau allein in THA-Unternehmen aufzufangen.

Somit standen *zwei Strategiealternativen* für die Arbeitsmarktpolitik zur Auswahl:
1. Übertragung des westdeutschen AFG bzw. Anwendung des per Einigungsvertrag fortgeltenden DDR-AFG vom 20. Juni 1990 mit seiner Individualorientierung auf anspruchsberechtigte Bezieher aktiver oder passiver Leistungen, kaum Innovationen auf der Instrumentenebene, massive Ausweitung der BA-Ausgaben Ost auf knapp 50 Milliarden DM in 1993, weitgehende Finanzierung der andernorts erdachten Innovationen auf der Maßnahmeebene wie Mega-ABM oder Gesellschaften zur Arbeitsförderung, Beschäftigung und Strukturförderung (ABS). Extensive Auslegung des Regelungs- und Finanzrahmens zur Unterstützung des Transformationsprozesses durch beschäftigungsstützende Maßnahmen wie Kurzarbeit und ABM, zum Teil mit investivem Charakter zur Verbesserung der unternehmensbezogenen und sozialen Infrastruktur und Angebotsbedingungen; Re-Qualifizierung und Erhalt des Arbeitsvermögens als Standortvorteil; Unterstützung von arbeitslosen Existenzgründern und Ausgründungen; Arbeitsmarktentlastung durch Frühverrentungen.
2. Instrumentelle Experimente und grundlegende Neuerungen der Beschäftigungsförderung; Finanzierung von Arbeit statt Arbeitslosigkeit; Verbindungen von Arbeitsmarktpolitik mit regionaler und sektoraler Strukturpolitik, Beteiligung an der Sanierung von THA-Unternehmen vor deren Verkauf; Mithilfe bei der Wiederherstellung der Wertschöpfungsbasis durch Arbeitsförderung; Aufbau mehrfacher Auffangnetze gegen Arbeitslosigkeit von innerbetrieblichen über betriebsgestützte zu betriebsfernen, aber betriebsorientierten Maßnahmen bis hin zu einem zweiten Arbeits-

markt, der vor allem Langzeitarbeitslose und Opfer der Beschäftigungskatastrophe aufnimmt und möglichst zahlreich wieder in den ersten Arbeitsmarkt integriert.

Im folgenden wird ausgeführt, warum die von der Bundesregierung konzipierte AFG-Politik dem ersten Modell folgte, so daß es kaum qualitative Veränderungen der Instrumente gab, obwohl die Ausgaben sehr rasch erhöht wurden.

2. Die klassischen AFG-Instrumente im Einsatz

Das AFG und seine Instrumente sind nicht für Beschäftigungskrisen geschaffen, weder im Westen noch im Osten, egal ob es vereinigungsbedingte oder aus der Transformationskrise folgende Arbeitsplatzverluste sind. Auch in Westdeutschland gab es in der Hochkonjunktur 1980 noch rd. 880.000, in der Hochkonjunktur des Einigungsbooms 1990 noch 1,8 Millionen Arbeitslose. Der Schub verhärteter Dauerarbeitslosigkeit wird auch nach der dritten Rezession 1993/94 noch größer sein. Während Qualifizierungsstrategien ohne Möglichkeit, eine anschließende Beschäftigung zu fördern, und Ausgliederungsstrategien über Vorverrentungen vorherrschen und mit bisher zwei bzw. knapp eine Million Teilnehmern das größte Gewicht haben, sind die beschäftigungsstützenden Maßnahmen wie Kurzarbeit, die beschäftigungsfördernden Lohnkostenzuschüsse und die beschäftigungsschaffenden ABM im Vergleich zur Problemlage und zu den Angebots- bzw. Individualinstrumenten ungleichgewichtig eingesetzt und unterentwickelt.

Zunächst zeigt sich eine Konzentration der Ausgaben auf die klassischen, d.h. westdeutschen AFG-Instrumente (vgl. dazu und zum folgenden die Übersicht 3 in dem in diesem Buch enthaltenen Beitrag von Birgit Völkel). Im aktiven wie im passiven Bereich erfolgten - mit Ausnahme der Kurzarbeit unter Sonderregelung - massive Ausgabesteigerungen von 1991 bis 1993. Altersübergangsgeld mit 12 Milliarden. DM, Arbeitslosengeld mit 11 Milliarden, Fortbildung und Umschulung mit 10 Milliarden und ABM mit 9 Milliarden machen 1993 - wie in den Vorjahren - die größten Ausgabeposten aus.

Mit zusammen 48 Milliarden DM gibt die BA gut 17 % des ostdeutschen Bruttoinlandsprodukts aus (1991: 16 %, 1992: 20 %) und ist zusammen mit der THA der größte Ausgabenträger. Der Anteil der aktiven Ausgaben sank ständig:

1991 61,7 % der BA-Ausgaben (47,8 % im Westen)
1992 50,8 % der BA-Ausgaben (44,8 % im Westen)
1993 47,5 % der BA-Ausgaben (36,9 % im Westen).
Stark steigend auf 3,3 Milliarden DM entwickelt sich die Arbeitslosenhilfe aus Bundesmitteln. Zwei Drittel aller Sozialhilfeempfänger benötigen diese kommunale Leistung wegen ihrer Arbeitslosigkeit.

Trotz beachtlicher Einnahmesteigerungen der BA in den neuen Ländern betrug ihr dortiges Defizit 1991 bis 1993 insgesamt 92,6 Milliarden DM, die durch den Transfer westdeutscher Beitragsüberschüsse von 58,8 Milliarden und durch 33,8 Milliarden DM an Bundeszuschüssen finanziert werden. Also tragen die westdeutschen Beitragzahler zwei Drittel der einigungsbedingten BA-Defizite, der Bund nur ein Drittel. Die Arbeitsmarktfolgen der Vereinigung sind nicht ausgewogen und gerecht finanziert worden.

Ferner wurden die Folgen der Halbierung der Beschäftigtenzahl - im März 1993 gab die BA 5,5 Millionen sozialversicherte Arbeitnehmer an - und (darin enthalten) die Beschäftigungsfolgen der Privatisierung/Liquidation durch die THA als gesellschaftliches Problem hauptsächlich der BA und ihrer begrenzten Finanzierung überantwortet. Dem Äquivalenzprinzip unterworfene Versicherungsleistungen nach dem AFG und den Beitragszahlern zunehmend aufgeladene Vereinigungskosten sind weniger geeignet als nach dem Leistungsfähigkeitsprinzip aus allgemeinen Haushaltsmitteln finanzierte Aufbauaufgaben. Diese Fehlfinanzierung bedingt auch steigende Anteile passiver Ausgaben der BA mangels geeigneter Instrumente zur Beschäftigungsförderung. Etwa 2 %-Punkte des Beitrags zur BA von 6,5 % entfallen mit steigender Tendenz auf die Belastungsverschiebung vom Bund zur BA. Erwogene weitere Beitragssatzerhöhungen wurden verworfen, weil sie finanztechnisch unsystematisch und als weitere Lohnzusatzkosten rezessionsverschärfend gewesen wären. Diese Enwicklung erlaubte auch keine Instrumenteninnovationen, die eher über die Bundes- und Länderhaushalte zu finanzieren wären.

3. Zur Veränderung einzelner Instrumente

Im Detail wurden wichtige Veränderungen einzelner Instrumente vorgenommen.

3.1 Strukturelle Kurzarbeit nach § 63 Abs. 4 AFG

Im Unterschied zum vorübergehenden Arbeitsausfall wird "bis zum 31. Dezember 1995 Kurzarbeitergeld auch an Arbeitnehmer gewährt, ... wenn der Arbeitsausfall auf einer schwerwiegenden Verschlechterung der Lage des Wirtschaftszweiges beruht und der hiervon betroffene Arbeitsmarkt außergewöhnliche Verhältnisse aufweist; ... Der Betrieb soll den ... Arbeitnehmern eine berufliche Qualifizierung ermöglichen."

Tabelle 1: Kurzarbeit 1991 - 1993 im Vergleich

	1.4. 1991	1.10. 1991	1.4. 1992	1.10. 1992	1.4. 1993
Kurzarbeiter in Tsd. Personen					
Treuhandunternehmen	1.271	709	237	104	58*
Ex-Treuhandfirmen			47	50	97
Neue Bundesländer	1.990	1.333	494	251	246
Alte Bundesländer	139	133	266	204	1.061
Kurzarbeiterquote (%)					
Treuhandunternehmen	47,9	35,5	19,2	18,6	17,2
Ex-Treuhandfirmen			8,5	6,0	10,1
Neue Bundesländer	22,6	15,1	6,5	4,4	4,3
Alte Bundesländer	0,6	0,6	1,1	0,9	4,6

* Darüber hinaus sind fast 8.000 Kurzarbeiter in solchen Treuhandunternehmen beschäftigt, die sich bereits in Liquidation befinden.
Quelle: IAB/SÖSTRA-Befragungen aller Treuhand und aller privatisierten Betriebe, BeitrAB 152, 160.1 bis 160.3

Damit soll Kurzarbeit in Schrumpfungsbranchen den irreversiblen Personalabbau strecken und abfedern, wenn der davon betroffene Arbeitsmarkt außergewöhnlich schwierig ist. Und Zeiten dieser Kurzarbeit sollen mit beruflichen Qualifizierungen für innerbetrieblichen Wandel oder für den externen Arbeitsmarkt ausgefüllt werden, wozu der Betrieb die Möglichkeiten bietet. Die strukturelle Kurzarbeit auch an der Aufnahmefähigkeit des Arbeitsmarktes z.B. im Tagespendlerbereich des Betriebes zu orientieren und den Personalabbau mit Qualifizierung zu verbinden sowie die Zeitperspektive bis Ende 1995 zeugen von wichtigen Fortentwicklungen der Kurzarbeit zu einem strukturpolitischen Instrument. Freilich haben strukturelle Kurzarbeit mit Qualifizierung lediglich ein Zehntel aller Kurzarbeiter genutzt, vor allem, weil für den Lernanteil zu geringe Lohnanreize bestanden, weil keine Anschlußperspektiven erkennbar waren, weil Kurzarbeiter keine Qualifikationsmängel hatten oder eingestehen wollten.

Weit über die Hälfte aller ostdeutschen Kurzarbeiter entfallen auf THA- und privatisierte Betriebe, 1993 fast zwei Drittel. War im Frühjahr 1991 fast die Hälfte der THA-Unternehmensbelegschaft in Kurzarbeit, sind es im Frühjahr 1993 noch rd. ein Sechstel, in privatisierten Firmen ein Zehntel.

Die Ausgaben der BA für Kurzarbeitergeld sind von 10 Milliarden DM in 1991 über ca. 5 Milliarden in 1992 auf ca. eine Milliarde DM in 1993 zurückgegangen, die Teilnehmerzahlen entsprechend. Zwar nutzen THA-Unternehmen und auch privatisierte Betriebe Kurzarbeit recht stark, doch zeigen Ausgabe- und Teilnahmerückgang, daß trotz negativer Beschäftigungsperspektiven, durchgängig schlechter Aufnahmefähigkeit kleinregionaler Arbeitsmärkte um Kurzarbeitsbetriebe und hohen Qualifizierungsbedarfs die konzeptionellen Ausweitungen struktureller Kurzarbeit zu wenig genutzt werden. Die große Masse der Ausgaben erwiesen sich als Lohnsubventionen an THA-Unternehmen.

Mit der Zahlung von Kurzarbeitergeld bei vorübergehendem oder strukturell bedingtem Arbeitsausfall wurde von der BA "der Gedanke der kollektiven Arbeitsplatzgefährdung akzeptiert" (Bosch/Knuth 1992, 436). Ferner wurde ein direkter Übergang aus Kurzarbeit in ABM ermöglicht. Die Verlängerung der Sonderregelung zur Kurzarbeit nach § 63 Abs. 5 AFG-DDR bis Ende 1991 und die Erstattung von Teilen der Arbeitgeberzahlungen zur Sozialversicherung bis Mitte 1992 (vgl. Völkel 1992) brachte keine stärkere Nutzung der Kurzarbeit für eine Qualifizierung der Arbeitnehmer und die Sanierung der betroffenen Betriebe.

3.2 Ausbildung und Weiterqualifizierung

Sonderregelungen bei der beruflichen Erst- und Weiterqualifizierung betrafen vor allem folgende Erweiterungen der Einsetzbarkeit bestehender Instrumente:
- Förderung der beruflichen Erstausbildung für benachteiligte Jugendliche nach § 40 c Abs. 4 AFG;

- Zahlung von Unterhaltsgeld bei Fortbildung und Umschulung bei "drohender Arbeitslosigkeit" statt "unmittelbarer Bedrohung" durch sie;
- Verbindung der Phasen von Kurzarbeit mit beruflicher innerbetrieblicher Qualifizierung mit dem Anreiz eines erhöhten Kurzarbeitergeldes bis Ende 1991;
- Verknüpfung von ABM mit zunächst 10 %, dann 20 %, dann generell Teilzeitqualifizierung, ausgeweitet auf ganz Deutschland, befristet freilich bis Ende 1995.

Die Einzelheiten dieser Ausweitungen bestehender Instrumente sind anderenorts treffend beschrieben (vgl. Brinkmann u.a. 1992a). Sie gehorchten meist der Not, waren wenig innovativ, obwohl in richtige Richtungen weisend, zum Teil aber ungeeignet, da die Transformationskrise vorrangig kein Qualifizierungsproblem ist und weil sie anhält, obwohl inzwischen bald 2,5 Millionen Menschen für rd. 25 Milliarden DM an Qualifizierungen teilgenommen haben. Vor allem wurden die Bildungsmaßnahmen weder mit der Sanierung der THA-Unternehmen noch mit der Strukturpolitik, der Investitions- und Existenzförderung verbunden. Immerhin nahmen 1992 gut 28 % der Beschäftigten in privatisierten, aber nur 17,6 % der Arbeitnehmer in THA-Betrieben an betrieblicher Weiterbildung teil (vgl. Wahse u.a. 1993, 11).

Mitte 1993 ist die FuU-Teilnahme stark rückläufig, die Zahl der Neueintritte sinkt rapide, die Anschlußbeschäftigung nach Maßnahmeende für mehrere 100.000 Teilnehmer ist ungewiß. Auftragsmaßnahmen soll es 1993 grundsätzlich nicht mehr geben, andere Maßnahmen sollen erst 1994 beginnen. Minderausgaben von rd. 10 % gegenüber dem Vorjahr werden mit Qualitätssteigerungen und -kontrollen begründet. "Die Förderung der beruflichen Bildung ist angesichts enger finanzieller Spielräume - unbeschadet bestehender Rechtsansprüche - grundsätzlich durch strikte Handhabung der Qualitätssicherungs- und Planungserlasse sowie durch Beratung der Träger und Teilnehmer mit Blick auf einen Maßnahmebeginn im Jahr 1994 zu steuern. Auftragsmaßnahmen sind grundsätzlich so zu planen, daß sie erst 1994 beginnen" (Beschluß des Vorstandes der BA vom 7. Juli 1993).

3.3 Arbeitsbeschaffungsmaßnahmen (ABM) klassisch und reduziert

Mitte 1993 gab es 22 Teilnehmer an ABM je 100 Arbeitslose, insgesamt 237.400, wobei diese Relation zwischen 36 im Arbeitsamtsbezirk Plauen und 10 im Bezirk Dessau hohe regionale Unterschiede aufweist. Erstaunlich ist zunächst, daß dieses Instrument auf bald 400.000 Teilnehmer hochgefahren wurde, eine Dimension, die im Westen nie erreicht, ja für unerwünscht erklärt wurde. Ein solcher Ersatzarbeitsmarkt rief zuerst Konkurrenzängste, dann mit bescheinigter Unbedenklichkeit im Handwerk eine erfreuliche Entwicklung hervor, da bald 10 Milliarden DM Gesamtausgaben konkrete wirtschaftliche Verbesserungen für Klein- und Mittelbetriebe brachten, vor allem auch durch indirekte Effekte.

Mega-ABM mit einem Finanzvolumen über 3 Millionen DM machen eine neue Dimension dieses Instruments deutlich. Für 1991 und 1992 waren rd. 32.600 Personen, also 11,4 % der durchschnittlichen Teilnehmerzahl, in Mega-ABM, was freilich 21,1 % der Gesamtausgaben der BA für ABM erforderte, also 2.932 DM pro Person und Monat. Dies wird mit dem investiven Charakter, der Gelände- und Gebäudesanierung und den hohen indirekten Beschäftigungseffekten gerechtfertigt (vgl. Emmerich 1993, 3 ff). Der Beschäftigungseffekt war bei den normalen ABM wesentlich größer.

Probleme gab es während der raschen Aufbauphase vor allem mit der Eingruppierung der ABM-Teilnehmer, weil Qualifikationen meist höher waren als die Tätigkeiten, weil zunächst keine, dann rasch steigende Tarife zu berücksichtigen waren, weil Mega-Maßnahmen strukturell überdurchschnittlich teurer waren und weil die Arbeitsämter sich auf die Angaben der Träger verlassen mußten, ohne sie genau nachprüfen zu können. Trotz dreier Steuerungserlasse wurde die Entgeltobergrenze von 2.500 DM häufig überschritten. Sie gilt auch für das ABM-Stabilisierungsprogramm des Bundes über zwei Milliarden DM vom 26. März 1993, das nach dem ABM-Neubewilligungsstopp vom 24. Februar 1993 erforderlich war, weil Mitte März bereits mehr als 20 % des vom BMA per Rechtsverordnung von 11,6 auf 9,9 Milliarden DM gekürzten ABM-Ansatzes "überbucht" waren (vgl. Kühl 1993, 66). Zur Jahresmitte sind diese, inzwischen als "ABM-klassisch" bezeichneten Maßnahmen von der Teilnahme her stark rückläufig.

Als Instrumenteninnovation wurde ab 1. Januar 1993 nach strittiger Diskussion ein Lohnkostenzuschuß zur Beschäftigungsförderung in Höhe der dadurch ersparten Arbeitslosenunterstützung eingeführt. Der Widersinn, daß viel Arbeit zu tun war, statt dessen aber gut eine Million Arbeitslose Abermilliarden erforderten, bloß weil keine Beschäftigungsorganisatoren die gesamtfiskalisch annähernde Kostengleichheit von Unterbeschäftigung und Arbeitsbeschaffung in Wertschöpfung umsetzen konnten, war Angelpunkt der Forderung, Arbeit statt Arbeitslosigkeit zu finanzieren (vgl. Brinkmann u.a. 1992b, 18 ff). Immerhin wurden 1991 bis 1993 insgesamt rd. 32 Milliarden DM nur an Arbeitslosenunterstützung ausgegeben.

Von 1993 bis 1997 kann die BA die Beschäftigung von arbeitslosen Leistungsempfängern, Teilnehmern an ABM und Kurzarbeit (§ 63 Abs. 4 AFG) mit einem pauschalisierten Lohnkostenzuschuß von 15.120 DM im Jahr in den Bereichen Umwelt, soziale Dienste und Jugendhilfe fördern (vgl. BA-Dienstblatt/Runderlaß 1993).

Mitte 1993 waren keine 15.000 Arbeitnehmer in diesen Maßnahmen, die stark auf die Bereiche Braunkohle und Chemie konzentriert sind. Ob die 70.000 Teilnehmer 1993 erreicht werden, ist fraglich:
- Die erforderliche Ko-Finanzierung durch Bund, Länder, Gemeinden, THA und Projektträger war bei öffentlichen Haushaltsplänen für 1993 nicht vorgesehen worden. Länder, THA und Träger streiten um ihren Finanzierungsanteil.
- Bei 100 % Arbeitszeit soll nur ein 90 %-Entgelt bezahlt werden, was in den meisten Fällen gegen die Tarifregeln verstößt. Wird die Arbeitszeit auf 80 % der betrieblichen Arbeitszeit gesenkt, werden auch nur 80 % des Vollzeitlohns gezahlt - sicherlich kein Anreiz, selbst wenn der volle BA-Zuschuß von 15.120 DM in 1993 gezahlt und 1994 angehoben wird (mit Aussicht auf Kürzungen wegen geringerer Arbeitslosenunterstützung).
- Bei monatlich 1.260 DM wird noch nicht einmal die Hälfte des ABM-Entgelts gezahlt, so daß eine erhebliche Verschlechterung gegenüber der klassischen Beschäftigungsförderung eintritt. Der Zuschuß des Bundes ist relativ gering (291 DM) und gilt nur für Umweltgroßprojekte.
- Die Beschränkung auf die genannten Bereiche ist zu eng, eine generelle Beschäftigungsförderung aller Felder wäre zwingend. Verlängerungen von MEGA-ABM, Überführungen der klassischen Formen, die Unterstützung von ABS-Gesellschaften und die Qualifizierung während der bis zu dreijährigen Maßnahmen sind vorgesehen.

- Nur einige Länder haben bislang Ergänzungsprogramme aufgelegt (z.B. Brandenburg), und auch aus Mitteln der kommunalen Investitionspauschale (für 1993 aus dem Solidarpakt) können Maßnahmen nach § 249 h AFG von Kommunen kofinanziert werden.

Die im Haushaltsgenehmigungsschreiben 1993 des BMA erteilte Deckungsfähigkeit der Lohnzuschüsse mit den Ansätzen für das Arbeitslosengeld eröffnet große Finanzspielräume des neuen Instruments, doch bleibt es eine Kann-Leistung. Für die BA ist es nicht nur kostenneutral, sondern sie erhält Beiträge aus den geförderten Beschäftigungsverhältnissen, andere beziehen Steuern und Beiträge, zum Teil ohne sich an der Finanzierung zu beteiligen.

Trotz dieser Bedenken hat das Land Berlin die Übertragung des neuen Instruments auf Westdeutschland im Bundesrat beantragt, eine Ausweitung auf viele Beschäftigungsfelder und eine stärkere Beschäftigungsförderung für die Zielgruppen der Arbeitsmarktpolitik werden erörtert. Zu befürchten bleibt, daß die erhebliche Verschlechterung gegenüber den Standardinstrumenten des AFG und die Finanzierungsstreitigkeiten der Beteiligten die an sich gute Idee, mit einem neuen Instrument Arbeit statt Arbeitslosigkeit zu finanzieren, um ihren Erfolg bringen. (Aus der zahlreichen Literatur vgl. Knuth u.a. 1992; Kaiser 1992; Brater u.a. 1993) Vergleicht man das neue Instrument mit dem Versuch der Gemeinden, mit Programmen "Arbeit statt Sozialhilfe" die Sozialhilfemittel solange zu einem sozialversicherungspflichtigen Arbeitsverhältnis aufzustocken, bis wieder AFG-Ansprüche entstanden sind, so ist der BA-Einsatz in Höhe ersparter Arbeitslosenunterstützung viel zu gering, um sich erfolgreich von dem größten Ausgabeposten zu entlasten.

4. Neue Beschäftigungsförderung und Beratung

Innovationen gab es weniger auf der Instrumenten-, jedoch sehr zahlreich und vielfältig auf der Ebene der Maßnahmen und der Beratungsinfrastrukturen.

Zur massenhaften Durchführung von AFG-Maßnahmen wurden zahlreich und flächendeckend Träger zur Qualifizierung und Arbeitsbeschaffung benötigt, die sich auch in die regionale und sektorale Strukturentwicklung einschalten und insbesondere den Abbau von gut vier Millionen Arbeitsplätzen in THA-Unternehmen auf rd. eine Million in privatisierten Betrieben sowie die weitere Betriebsabwicklung auffangen sollten.

Übersicht 1: Beschäftigungsorientierte Beratungsinstitutionen und -gremien in den neuen Bundesländern

vorwiegend wirtschafts-fördernd	wirtschafts-, struktur- und arbeitsfördernd	vorwiegend arbeitsfördernd
Wirtschaftsförderämter/ Wirtschaftsförderungsgesell. Land/regional - Standortmarketing - Akquisition von Investoren - Anlaufstelle für Investoren - Sanierung von Immobilien *IHK, HK* - Existenzgründer- und Investorenberatung - Standortmarketing - Akquisition von Investoren - Weiterbildung - EG-Information *Technologie-/Gründerzentren Land/regional* - Technologietransfer - Beratung/Betreuung zu technologischen Entwickl.	*Trägergesellschaften für ABS Land(TGL)/regional (TGR)/sektoral (TGS)* - Anleitung, Beratung von ABS und BQG - Projekte für neue Arbeit - Projektmanagement zu Betriebssanierungen, Ausgründung und Kooperation *ABS-Gesellschaften* - Betreuung und Beratung von Arbeitslosen (Soziale Betreuung, FuU) - Initiativen zur Arbeitsbeschaffung (ABM, Aus-/Neugründungen, Organisation von FuU) - Standortentwicklung und -sanierung, Erhaltung und Schaffung von Arbeitsplätzen *Aufbaustäbe/Aufbauwerke/runde Tische Land/regional* - Ideen- und Informationstransfer - regionale Schwerpunktsetzung einschließlich Standortmarketing - Beratung/Aktivierung regionaler Akteure	*Arbeitsämter/Verwaltungsausschüsse* - Beratung und Information von Arbeitssuchenden, Trägern und anderen Arbeitsmarktakteuren zum Instrumentarium AFG - Initiierung/Beratung/Bewilligung von Maßnahmen mit Schwerpunkt ABM und FuU - Beratung und Koordinierung von regionalen/kommunalen Initiativen von Gewerkschaften, Unternehmen, öffentlicher Hand *Arbeitslosenverband und -initiativen* - Betreuung und Beratung von Arbeitslosen/Langzeitarbeitslosen (Soziale Betreuung, FuU) - Initiativen zur Arbeitsbeschaffung (ABM) und zu beschäftigungsfördernden Maßnahmen

siehe Fortsetzung

Übersicht 1: Beschäftigungsorientierte Beratungsinstitutionen und -gremien in den neuen Bundesländern (Fortsetzung)

vorwiegend wirtschaftsfördernd	wirtschafts-, struktur- und arbeitsfördernd	vorwiegend arbeitsfördernd
Private Beraterfirmen - Erarbeitung von Gutachten - Unterstützung bei Anträgen auf Fördermittel - Vermittlungen (z.B. Kooperationspartner, Fördermittel, Immobilien)	*BBJ Consult u.ä. gemeinnützige Beratungsdienste* - Begutachtung/Genehmigung von Förderanträgen aus der Gemeinschaftsaufgabe - Bearbeitung von Anträgen (aus den Programmen der Landesministerien für Wirtschaft und soziales) - Beratung zu EG-Mitteleinsatz *Förderwerk Land- und Forstwirtschaft e.V.* - Beratung und Förderung von ABS im ländlichen Raum - Koordination u. Vernetzung von Aktivitäten u. Maßnahmen - Strukturförderung im ländlichen Raum	*Beratungsdienste für Frauen und spezielle soziale Gruppen* - Betreuung und Beratung von Arbeitssuchenden - Initiierung/Vermittlung von beschäftigungsfördernden Maßnahmen *Beratungseinrichtungen bei Gesellschaften und Organisationen* - Gewerkschaften - Stiftungen

Quelle: Fritzsche u.a. 1993, 12 a.

1991/92 gab es etwa 333 ABS-Gesellschaften mit gut 130.000 betreuten Personen, also etwa ein Zehntel aller Maßnahmeteilnehmer in den neuen Ländern:
- 40 % in ABM mit steigender Tendenz
- rd. 35 % in Kurzarbeit-Null
- knapp 17 % in Fortbildung und Umschulung
- 2 % in beruflicher Erstausbildung.

Ein Drittel der ABS-Abgänger fand außerhalb einen neuen Arbeitsplatz, ein Viertel wurde arbeitslos, jeder zehnte wechselte in eine FuU-Maßnahme, jeder sechzehnte pendelte/wanderte nach Westen, jeder zwanzigste ging in ABM, jeder fünfundzwanzigste ging in Vorrente, nur 0,9 % machten sich selbständig (vgl. Kaiser 1992).

Aus- und Existenzgründungen aus ABS-Gesellschaften werden inzwischen skeptisch beurteilt, da sie selten erfolgreich waren, das Wirtschaftspotential der ABS-Gesellschaft auszehren und die Verbleibenden nicht fördern. Flächendeckende Auffanggesellschaften sind noch lange erforderlich, nicht nur als Lösung für die noch bestehenden mehreren hundert THA-Betriebe. Ein Funktionswandel deutet sich an zu Planungs- und Projektträgern vor Ort, zu wirtschaftsnaher Qualifizierung, zu eigenen Unternehmensgründungen, zu einem konstruktiven Nebeneinander von öffentlicher Förderung und selbsterwirtschafteter Leistung.

Mischkonzepte von ABS mit kommunalen Pflichtaufgaben sind erfolgversprechend, ferner die Sicherung von Arbeitsvermögen, Forschungseinrichtungen, Entwicklungsagenturen. Die Re-Industrialisierung und Sicherung der Wertschöpfungsbasis kann durch regionale Trägerstrukturen gefördert werden. Die Professionalisierung des Managements ist voranzubringen, dessen Kosten als Sachkosten finanzierbar, Managementpools bei den Länderträgergesellschaften sind denkbar; ebenso ein Verbund von kooperierenden ABS-Gesellschaften. Landes- und gemeindegeführte Fünf-Jahres-Projekte (z.B. Arbeit statt Sozialhilfe) sind möglich. Die für die neuen Länder 1994 bis 1999 als ärmster EG-Region zugesagten insgesamt 27,4 Milliarden DM eröffnen beschäftigungs- und strukturpolitische Perspektiven auch für ABS-Gesellschaften und andere Netzwerke, da mittelfristig stabile Finanzierungen winken. ABS gehören auch in den Unterstützungskreis der Regional- und Strukturförderung. Als Auffanggesellschaften und Sozialbetriebe für Langzeitarbeitslose müssen sie mehr erwerbswirtschaftliche Geschäftsfelder erschließen, Aufträge für die Region zur Beschäftigung mit Arbeitslosen dieser Region sowie direkt an Handwerker vergeben können. Denkbar sind

Entwicklungsparks, Forschungs- und Technologieförderung, Innovationsdienstleistungen und Personaleinsatzbetriebe.
Abschließend sei auf die vielfältigen Beratungsinstitutionen im Spannungsfeld zwischen Wirtschafts- und Arbeitsförderung verwiesen (vgl. Übersicht 1 auf S. 24/25). Neben den wenigen Instrumenteninnovationen gab es zahlreiche Neuerungen im Beratungswesen (vgl. Fritzsche u.a. 1993).

5. Schlußbemerkung

Bislang hat es keine neuen Instrumente der Arbeitsmarktpolitik gegeben - von einigen begrüßenswerten Ausnahmen und dem so noch nicht praktikablen § 249 h AFG (wegen unzureichender Anreize zur Koordinierung von Wirtschafts- und Arbeitsmarktpolitik und wegen der Bezahlung unterhalb des Normalarbeitsverhältnisses) abgesehen. Vielmehr erfolgten eher Maßnahmeneuerungen und der Aufbau von Beratungs- und Entscheidungsvorbereitungsagenturen ohne institutionelle Kodifizierung im AFG. Zwar ist noch unklar, was von der Vielfalt bleibt, doch braucht es neben den Arbeitsämtern eigene Umsetzungsinstanzen, die auch Gruppen vor Ort, regionale Enwicklungsperspektiven und Landesindustriepolitik berücksichtigen. Zwar würden vor Ort Experimentiertöpfe, gegenseitige Deckungsfähigkeit der aktiven Maßnahmen und einseitige Finanzierbarkeit aus passiven BA-Ausgaben den AFG-Einsatz erleichtern. Doch ist damit die nötige Beschäftigungsförderung angesichts schwieriger ökonomischer Perspektiven und verhärteter Arbeitslosigkeit bei eingeschränktem Mitteleinsatz nicht zu leisten.

Sollen AFG-Maßnahmen stärker auf Zielgruppen und qualitative Aspekte des Arbeitsmarktes ausgerichtet werden, können Finanzen, Voraussetzungen, Förderhöhe und -dauer variiert werden, ohne daß dafür grundsätzlich neue Instrumente benötigt würden (vgl. Brinkmann u.a. 1993). Soll aber mit allen öffentlichen Mitteln Beschäftigung gefördert und die Strukturalisierung der Arbeitslosigkeit verhindert werden, braucht es neue beschäftigungspolitische Instrumente: Eins wäre die Organisation und Finanzierung eines Arbeitsmarktes zwischen Wirtschaft und Staat. (Zum zweiten Arbeitsmarkt vgl. rückblickend auf die Diskussion Anfang der achtziger Jahre Kühl 1983, und zur aktuellen Debatte Stellungnahme der Arbeiterwohlfahrt 1992; Müller 1993; Buttler 1993; Trube 1993.)

Literatur

BA-Dienstblatt/Runderlaß 1993: BA-Dienstblatt/Runderlaß zu § 249 h AFG Nr. 20/93 vom 17.03.1993; Ministerium für Arbeit, Soziales Gesundheit und Frauen des Landes Brandenburg, Potsdam

Bach, H.-U./Jung-Hammon, Th./Otto, M., 1993: Aktuelle Daten vom Arbeitsmarkt. Stand Juni 1993 (IAB-Werkstattbericht 1.6), Nürnberg

Bosch, G./Knuth, M., 1992: Beschäftigungsgesellschaften in den alten und neuen Bundesländern, in: WSI-Mitteilungen 7/1992

Brater, M./Lindig, R./Maurus, A./Eisbach, J./Schuldt, K., 1993: Ausgründungen aus Gesellschaften zur Arbeitsförderung, Beschäftigung und Strukturentwicklung. Beschäftigungsrelevante Fallbeispiele (BeitrAB 173), Nürnberg 1993

Brinkmann, Ch./Emmerich, K./Gottsleben, V./Müller, K./Völkel, B., 1992a: Arbeitsmarktpolitik in den neuen Bundesländern - Braucht der ostdeutsche Arbeitsmarkt arbeitsmarktpolitische Sonderregelungen? in: WSI-Mitteilungen 7/1992, S. 420 - 430

Brinkmann, Ch./Emmerich, K./Gottsleben, V./Koller, M./Kühl, J./Peters, G./Völkel, B., 1992b: Neue Politik für neue Arbeitsplätze. Zur Weiterentwicklung der Arbeitsmarkt- und Beschäftigungspolitik in den neuen Bundesländern (IAB-Werkstattbericht Nr. 20), Nürnberg, S. 18-20

Brinkmann, Ch./Müller, K./Wiedemann E., 1993: Problemgruppen am ostdeutschen Arbeitsmarkt, in: R. Neubäumer (Hrsg.): Arbeitsmarktpolitik kontrovers - Analysen und Konzepte für Ostdeutschland, Darmstadt (im Erscheinen)

Buttler, F., 1993: Ein zweiter Arbeitsmarkt ist unverzichtbar, in: Wirtschaftsdienst 4/1993, S. 283 - 286

Emmerich K., 1993: Mega-ABM: Bestandsaufnahme und Perspektiven (IAB-Werkstattbericht Nr. 9), Nürnberg, S. 3-5

Fritzsche, H./Groß, J./Völkel, B., 1993: Beratung im Bereich der Beschäftigungsförderung - Bestandsaufnahme und Ansätze einer Wertung (IAB-Werkstattbericht Nr. 12), Nürnberg

Kaiser, M., 1992: Gesellschaften zur Arbeitsförderung, Beschäftigung und Strukturentwicklung (ABS-Gesellschaften) als Träger arbeitsmarktpolitischer Maßnahmen. Ein Zwischen- und Sachstandsbericht (IAB-Werkstattbericht Nr. 10), Nürnberg

Knuth, M., u.a., 1992: Arbeitsmarktpolitische Potentiale und Perspektiven von Gesellschaften zur Arbeitsförderung, Beschäftigung und Strukturentwicklung. Acht Fallstudien von ABS-Gesellschften (BMA-Forschungsbericht 219), Gelsenkirchen

Kühl, J., 1983: Aspekte des "Zweiten Arbeitsmarktes", in: Arbeit und Beruf 4/1983, S. 111-113

Kühl, J., 1993a: Spielräume der Arbeitsmarktpolitik, in: Regionalisierung - ein Ausweg aus der Beschäftigungsmisere? (SÖSTRA-Konferenzbeiträge Nr. 7), Berlin

Kühl, J., 1993b: Die Rolle der Treuhandanstalt für die Beschäftigungsentwicklung und -perspektiven in Ostdeutschland, in: R. Neubäumer (Hrsg.): Arbeitsmarktpolitik kontrovers - Analysen und Konzepte für Ostdeutschland, Darmstadt (im Erscheinen)

Müller, Ch., 1993: Wenn fünf Millionen Menschen eine Beschäftigung suchen... Plädoyer für die Institutionalisierung eines dauerhaften Zweiten Arbeitsmarktes, in: Frankfurter Rundschau Nr. 131 vom 09.06.1993 (erscheint auch in W. Fricke (Hrsg.): Jahrbuch "Arbeit und Technik 1993", Bonn)

Trube, A., 1993: Strukturprobleme des Ersten und Zweiten Arbeitsmarktes, in: Arbeit und Sozialpolitik 3-4/1993, S. 33-40

Völkel, B., 1992: Kurzarbeit - eine Zwischenbilanz (IAB-Werkstattbericht Nr. 4), Nürnberg

Wahse, J./Dahms, V./Schaefer, R., 1993: Stand und Erfordernisse betrieblicher Weiterbildung in den neuen Ländern - Ergebnisse aus Befragungen von Treuhand- und Ex-Treuhandunternehmen (QUEM-Report Nr. 6), Berlin

Stellungnahme der Arbeiterwohlfahrt, 1992: Positionspapier zur Reform des Zweiten Arbeitsmarktes, Bonn

Aktuelle Debatten über eine Reform des Arbeitsförderungsgesetzes

Gerhard Bosch

1. Der Reformdiskussion fehlt das Reformklima

Gegenwärtig wird unter arbeitsmarktpolitischen Experten eine sehr lebhafte und interessante Debatte über die Reform des Arbeitsförderungsgesetzes geführt; fast alle dort formulierten Vorschläge laufen nicht nur auf eine Modifikation des arbeitsmarktpolitischen Instrumentariums, sondern auch auf einen Ausbau der Arbeitsmarktpolitik insgesamt hinaus. Gleichzeitig steht jedoch die Arbeitsmarktpolitik vor den größten Einschnitten in der Nachkriegszeit. Die Reformdiskussion findet also nicht das günstige Reformklima vor, das sie zur Verbreitung ihrer guten Ideen benötigt. Ganz im Gegenteil: Bei den Praktikern ist im Moment der Glaube an große Reformen verloren gegangen. Viele arbeitsmarktpolitische Projekte kämpfen jedoch um ihr Überleben und wären heilfroh, wenn sie wenigstens den Status quo von 1992 halten könnten. Den "Machern" der Arbeitspolitik fehlt weitgehend der frühere Elan. Zynismus oder Resignation sind eingekehrt, nicht zuletzt weil gerade sie für die Kürzungen in der Arbeitsmarktpolitik verantwortlich gemacht werden. Auf einer Konferenz der Arbeitsamtsdirektoren eines Landesarbeitsamtes war Anfang 1993 das Hauptthema: Wie können wir die Sicherheit unserer Mitarbeiter vor Aggressionen gewährleisten? Weit in die Zukunft reichende Reformdebatten erscheinen hier lebensfremd.

Allerdings kann der jetzige Kurs der Bundesregierung in der Arbeitsmarktpolitik meines Erachtens auf Dauer politisch nicht durchgehalten werden. Zwar ist Politik heute "abgehärtet" genug, um nicht auf die individuellen Folgen der Arbeitslosigkeit (Krankheit, Alkoholismus, Auflösung sozialer Beziehungen) zu reagieren. Der zunehmende Rechtsradikalismus und vehemente Ausbrüche von Gewalt, Protestaktionen von Beschäftigten sowie "Denkzettel" bei den Wahlen zwingen jedoch zu Antworten. Am ehesten aufgeschlossen scheint unsere Gesellschaft und Politik noch gegenüber dem Argument zu sein, daß der Wirtschaftsstandort Deutschland durch seine abnehmende soziale Kohäsion gefährdet ist. Es wäre wünschenswert, wenn dieses Argument auch präventiv aufgenommen und langfristig gedacht würde. Ich vermute jedoch, daß Arbeitsmarktpolitik weiterhin von kurzfristigen politischen Zyklen abhängt. Auf das jetzige "Stop" wird wieder ein "Go" folgen. Selbst wenn diese positiven Pendelschläge in der Arbeitsmarktpolitik unter dem Druck der gegenwärtigen und künftigen Finanzprobleme schwächer als in der Vergangenheit ausfallen werden, muß man konzeptionell auf solche Chancen für die Arbeitsmarktpolitik vorbereitet sein.

Zukunftsorientierte Reformdebatten sollten gerade wegen der Zyklizität der Arbeitsmarktpolitik auch mit dem Aufbau kurzfristiger Verteidigungslinien verknüpft werden. Ein Beispiel zu einer solchen Verteidigungslinie, die durchaus eine wichtige Funktion für die Zukunft spielen kann: Mit den gegenwärtigen Kürzungen werden viele arbeitsmarktpolitische Träger und Projekte zusammenbrechen. Wenn das nächste "Go" erfolgt, existiert vielerorts keine funktionsfähige arbeitsmarktpolitische Infrastruktur mehr, um qualitativ akzeptable arbeitsmarktpolitische Maßnahmen ausreichend schnell auf den Weg zu bringen. Es werden dann entweder fragwürdige Projekte gefördert oder die Arbeitsmarktpolitik kommt nicht aus den Startlöchern. Ein Schwerpunkt arbeitsmarktpolitischer Feuerwehraktionen sollte daher gegenwärtig sein, durch kurzfristige Hilfen arbeitsmarktpolitische Kompetenz vor Ort zu erhalten.

2. Reformvorschläge

In den letzten Jahren sind von Wissenschaftlern, Gewerkschaften, Wohlfahrtsverbänden, Kirchen, einzelnen Bundesländern, der SPD und den GRÜNEN eine Vielzahl einzelner Reformvorschläge zur Arbeitsmarktpolitik entwickelt worden. Seit 1992 wird innerhalb der SPD-Fraktion und in einer Expertengruppe von Wissenschaftlern und Gewerkschaftern[1] der Versuch unternommen, die verstreuten Einzelvorschläge zu bündeln und in einem Gesamtkonzept zusammenzufassen.

Diese Gesamtkonzepte können hier nicht ausführlich dargestellt werden (vgl. hierzu u.a. Bundestagsdrucksache 12/4294; Jetter

---

1 Auf Initiative der IG Metall erarbeitet gegenwärtig eine Projektgruppe von Wissenschaftlern und Gewerkschaftern ein Memorandum für ein neues Arbeitsförderungsgesetz. Der Verfasser ist Mitglied dieser Projektgruppe. Im vorliegenden Beitrag wird die Diskussion dieser Arbeitsgruppe zusammengefaßt. Die Bewertung der Diskussion spiegelt jedoch ausschließlich die persönliche Meinung des Verfassers wider.

1992; Freie und Hansestadt Hamburg 1992; Ostertag 1992; Kühl 1989 und 1992; IAB 1992; Keller/Seifert 1992). Im folgenden sollen sehr verkürzt nur die wichtigsten Eckpunkte zusammengefaßt werden:
- *Verzahnung von Arbeitsmarkt- und Strukturpolitik*: Zum einen soll Arbeitsmarktpolitik in regionale Entwicklungskonzepte eingebunden werden, um regionalpolitische Orientierungspunkte für die inhaltliche Ausgestaltung von Arbeitsbeschaffungsmaßnahmen und Qualifizierung zu geben. Zum anderen, in Anlehnung an den § 249 h Arbeitsförderungsgesetz (AFG), werden in Ostdeutschland große arbeitsmarktpolitische Infrastrukturprojekte im Bereich Umwelt, soziale Dienste, Wohnungsbau, Stadt- und Dorferneuerung gefordert.
- *Mehr aktive statt passive Arbeitsmarktpolitik*: Da gerade aktive Kann-Leistungen der Arbeitsmarktpolitik als erste Kürzungen zum Opfer fallen, weitet sich in Krisenzeiten der Anteil passiver Maßnahmen (Lohnersatzleistungen) aus. Der Anteil aktiver Maßnahmen soll erhöht werden, und zwar durch Rechtsansprüche auf Maßnahmen der aktiven Arbeitsmarktpolitik (z.B. jeder Arbeitslose hat nach zwei Jahren Arbeitslosigkeit einen Rechtsanspruch auf eine Arbeitsbeschaffungs- oder Qualifizierungsmaßnahme) und durch Möglichkeiten einer Umschichtung von passiven in aktive Maßnahmen (z.B. Umwandlung ersparter Arbeitslosenunterstützung in Lohnkostenzuschüsse bei Infrastrukturprojekten).
- *Aufhebung der Benachteiligung von Frauen*: Frauen sind an arbeitsmarktpolitischen Maßnahmen unterproportional beteiligt. Ihre Benachteiligung kann vermindert werden, wenn Kindererziehungs- und Pflegezeiten mit beitragspflichtigen Beschäftigungszeiten gleichgesetzt werden und auch geringfügige Beschäftigung versicherungspflichtig wird. Darüber hinaus wird über eine verbindliche Quotierung des Frauenanteils an den Maßnahmen diskutiert (Ochs/Seifert 1992; Däubler 1991).
- *Ausweitung der präventiven Arbeitsmarktpolitik*: Arbeitsmarktpolitik setzt in der Regel erst an, wenn Arbeitslosigkeit schon eingetreten ist. In der Arbeitslosigkeit sind aber bekanntlich vor allem unqualifizierte Beschäftigte nur noch schwer für die Arbeitsmarktpolitik zu erreichen und enden oft in Langzeitarbeitslosigkeit. Daher sollen die Möglichkeiten, von Arbeitslosigkeit bedrohte Beschäftigte zu qualifizieren und Kurzarbeit mit Qualifizierung zu verbinden, ausgebaut werden (Bosch/Knuth 1992).

- *Flexible Verknüpfung arbeitsmarktpolitischer Instrumente und Maßnahmen (Maßnahmeketten)*: Für die Integration von Arbeitslosen reichen isolierte arbeitsmarktpolitische Maßnahmen oft nicht aus. Notwendig ist eine auf besondere Problemlagen ausgerichtete flexible Verknüpfung von allgemeiner und beruflicher Bildung, betriebliche Arbeitserfahrung, Arbeitsbeschaffung, Betreuung und Beratung. Das AFG unterscheidet jedoch streng zwischen diesen Maßnahmen und formuliert ganz verschiedene Fördervoraussetzungen. Eine Angleichung dieser Fördervoraussetzungen und ihre flexible administrative Handhabung ist notwendig, damit für Arbeitslose geeignete individuelle Maßnahmepakete kombiniert werden können.
- *Dezentralisierung der Arbeitsmarktpolitik*: Die Arbeitsmarktpolitik der Bundesanstalt für Arbeit ist bürokratisch überreguliert. Der enge zentralistisch vorgegebene rechtliche Handlungsrahmen läßt vor Ort keinen Handlungsspielraum, problemgerechte Maßnahmepakete zu entwickeln. Es wird daher gefordert, den Arbeitsämtern einen flexibel einsetzbaren Experimentierfonds zur Verfügung zu stellen, mit dem Finanzierungslücken (z.B. Sachkosten bei Arbeitsbeschaffungsmaßnahmen/ABM oder Stammkräfte bei wichtigen Trägern) geschlossen werden können. Zudem sollen die verschiedenen Haushaltsansätze für Maßnahmen der aktiven Arbeitsmarktpolitik zumindest teilweise gegenseitig deckungsfähig werden.
- *Reform der Finanzierung*: Die Finanzierung der Arbeitsmarktpolitik muß auf eine breitere Basis gestellt werden, um die in den letzten beiden Jahrzehnten zu beobachtenden prozyklischen Kürzungsrunden zu vermeiden, die das Problem der Arbeitslosigkeit verschärfen anstatt es zu vermindern, was eigentlich Ziel der Arbeitsmarktpolitik ist. Hierzu liegen eine Fülle einzelner Vorschläge vor, die im Kern auf drei Basiselemente reduziert werden können: Erstens ist der Kreis der Beitragszahler auszuweiten. Durch einen Arbeitsmarktbeitrag sollen sich auch Beamte und Selbständige zumindest an der Finanzierung der aktiven Maßnahmen der Arbeitsmarktpolitik beteiligen. Zweitens sollen versicherungsfremde Leistungen, wie etwa die arbeitsmarktpolitischen Ausgaben zur Bewältigung des Strukturbruchs in Ostdeutschland oder die Integration von Zuwanderern durch Steuermittel finanziert werden. Außerdem wird auch an einen regelgebundenen Steuerzuschuß gedacht, der ab einer bestimmten Arbeitslosenzahl das nicht versicherbare Risiko "Arbeitslosigkeit" abdeckt. Drittens

schließlich sollen bestimmte, Arbeitgeberrisiken abdeckende Leistungen, wie z.B. Kurzarbeit und Schlechtwettergeld, durch Arbeitgeberumlagen finanziert werden, wie dies bereits für das Konkursausfallsgeld oder die produktive Winterbauförderung gilt (Bosch 1986).

3. Strittige Punkte in der Reformdiskussion

Die genannten Reformvorschläge sind um so konsensfähiger je allgemeiner sie formuliert werden. Geht man jedoch ins Detail, entdeckt man interessante Unterschiede. Ich will im folgenden - und dies ist das Hauptanliegen des vorliegenden Artikels - einige dieser implizit oder explizit kontroversen oder zum mindesten nichtausdiskutierten Punkte zugespitzt gegenüberstellen und einen eigenen Standpunkt dazu formulieren.

3.1 Nur Arbeitsmarktpolitik oder Arbeits- und Strukturförderung?

Die SPD-Bundestagsfraktion hat die Ablösung des Arbeitsförderungsgesetzes durch ein Arbeits- und Strukturförderungsgesetz gefordert (Bundestagsdrucksache 12/4294 vom 5. Februar 1993). Die Arbeitsmarktpolitik soll damit erkennbar aus ihrer Isolierung auf eine gegenüber dem wirtschaftlichen Strukturwandel rein nachsorgende Politik befreit und durch eigenständige Aufgaben in der Strukturpolitik aufgewertet werden. Unbestreitbar ist, daß Arbeitsmarktpolitik wichtige strukturpolitische Funktionen ausübt. Man denke nur an die Abfederung konjunktureller Risiken durch das Kurzarbeitergeld oder die Erleichterung struktureller Anpassungen durch die Förderung der beruflichen Weiterbildung. Dennoch bestehen wichtige Unterschiede zwischen Struktur- und Arbeitsmarktpolitik, die sich nicht durch Namenserweiterungen der Arbeitsmarktpolitik ohne weiteres auflösen lassen. Erstens zielt Arbeitsmarktpolitik mit ihren Maßnahmen immer direkt auf die Förderung von Arbeitskräften. Strukturpolitik hingegen richtet sich an Regionen und Betriebe, verbessert die Infrastruktur und versucht Engpässe auf der Angebots- und Nachfrageseite von Produkten zu beseitigen. Die Auswirkungen der Strukturpolitik auf die Beschäftigung sind oft nur mittelfristig erkennbar. Zweitens sind die verantwortlichen Institutionen für die verschiedenen Politikfelder auch deutlich getrennt und haben nach ihrem eigenen "Kirchturmsdenken" auch wenig miteinander zu tun. Die Bundesanstalt für Arbeit geht davon aus, daß sie nur für Individuen zuständig ist und keinen strukturpolitischen Auftrag hat. Die Strukturpolitiker fühlen sich für die langfristige Modernisierung der Wirtschaft, nicht aber für kurzfristige Beschäftigungsprobleme verantwortlich. Diese Unterschiede sollte man nicht terminologisch verwischen, da man ansonsten auch sehr leicht die Schwierigkeiten der sicherlich notwendigen besseren Abstimmung von Arbeitsmarkt- und Strukturpolitik unterschätzt. Eine solche Abstimmung kann aber kaum allein über eine Änderung des AFG realisiert werden, sondern erfordert eine Koordination verschiedener Politikfelder auf regionaler Ebene. Brücken müssen hierbei von beiden Seiten gebaut werden! Die Arbeitsmarktpolitik muß ihren strukturpolitischen Auftrag anerkennen, die Strukturpolitik ihre Möglichkeiten der Berücksichtigung arbeitsmarktpolitischer Zielsetzungen. Allerdings sollte man die Erwartungen nicht zu hoch schrauben. Für eine erfolgreiche Abstimmung von Arbeitsmarkt- und Strukturpolitik gibt es nur wenige gute Beispiele (wie z.B. bei der Verknüpfung von Arbeitsmarktpolitik und Städte-bauförderung). Dies liegt nicht nur am mangelnden Willen der Beteiligten, sondern ergibt sich auch aus der Sache: Arbeitsmarktpolitik kann eben nicht Arbeitslose "zwischenlagern" bis die Struktur künftiger Arbeitsplätze bekannt ist, sondern muß in Kenntnis aller Unsicherheiten mit arbeitsmarktpolitischen Maßnahmen beginnen, wenn Arbeitskräfte arbeitslos werden.

3.2 "Große" versus "kleine" AFG-Reform

Zum Teil wird die Position vertreten, daß die Arbeitsmarktpolitik bei der Bekämpfung der Arbeitslosigkeit bisher versagt habe und das Arbeitsförderungsgesetz daher von Kopf bis Fuß erneuert werden müsse. Dem wird entgegengehalten, daß das Arbeitsförderungsgesetz äußerst wandlungsfähig sei. Die zehn Novellen des AFG und die 70 bis 80 weiteren kleineren Änderungen belegen, daß vieles - und darunter leider auch viel Unsinn, wie die verschärfte Meldepflicht für Arbeitslose - innerhalb des bestehenden arbeitsmarktpolitischen Instrumentariums realisierbar ist. Die meisten Reformvorschläge lassen sich in das AFG integrieren, sind allerdings bisher politisch nicht gewollt. Für einen großen Reformvorschlag spricht allerdings, daß man hiermit der konservativen Marktideologie eine alternative Sichtweise der gesellschaftlichen Rolle der Arbeitsmarktpolitik entgegenstellen kann. Im Vordergrund steht also gar nicht die eigentlich nebensächliche Frage, ob das AFG reformierbar ist oder nicht, sondern die Absicht, eine größere gesellschaftliche Verantwortung bei der Bekämpfung der Arbeitslosigkeit einzufordern. Dies bedingt insbesondere einen Bedeutungszuwachs der Arbeitsmarktpolitik, da nur mit ihren Instrumenten viele Arbeitslose auch kurzfristig aufgefangen werden können. Wegen dieser Besonderheit gegenüber der Wirtschaftspolitik insgesamt wird Arbeitsmarktpolitik auch im nächsten Jahrzehnt Konjunktur haben.

3.3 Arbeitsmarktpolitik für den ersten oder für den zweiten Arbeitsmarkt?

Bei den anspruchsberechtigten Arbeitskräften haben wir eine artikulationskräftige Gruppe der Beschäftigten in gewerkschaftlich gut organisierten Großbetrieben, die für günstige Kurzarbeitsregelungen, Qualifizierungsmaßnahmen etc. auf die Straße gehen und politisches Gehör finden. Dem stehen Langzeitarbeitslose gegenüber, die sich politisch nicht artikulieren und für die Öffentlichkeit erst interessant werden, wenn sie berichtenswerte Straftaten verüben. Für jede dieser beiden Gruppen ließen sich gegenwärtig vorhandene Mittel aktiver Arbeitsmarktpolitik spielend verbrauchen. Auch die Unternehmensverbände greifen in diese Verteilungsdiskussion ein. Sie bezeichnen Arbeitsbeschaffungsmaßnahmen als ordnungspolitisch problematisch, da hier den Unternehmen Aufträge verloren gingen und sinnlose Ersatzbeschäftigungen geschaffen würden. Qualifizierungsmaßnahmen werden für konsensfähig gehalten, da hiermit nicht in Marktprozesse eingegriffen würde. In diesen Aussagen liegt eine implizite Vorentscheidung, vor allem Ältere und Langzeitarbeitslose aus der Arbeitsmarktpolitik auszuschließen, da diese oft für Qualifizierungsmaßnahmen nicht mehr in Frage kommen. Meines Erachtens dürfen sich Reformvorschläge nicht in einer Aufzählung von Vorschlägen erschöpfen, sondern sollten auch einen Mix von Maßnahmen und Zielgruppen formulieren. Dies gilt um so mehr, als in den letzten Jahren in der Arbeitsmarktpolitik das Gleichgewicht im Maßnahmenmix verloren gegangen ist. Weiterbildung wurde ausgeweitet, ABM wurde hingegen zurückgefahren und der Vorruhestand lief aus. In der Folge beobachten wir einen kaum thematisierten Anstieg der Arbeitslosigkeit der Älteren. Im September 1986 waren 13,5 % aller Arbeitslosen älter als 55 Jahre, 1992 waren es schon 20,6 %. Ein Mix von Maßnahmen ist auch aus politischen Gründen wichtig. Die Gewerkschaften engagieren sich insbesondere für die

Noch-Beschäftigten, die Unternehmen für die Bald-Wieder-Beschäftigten, die Kirchen und Wohlfahrtsverbände für die Langzeitarbeitslosen. Auf dem Trägermarkt gibt es fein abgestufte Segmentationsbarrieren für die unterschiedlichen Kategorien der Arbeitslosen. Wer hier die Konkurrenz schon in die Reformdebatte durch einseitige Klientelorientierung eindringen läßt, wird kaum Mehrheiten für seine Vorschläge finden.

3.4 Gute (teure) Maßnahmen oder viele (billige) Maßnahmen?

Langzeitarbeitslose können oft für eine berufliche Qualifizierungsmaßnahme nur nach einer Motivierungs- und allgemeinen Vorqualifizierungsphase oder einer Arbeitsbeschaffungsmaßnahme gewonnen werden und die Maßnahme selbst nur mit sozialpädagogischer Betreuung durchstehen. Berufsrückkehrerinnen benötigen Orientierungsphasen, bevor sie in einer Qualifizierungsmaßnahme einsteigen können; zudem ist die Finanzierung von Kinderbetreuungsmöglichkeiten wichtig. Die Beispiele lassen sich vermehren, und ihr gemeinsamer Kern ist in der oben bereits dargelegten Forderung nach Schaffung aufeinander aufbauender Maßnahmeketten für besondere Zielgruppen der Arbeitsmarktpolitik verallgemeinert. Genau diese Maßnahmeketten sind aber außerordentlich teuer. Angesichts der Massenarbeitslosigkeit und begrenzter Mittel erscheint der Gedanke reizvoll, durch eine Reduzierung der Maßnahmekosten mehr Arbeitslose zu erreichen. Von konservativer Seite wird eine Reduzierung aller Unterhaltsgelder und Absenkung der ABM-Gehälter unter Tarif bzw. ein eigener ABM-Tarif gefordert - zumeist allerdings ohne die Absicht, daß mit den eingesparten Geldern mehr Arbeitslose gefördert werden sollen. Die Kosten von Maßnahmen lassen sich aber nicht beliebig reduzieren. Ohne sozialpädagogische Betreuung können etwa bestimmte Gruppen von Langzeitarbeitslosen nicht mehr erreicht werden. Oder: Bei niedrigen ABM-Tarifen schwindet die Motivation der Betroffenen und entsprechend gering ist ihre Leistung und der Wiedereingliederungserfolg. Arbeitsmarktpolitik gerät bei sinkendem Leistungsniveau schnell auf die "abschüssige" Bahn: Das Prestige der Maßnahmen sinkt bei den Arbeitslosen, aber auch bei der Bevölkerung; wenn finanzielle Anreize entfallen, gewinnen direkte Verhaltenskontrollen an Bedeutung; das Leitungspersonal ist mit solchen Kontrollen beschäftigt, anstatt sich um sinnvolle Lernstrukturen und hochwertige Arbeitserfahrungen zu bemühen; schließlich verringern sich die Lernerfolge bei Qualifizierung, und die Leistung bei Arbeitsbeschaffungsmaßnahmen nimmt rapide ab. Zu Recht wird dann gefragt, ob man für solch fragwürdige Veranstaltungen Geld ausgeben soll. Es gibt nur einige wenige Möglichkeiten, Maßnahmekosten zu senken, ohne sich auf diese abschüssige Bahn zu begeben und ohne daß die eingesparten Gelder für die Arbeitsmarktpolitik verloren gehen: Viele Arbeitsämter begrenzen die Maßnahmekosten bei Arbeitsbeschaffungsmaßnahmen, indem sie ABM (100 % Lohn) mit Qualifizierung (73 % Unterhaltsgeld) kombinieren oder Arbeitslose ab einer bestimmten Gehaltsgruppe nicht mehr zur vollen Arbeitszeit anstellen. Verständlich erscheint mir auch die Praxis vieler Arbeitsämter, bei knappen Mitteln eher einjährige ABM zu bewilligen, um mehr Arbeitslose in aktive Maßnahmen einzubeziehen. Dies führt uns unmittelbar zur nächsten Frage.

3.5 Wiedereingliederung oder Rotation? Oder: Was ist eine erfolgreiche Arbeitsmarktpolitik?

Wünschenswert ist, daß arbeitsmarktpolitische Maßnahmen zur Integration der Arbeitslosen in den ersten Arbeitsmarkt führen sollen. Wenn die Integration jedoch der alleinige Erfolgsmaßstab ist, können wir in Krisenzeiten - wenn also der Einsatz der Arbeitsmarktpolitik mehr denn je gefordert ist - einen großen Teil der laufenden Maßnahmen nicht mehr legitimieren. Von konservativer Seite, zunehmend aber auch von sozialdemokratischen Finanzministern, wird übrigens die Zielsetzung der Wiedereingliederung als Kürzungsargument gegen einen Teil der Arbeitsmarktpolitik genutzt. ABM mit einer Wiedereingliederungsquote von 20 bis 40 % steht dabei gegenüber Qualifizierung mit einer Wiedereingliederungsquote von 60 bis 80 % sehr schlecht da (Spitznagel 1989). Einarbeitungszuschüsse mit einer 90prozentigen Wiedereingliederungsquote werden von Arbeitgeberseite besonders positiv hervorgehoben, ohne daß allerdings auf die hohen Mitnahmeeffekte hingewiesen wird. Wir brauchen also in unserer Reformdiskussion ebenso wie einen Maßnahmemix auch eine Zielvielfalt. Das gilt zumindest solange wir uns nicht in der idealen Welt der Vollbeschäftigung befinden - also für absehbare Zeit. Sicherlich kann man nicht alle Arbeitslosen integrieren, und es wird schon ein Erfolg sein, möglichst viele von ihnen vorübergehend zu stabilisieren und ihre Qualifikation zu erhalten bzw. den Verfall ihrer Qualifikationen zu begrenzen. In der Weiterbildung wird man die Formel von der "Qualifikation auf Vorrat" wieder beleben müssen. Ein zweiter Arbeitsmarkt wird zwar nicht unbedingt dauerhaft, sicherlich aber auf lange Dauer notwendig sein. Dauerhaft können nur die Träger des zweiten Arbeitsmarktes sein. Die Verbleibdauer der Arbeitslosen muß begrenzt bleiben, da man sonst die Orientierung auf den ersten Arbeitsmarkt aufgibt und die Gefahr besteht, daß sich Arbeitslose in eine Versorgungshaltung begeben. Genau um diese prinzipielle Offenheit zum ersten Arbeitsmarkt aufrechtzuerhalten, dürfen auch einzelne Arbeitskräfte nicht ex ante als nicht integrierbar bezeichnet und entsprechend stigmatisiert werden.

3.6 Vorschläge mit und ohne "Flair"

Die rein passive Alimentierung von Arbeitslosigkeit oder Unterbeschäftigung (Kurzarbeit) ist zu recht in Kritik geraten, da viele Chancen, die dafür verwendeten Gelder sinnvoller zu nutzen, verschenkt werden. In bewußter Abgrenzung zur passiven Arbeitsmarktpolitik konzentriert sich die arbeitsmarktpolitische Reformdiskussion auf eine Verbesserung von Instrumenten der aktiven Arbeitsmarktpolitik und ihren Ausbau auf Kosten rein passiver Maßnahmen. Gerade in Krisenzeiten werden diese aktiven Instrumente jedoch nicht ausreichen, um Arbeitslosigkeit substantiell zu reduzieren. Bei einer realistischen Betrachtungsweise der Arbeitsmarktsituation wird man kaum auf Vorruhestandsmaßnahmen und Kurzarbeit verzichten können. In Ostdeutschland bezogen Ende 1992 rund 835.000 Personen Altersübergangs- oder Vorruhestandsgeld; die meisten von ihnen wären heute ohne diese Instrumente arbeitslos. Kurzarbeit ermöglicht den deutschen Unternehmen, zyklische Krisen zu bewältigen, ohne auf die nordamerikanische Politik des "Hire and fire" zurückgreifen zu müssen und ist in Krisensituationen eine der wichtigsten Alternativen zum Arbeitslosengeldbezug. Verbesserungen dieser beiden genannten Instrumente, wie z.B. Qualifizierung während der Kurzarbeit oder gleitender Übergang ins Alter, sind anzustreben; sie haben aber bislang nur eine untergeordnete quantitative Bedeutung, stellen somit keine Alternative, sondern nur eine Ergänzung zum bisherigen Instrumentarium dar.

3.7 Prinzipielle Forderungen oder Kompromisse mitdenken?

Natürlich kann man einen guten Reformvorschlag nicht gleich in der Öffentlichkeit entwerten, indem man andeutet, wo man überall Abstriche zu machen bereit ist. Wenn allerdings eine Realisierung dieser Vorschläge in absehbarer Zeit nicht wahrscheinlich ist, gibt es eine zweite Debatte über "realistische" Vorschläge, die unter Umständen von ganz anderen Leuten geführt wird. Genau dies ist gegenwärtig zu beobachten, und hier liegt eine Schwäche der Zukunftsdiskussion. Nehmen wir das Beispiel "Zweiter Arbeitsmarkt": Es ist kaum anzunehmen, daß - unter welcher Regierung auch immer - bei den gegenwärtigen ABM-Löhnen zusätzliche Arbeitsbeschaffungsmaßnahmen für mehrere hunderttausend Arbeitslose eingerichtet werden. Viele Überlegungen zu großen Arbeitsbeschaffungsprogrammen laufen daher auf eine deutliche Absenkung der Löhne hinaus (statt ABM-Tarifen Arbeitslosengeld oder Sozialhilfe plus Aufwandsentschädigung). In einer solchen Situation kann das Beharren auf Zukunftsperspektiven gefährlich werden, wenn die aktuelle politische Diskussion nicht mehr mitgestaltet wird. Meines Erachtens sollten die Gewerkschaften überlegen, ob sie nicht einen besonderen - unter den üblichen Löhnen, aber deutlich über dem Sozialhilfesatz und Arbeitslosengeld liegenden - ABM-Tarif für arbeitsmarktpolitische Träger (z.B. Beschäftigungsgesellschaften) im Austausch zu einem zusätzlichen ABM-Programm im Bereich Umweltschutz und anderer vernachlässigter Infrastrukturaufgaben anbieten. Ohne solche Überlegungen werden sie in den nächsten Jahren nicht aus der Defensive herauskommen.

4. Fazit

Aus dieser Diskussion noch offener Fragen in der Debatte um eine Reform der Arbeitsmarktpolitik möchte ich zum Abschluß folgende Schlußfolgerungen ziehen:
- Die Arbeitsmarktpolitik sollte in der Reformdiskussion nicht mit Ansprüchen überfrachtet werden, die sie nicht einhalten kann (z.B. hinsichtlich der Strukturpolitik). Es genügt vollauf, ihre spezifische Leistungsfähigkeit herauszustellen und Verbindungslinien zu anderen Politikbereichen zu suchen.
- Arbeitsmarktpolitik wird immer mehr in Maßnahmen für leicht in den ersten Arbeitsmarkt intergrierbare Beschäftigte und Maßnahmen für Arbeitslose mit nur geringer Perspektive segmentiert. Für das erste Segment gibt es eine starke Lobby in den Gewerkschaften und bei den Unternehmen; für das zweite engagieren sich hauptsächlich die Kirchen und die Wohlfahrtsverbände. Um die wenigen Befürworter einer aktiven Arbeitsmarktpolitik nicht gegeneinander auszuspielen, ist darauf zu achten, daß bei der

Verteilung der knappen Mittel diese verschiedenen Gruppen bedacht werden (Verteilungsgerechtigkeit) und daß die Maßnahmen für Langzeitarbeitslose nicht aufgrund unrealistischer Maßstäbe (schnelle Wiedereingliederung) gestrichen werden (Zielvielfalt).
- In der Reformdiskussion über neue und interessante Instrumente sollten die alten, weniger spektakulären aber wichtigen Maßnahmen, wie die finanzielle Sicherung der Arbeitslosen, Vorruhestand oder Kurzarbeit, nicht vergessen werden, nur weil ihnen die Aura des Neuen fehlt. Einem der Hauptargumente für eine aktive Arbeitsmarktpolitik, nämlich daß aktive Maßnahmen nur wenig teurer sind als passive, wird der Boden entzogen, wenn die Arbeitslosenunterstützung oder das Kurzarbeitergeld gekürzt wird. Denn je billiger die fiskalischen Kosten der Finanzierung der Arbeitslosigkeit sind, desto teurer wird relativ eine aktive Arbeitsmarktpolitik.
- Langfristige Reformperspektiven müssen stärker als bisher mit kurzfristigen, eher pragmatisch ausformulierten Vorschlägen verknüpft werden. Ansonsten koppeln sich die kompetenten Kenner der Arbeitsmarktpolitik von der aktuellen Debatte ab, die dann ausschließlich von finanzpolitischen Gesichtspunkten dominiert wird. Beispielsweise sollte in der Diskussion um die Finanzen der Bundesanstalt für Arbeit nicht allein über eine Arbeitsmarktabgabe für Beamte und Selbständige und einen Steuerzuschuß nachgedacht werden, sondern auch über einen "Solidarpakt II" zur Finanzierung der deutschen Einigung, der auch kurzfristig der Arbeitsmarktpolitik neuen Handlungsspielraum geben könnte.

Literatur

Bach, H.W., 1989: 20 Jahre Arbeitsförderungsgesetz, in: Sozialer Fortschritt 5-6/1989

Bosch, G., 1986: Perspektiven der Finanzierung der Arbeitsmarktpolitik, in: K.J. Bieback (Hrsg.): Die Sozialversicherung und ihre Finanzierung, Frankfurt/New York

Bosch, G./Knuth, M., 1992: Beschäftigungsgesellschaften in den alten und neuen Bundesländern, in: WSI Mitteilungen 7/1992

Bundestagsdrucksache 12/4294, 1992: Ablösung des Arbeitsförderungsgesetzes durch ein Arbeits- und Strukturförderungsgesetz, Bonn

Däubler, W., 1991: Gleichberechtigung und AFG - Bestandsaufnahme und Novellierungsvorschläge, Niedersächsisches Frauenministerium, Hannover

Freie und Hansestadt Hamburg. Behörde für Arbeit, Gesundheit und Soziales, 1992: Eckpunkte für ein AFG 2000, Hamburg

IAB, 1992: Neue Politik für neue Arbeitsplätze - Zur Weiterentwicklung der Arbeitsmarkt- und Beschäftigungspolitik in den neuen Bundesländern (Werkstattbericht Nr. 20), Nürnberg

Jetter, C., 1992: Arbeitsmarktpolitik am Wendepunkt, in: H. Schmitthenner (Hrsg.): Zwischen Krise und Solidarität, Hamburg

Keller, B./Seifert, H., 1992: Vom steigerungsfähigen, aber begrenzten Nutzen des Arbeitsförderungsgesetzes, in: WSI Mitteilungen 7/1992

Kühl, J., 1989: Das Arbeitsförderungsgesetz (AFG) von 1969 - Grundzüge seiner arbeitsmarkt- und beschäftigungspolitischen Konzeption, in: Mitteilungen aus der Arbeitsmarkt- und Berufsforschung 3/1989

Kühl, J., 1992: Konzeptionelle Überlegungen für die Weiterentwicklung des Arbeitsförderungsgesetzes, in: WSI-Mitteilungen 7/92

Lampert, H., 1989: 20 Jahre Arbeitsförderungsgesetz, in: Mitteilungen aus der Arbeitsmarkt- und Berufsforschung 2/1989

Ochs, Ch./Seifert, H., 1992: Frauen und Arbeitsmarktpolitik, in: WSI Mitteilungen 7/1992

Ostertag, A., 1992: Reform statt Deform - Vorschläge für eine zeitgerechte und zukunftsweisende AFG-Novelle, in: Soziale Sicherheit 10/1992

Spitznagel, E., 1989: Zielgruppenorientierung und Eingliederungserfolg bei Allgemeinen Maßnahmen zur Arbeitsbeschaffung (ABM), in: Mitteilungen aus der Arbeitsmarkt- und Berufsforschung 4/1989

Beitrags- oder Steuerfinanzierung der Arbeitsmarktpolitik? Rückblick und Ausblick auf eine Debatte

Bernd Reissert

1. Eine strategische Entscheidung vor dem Hintergrund einer zwanzigjährigen Debatte

Nach der deutschen Einigung standen Bundesregierung und Bundestag vor der Entscheidung, wie die explosionsartig wachsenden Leistungen der Arbeitsmarktpolitik in den neuen Bundesländern finanziert werden sollten. Die vorliegenden Planungen sahen vor, daß die Ausgaben der Bundesanstalt für Arbeit (BA) angesichts der Aufgaben in Ostdeutschland im Jahr 1991 gegenüber dem Vorjahr um fast 30 Mrd. DM auf über 70 Mrd. DM wachsen sollten. Gleichzeitig wurde vorausgesehen, daß die Beitragseinnahmen der Bundesanstalt durch die Vereinigung nur in wesentlich geringerem Maße (um ca. 6 Mrd. DM) zunehmen würden. Im Haushalt der Bundesanstalt klaffte folglich eine durch die rasche Vereinigung verursachte Finanzierungslücke von mehr als 20 Mrd. DM, die wesentlich größer war als jedes frühere Defizit der Bundesanstalt (und die sich im Laufe des Jahres 1991 auch noch als deutlich unterschätzt erweisen sollte).

Zur Schließung dieser Finanzierungslücke standen - wenn auf der Ausgabenseite nichts verändert werden sollte - grundsätzlich zwei Optionen zur Verfügung: Bundesregierung und Bundestag konnten das Defizit der Bundesanstalt durch einen Zuschuß aus dem Bundeshaushalt - und damit aus Steuermitteln oder Kreditaufnahme - decken, oder sie konnten durch Änderung des Arbeitsförderungsgesetzes die Beiträge von Arbeitnehmern und Arbeitgebern zur Bundesanstalt erhöhen. Die Entscheidung fiel schließlich zugunsten der zweiten Option: Zum 1. April 1991 wurde der von Arbeitnehmern und Arbeitgebern je zur Hälfte aufgebrachte Beitrag zur Bundesanstalt für Arbeit von 4,3 % des Bruttolohns auf 6,8 % angehoben. Dies war die größte Beitragserhöhung eines Sozialversicherungszweigs in der Bundesrepublik seit der Rentenreform 1957. Mit ihr wurde - auch für die nächsten Jahre - festgelegt, daß die Finanzierung der arbeitsmarktpolitischen Anpassungs- und Unterstützungsleistungen in Ostdeutschland - ebenso wie die Arbeitsmarktpolitik in Westdeutschland - im Prinzip vollständig aus Versicherungsbeiträgen zu finanzieren war.

Die Entscheidung für die Beitragsfinanzierung der Arbeitsmarktpolitik auch in Ostdeutschland fiel vor dem Hintergrund (aber offenbar mit nur geringer Beachtung) einer mehr als zwanzigjährigen Debatte um die Finanzierung der Arbeitsmarktpolitik in der Bundesrepublik. Bereits bei der Erarbeitung des Arbeitsförderungsgesetzes (AFG) im Jahr 1969 war umstritten gewesen, ob neben den Lohnersatzleistungen bei Arbeitslosigkeit auch die neu geregelten Aufgaben der aktiven Arbeitsmarktpolitik (insbesondere der beruflichen Weiterbildung) allein aus Sozialversicherungsbeiträgen finanziert werden sollten. Vor allem die Gewerkschaften hatten die im Gesetz vorgesehene Beitragsfinanzierung aller arbeitsmarktpolitischen Aufgaben unter verteilungspolitischen und systematischen Gesichtspunkten kritisiert. Die Bundesregierung war deshalb im Gesetzgebungsverfahren beauftragt worden, dem Parlament nach einigen Jahren über die Erfahrungen mit dem Finanzierungsmodus zu berichten und denkbare Alternativmodelle zu prüfen (§ 239 AFG). In ihrem im Jahr 1973 vorgelegten Arbeitsförderungsbericht hatte die Regierung daraufhin mögliche Alternativen und Ergänzungen zur Beitragsfinanzierung der aktiven Arbeitsmarktpolitik sondiert und verworfen (u.a. diverse Steuerfinanzierungsformen, Arbeitsmarktabgaben für Beamte und Selbständige, Arbeitgeberumlagen). Sie hatte dabei geltend gemacht, daß nach ihren Prognosen die Beiträge zur Bundesanstalt für Arbeit beim damaligen Beitragssatz von 1,7 % allein ausreichen würden, um die Ausgaben der Bundesanstalt zu decken und sogar stetig steigende Überschüsse zu erwirtschaften (Bundesregierung 1973, 147).

Diese Voraussage war allerdings schon nach kurzer Zeit von der Realität überholt worden: Mit der Rezession 1974/75 war der Haushalt der Bundesanstalt für Arbeit in ein Defizit geraten, aus dem er sich bis zur Mitte der achtziger Jahre kaum noch erholen sollte. Die Diskussion um die Finanzierung der Arbeitsmarktpolitik war deshalb bis weit in die achtziger Jahre hinein aktuell und lebendig geblieben (vgl. Bruche/Reissert 1985; Bosch 1986). Der Schwerpunkt der Debatte hatte sich nun zwar von der Suche nach alternativen Finanzierungsformen zur Erschließung zusätzlicher Finanzierungsquellen verschoben. Die diskutierten Modelle waren jedoch weitgehend dieselben, die auch schon im Arbeitsförderungsbericht 1973 erörtert worden waren:

- Einbeziehung bisher beitragsfreier Gruppen in die Beitragspflicht (Bosch 1983; Bosch 1986, 338),
- Erhebung zusätzlicher Arbeitgeberumlagen für Teilbereiche der Arbeitsmarktpolitik (Bosch 1983, 463; Bruche/Reissert 1985, 180; Bosch 1986, 342; Schmid/Reissert/Bruche 1987, 333),
- teilweise Verlagerung der arbeitsmarktpolitischen Ausgabenverantwortung auf den Bundeshaushalt - und damit in die Steuerfinanzierung (Mertens 1981, 29; Schmid 1986, 268).

Welchen Stand hatte nun die Debatte um die Finanzierung der Arbeitsmarktpolitik erreicht, als 1991 die Entscheidung um Beitrags- oder Steuerfinanzierung der Arbeitsmarktpolitik in Ostdeutschland fiel? Was wußte man zum Zeitpunkt dieser Entscheidung über die Wirkungen einer reinen Beitragsfinanzierung der Arbeitsmarktpolitik (wie sie fast nur in Deutschland üblich ist; vgl. Schmid/Reissert/Bruche 1987)? Inwieweit sind diese Wirkungen auch nach der Entscheidung für eine beitragsfinanzierte Arbeitsmarktpolitik in Ostdeutschland zu beobachten? Warum fiel angesichts dieser Kenntnisse die Entscheidung für eine beitragsfinanzierte Arbeitsmarktpolitik auch in den neuen Bundesländern? Diesen Fragen gehen die folgenden Abschnitte nach.

2. Wirkungen der Beitragsfinanzierung: ein Rückblick auf den Kenntnisstand im Jahr 1991

2.1 Zahlungsbereitschaft

Beitrags- und steuerfinanzierte Systeme der sozialen Sicherung unterscheiden sich vor allem dadurch, daß beitragsfinanzierte Systeme ihre Leistungen in der Regel von vorausgegangenen Beitragszahlungen abhängig machen. Dieser enge Bezug zwischen Beiträgen und Leistungen - das Äquivalenzprinzip - verleiht den Leistungen einen starken (rechtlichen und politischen) Eigentumsschutz. Wegen der Koppelung von Beiträgen und Leistungen und des Eigentumsschutzes der Leistungen stoßen Sozialversicherungsbeiträge in der Regel auf geringere Abgabenwiderstände als Steuern, die Zahlungsbereitschaft ist bei Sozialversicherungsbeiträgen wegen des mit ihnen verbundenen potentiellen Leistungsanspruchs größer als bei Steuern (Pfaff/Schneider 1980; Schmähl 1982; Mackscheidt 1985). Sozialversicherungsbeiträge lassen sich deshalb - wie ein Blick auf die Beitragsentwicklung der Bundesanstalt für Arbeit zeigt - leichter erhöhen als Steuern: Zwischen 1973 (dem letzten Jahr ohne nennenswerte Arbeitslosigkeit in der Bundesrepublik) und 1989 stieg das Beitragsaufkommen der BA um 510 % (von 5,8 auf 35,6 Mrd. DM), während die Steuereinnahmen des Bundes nur um 115 % wuchsen (von 115 auf 247 Mrd. DM); für die überproportionale Zunahme des Beitragsaufkommens war dabei nicht in erster Linie die Lohnentwicklung verantwortlich (die beitragspflichtige Lohnsumme stieg um 141 %), sondern die Anhebung des Beitragssatzes von 1,7 auf 4,3 % (vgl. Bruche/Reissert 1985, 39; ANBA 1993, 314; BMF 1993, 240-241).

2.2 Selbstverwaltung

Die Finanzierung aus Arbeitnehmer- und Arbeitgeberbeiträgen bildet die Grundlage für die Selbstverwaltung der Bundesanstalt für Arbeit auf nationaler, regionaler und lokaler Ebene. Sie ermöglicht damit das Engagement von Arbeitnehmer- und Arbeitgebervertretern für eine problemgerechte Arbeitsmarktpolitik vor Ort. Außerdem verringert sie dadurch den Konfliktregelungsbedarf im Bereich von Parlament und Regierung, da z.B. Verteilungskonflikte um knappe Mittel weitgehend in der Selbstverwaltung und nicht im parlamentarischen Regierungssystem ausgetragen werden (vgl. allgemein von Alemann/Heinze 1981).

2.3 Faktoreinsatz

Lohnbezogene Sozialversicherungsbeiträge der Arbeitgeber belasten einseitig den Faktor Arbeit und wirken dehalb (ceteris paribus) beschäftigungshemmend und rationalisierungsfördernd. In welchem Maße eine Steuerfinanzierung weniger beschäftigungshemmend wirkt, hängt allerdings von der Steuerart und von der Überwälzbarkeit der Steuern ab (Bruche/Reissert 1985, 182-196; Schmähl u.a. 1984; Krupp 1985).

2.4 Konjunkturreagibilität der Einnahmen, Prozyklik der Ausgaben für aktive Maßnahmen

Lohnbezogene Sozialversicherungsbeiträge sind in der Regel konjunkturreagibler als Steuern. Konjunkturelle Einbrüche führen deshalb bei der Bundesanstalt für Arbeit in besonderem Maße zur Verschlechterung der Einnahmesituation, während gleichzeitig der Anstieg der Arbeitslosigkeit den Ausgabenbedarf erhöht. Theoretisch soll die auf diese Weise entstehende Finanzierungslücke durch die Auflösung von Rücklagen der Bundesanstalt oder durch Zuschüsse aus dem Bundeshaushalt gedeckt werden (§ 187 AFG). Tatsächlich ist die Lücke in der Vergangenheit jedoch immer wieder in erheblichem Maße durch Leistungskürzungen bei der aktiven Arbeitsmarktpolitik geschlossen worden, da die Bundesanstalt nicht über ausreichende Rücklagen verfügte und die Bundesregierungen ihre Zuschüsse an die Bundesanstalt möglichst gering zu halten versuchten. Bundesregierung und Bundesgesetzgeber haben bei Defiziten der Bundesanstalt in den Jahren 1975, 1982 und 1989 (und später auch 1992 und 1993) regelmäßig nach der Devise gehandelt, daß "Defizite dort gedeckt werden müssen, wo sie entstehen" (Deutscher Bundestag 1991, 8), und die Leistungen aus dem Haushalt der Bundesanstalt durch gesetzliche Eingriffe eingeschränkt. Die Leistungskürzungen haben sich dabei fast ausschließlich auf die Maßnahmen der aktiven Arbeitsmarktpolitik beschränkt, da sie im Vergleich zu dem aus dem gleichen Haushalt finanzierten Arbeitslosengeld am ehesten als disponibel angesehen werden (Bruche/Reissert 1985, 125-131).

Die gemeinsame Finanzierung von Arbeitslosengeld und aktiver Arbeitsmarktpolitik aus dem eng begrenzten beitragsfinanzierten Budget der Bundesanstalt führt also bei finanziellen Engpässen zu einem Konkurrenzverhältnis zwischen beiden Leistungsarten; sie konzentriert den auf die Bundesanstalt gerichteten "Kürzungsdruck" auf die aktiven Maßnahmen und läßt die aktive Arbeitsmarktpolitik in höherem Maße als andere Politikbereiche zum Objekt fiskalischer Erwägungen werden. Die Folge ist eine prozyklische Ausgabenentwicklung der aktiven Arbeitsmarktpolitik: Wenn die Arbeitslosigkeit über einen längeren Zeitraum hinweg ansteigt oder auf hohem Niveau verharrt (und wenn dementsprechend erhebliche Bundeszuschüsse an die BA erforderlich geworden sind), sinken die Ausgaben für aktive Arbeitsmarktpolitik (im Verhältnis zum Bruttoinlandsprodukt), bei rückläufiger Arbeitslosigkeit steigen sie (vgl. Schaubild 1 und Hardes 1983, 50; Bruche/Reissert 1985, 125-131). Diese "Stop-and-go-Politik" widerspricht nicht nur dem Ziel eines problemgerechten Mitteleinsatzes; sie verunsichert die arbeitsmarktpolitischen Akteure, zerstört Trägerstrukturen, Verwaltungsroutinen und Kooperationsbeziehungen und mindert damit insgesamt die Effizienz der Arbeitsmarktpolitik (Schmid 1982).

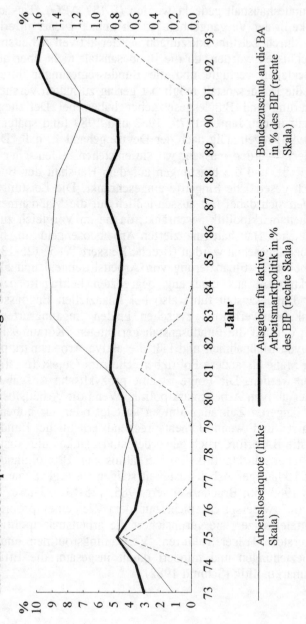

Schaubild 1: Ausgabenentwicklung der aktiven Arbeitsmarktpolitik im Vergleich zur Arbeitslosenquote und zur Finanzlage der BA

Quelle: eigene Berechnungen nach Schmid/Reissert/Bruche 1987, 338-343; Schmid/Reissert/Bruche 1992, 278-282; ANBA 1993, 42-43, 314-318; Sachverständigenrat 1993, 65-67, 104-109, 322-330; Kühl 1994. Vorruhestandsleistungen und Sprachförderung für Aussiedler sind nicht zur aktiven Arbeitsmarktpolitik gerechnet. Alle Angaben schließen ab Oktober 1990 Ostdeutschland ein. Ausgaben für 1993 sind Soll-Werte.

2.5 Regressive Mittelaufbringung und Ausschluß "schlechter Risiken"

Auf der Einnahmenseite wirken lohnbezogene Sozialversicherungsbeiträge regressiv; sie verstärken bestehende Einkommensunterschiede, weil von Arbeitnehmereinkommen oberhalb der Beitragsbemessungsgrenze und von Einkommen aus Unternehmertätigkeit und Vermögen keine Beiträge erhoben werden (Sachverständigenrat 1992, 157). Auf der Ausgabenseite konzentrieren beitragsfinanzierte Systeme ihre unmittelbaren Leistungen gemäß dem Äquivalenzprinzip auf den Kreis der Beitragszahler. Die meisten Leistungen der aktiven Arbeitsmarktpolitik sind deshalb auf diejenigen Arbeitnehmer beschränkt, die durch Beitragszahlungen und Anwartschaftszeiten entsprechende Ansprüche erworben haben; für Risikogruppen, die nicht zum Versichertenkreis gehören (z.B. Jugendliche, Frauen mit unterbrochenen Erwerbsbiographien), ist der Zugang zu arbeitsmarktpolitischen Leistungen erschwert. Im internationalen Vergleich zeigt sich deshalb, daß Frauen in der aktiven Arbeitsmarktpolitik der Bundesrepublik in besonderem Maße unterrepräsentiert sind, weil sie seltener als männliche Arbeitnehmer Versicherungsansprüche erwerben (Schmid/Reissert/Bruche 1987, 290-293; Kommission 1992, 162-163); ähnliches gilt für Jugendliche (Kommission 1992, 163-164).

Die Logik des Äquivalenzprinzips wirkt sich auch auf die regionale Verteilung der aktiven Arbeitsmarktpolitik aus: Regionen mit relativ niedriger Arbeitslosigkeit profitieren in überdurchschnittlichem Maße von den meisten Leistungen der aktiven Arbeitsmarktpolitik, weil der Anteil der Versicherten mit erworbenen Leistungsansprüchen in ihnen über dem Durchschnitt liegt; Regionen mit sehr hoher Arbeitslosigkeit erhalten dagegen (im Vergleich zu ihrem Anteil an der gesamten Arbeitslosigkeit) nur unterdurchschnittliche Leistungen (Reissert 1988). Die aktive Arbeitsmarktpolitik in der Bundesrepublik ist also wegen ihrer Orientierung an Beitrags- und Versicherungsprinzipien relativ schlecht in der Lage, ihre Leistungen auf Problemgruppen und Problemregionen zu konzentrieren.

2.6 "Trittbrettfahrer"-Effekte und negative Anreize für aktive Politik

Trotz ihrer unmittelbaren Konzentration auf den Kreis der Versicherten hat die beitragsfinanzierte aktive Arbeitsmarktpolitik in der

Tabelle 1: Belastungen der öffentlichen Haushalte durch die Arbeitslosigkeit ("fiskalische Kosten der Arbeitslosigkeit") in West- und Ostdeutschland 1992

	West	Ost
Insgesamt	63,5 Mrd.DM (100 %)	22,3 Mrd. DM (100 %)
Bundesanstalt für Arbeit	39,8 %	60,2 %
- Arbeitslosengeld	32,8 %	53,2 %
- Beitragsausfälle	7,0 %	7,0 %
Bund	24,4 %	15,3 %
- Arbeitslosenhilfe	12,0 %	6,7 %
- Ausfall Einkommensteuer	7,8 %	3,8 %
- Ausfall Verbrauchsteuern	4,1 %	4,5 %
- Wohngeld	0,5 %	0,3 %
Länder	9,5 %	5,5 %
- Ausfall Einkommensteuer	7,8 %	3,8 %
- Ausfall Verbrauchsteuern	1,2 %	1,4 %
- Wohngeld	0,5 %	0,3 %
Gemeinden	7,5 %	4,7 %
- Ausfall Einkommensteuer	2,7 %	1,3 %
- Sozialhilfe	4,8 %	3,3 %
Rentenversicherung	14,2 %	12,1 %
- Beitragsausfälle	14,2 %	12,1 %
Krankenversicherung	4,6 %	2,2 %
- Beitragsausfälle	4,6 %	2,2 %

Quelle: Kühl 1994. Zu Berechnungen für frühere Jahre vgl. u.a. Bach/Spitznagel 1992, 218-221; Bruche/Reissert 1985, 81-96

Tabelle 2: Belastung und Entlastung der öffentlichen Haushalte durch Arbeitsbeschaffungsmaßnahmen (ABM) in den Jahren 1981 bis 1988 (in Mrd. DM)

	Belastungen: Bruttokosten	*Entlastungen:* Minderausgaben u. Mehreinnahmen	*Saldo:* Nettokosten
BA	17,5	5,0	+ 12,5
Bund	0,3	8,8	- 8,5
Länder	0,9	2,2	- 1,3
Gemeinden	3,6	1,4	+ 2,2
Rentenversicherungen	-	3,3	- 3,3
Krankenversicherungen	-	1,1	- 1,1
Sonstige ABM-Träger	1,2	-	+ 1,2
Insgesamt	23,6	21,8	+ 1,8

Die Gegenüberstellung enthält für alle Personen, die in den Jahren 1981-1988 in ABM gefördert wurden, einerseits die aufgewandten Personal- und Sachkosten (Bruttokosten), andererseits die durch vermiedene Arbeitslosigkeit und zusätzliche Beschäftigung bewirkten Minderausgaben bei Unterstützungsleistungen und Mehreinnahmen bei Steuern und Sozialversicherungsbeiträgen.

Quelle: eigene Berechnung nach der Methodik von Spitznagel (vgl. u.a. Bach/Spitznagel 1992, 222-227; Bruche/Reissert 1985, 98-102)

Bundesrepublik *indirekte* Auswirkungen, die weit über den Kreis der Beitragszahler hinausgehen: Die durch Arbeitsbeschaffungsmaßnahmen geschaffenen Güter und Dienstleistungen kommen in der Regel der Allgemeinheit zugute; Fortbildungs- und Umschulungsmaßnahmen unterstützen die Anpassung an den wirtschaftlichen Strukturwandel, steigern die Produktivität und die Wettbewerbsfähigkeit der Unternehmen und nutzen damit der gesamten Wirtschaft; Arbeitsvermittlung und Berufsberatung stehen ohnehin allen Erwerbspersonen zur Verfügung. Von der aus Beitragsmitteln der Bundesanstalt für Arbeit finanzierten aktiven Arbeitsmarktpolitik profitieren vor allem auch die anderen öffentlichen Haushalte durch vermiedene "Kosten der Arbeitslosigkeit": Diese Gesamtbelastungen der öffentlichen Haushalte durch die Arbeitslosigkeit umfassen neben dem Arbeitslosengeld und der Arbeitslosenhilfe auch zusätzliche Sozialleistungen für Arbeitslose (z.B. Sozialhilfe und Wohngeld) sowie die durch Arbeitslosigkeit entgangenen öffentlichen Einnahmen aus Steuern und Sozialversicherungsbeiträgen; ein großer Teil von ihnen entfällt - wie Tabelle 1 zeigt - nicht auf die BA, sondern auf den Bundeshaushalt, die Haushalte von Ländern und Gemeinden sowie Renten- und Krankenversicherungsträger. Eine aus Beitragsmitteln der Bundesanstalt für Arbeit finanzierte aktive Arbeitsmarktpolitik, die die Zahl der Arbeitslosen niedriger hält, als sie es sonst wäre, entlastet also die Haushalte der Gebietskörperschaften und der anderen Sozialversicherungsträger, die dank der aktiven Arbeitsmarktpolitik weniger Mittel für Arbeitslosen- und Sozialhilfe aufzuwenden und weniger Steuer- und Beitragsausfälle hinzunehmen haben.

Gebietskörperschaften, Kranken- und Rentenversicherungsträger sind also "Trittbrettfahrer" einer Politik, an deren Finanzierung sie nicht oder kaum beteiligt sind. Eine detaillierte Analyse zeigt, daß die weitgehend durch Beiträge der BA finanzierten Arbeitsbeschaffungsmaßnahmen in den Jahren 1981 bis 1988 auf diese Weise allein den Haushalt des Bundes um 8,5 Mrd. DM entlastet haben (Tabelle 2). Diese positiven externen Effekte der beitragsfinanzierten Arbeitsmarktpolitik sind beschäftigungspolitisch schädlich, da sie für die BA den Anreiz zu einer "aktiveren" Politik mindern (Bruche/Reissert 1985, 132-139; theoretisch Olson 1977, 69-70). Sie sind auch verteilungspolitisch nachteilig, weil sie eine Entlastung der Steuerzahler durch die Beitragszahler bedeuten.

3. Wirkungen der Beitragsfinanzierung nach der Vereinigung

Zum Zeitpunkt der Entscheidung über die Finanzierung der Arbeitsmarktpolitik in Ostdeutschland waren also vielfältige Auswirkungen einer reinen Beitragsfinanzierung bekannt. Für eine aktive, bedarfsgerechte und stetige oder antizyklische Arbeitsmarktpolitik waren diese Wirkungen teils positiv (Ergiebigkeit wegen größerer Zahlungsbereitschaft, Konfliktentlastung durch Selbstverwaltung), überwiegend aber negativ (regressive und tendenziell beschäftigungshemmende Effekte der Mittelaufbringung; prozyklischer Einsatz aktiver Maßnahmen; Begünstigung von Kerngruppen des Arbeitsmarkts und tendenzielle Vernachlässigung von Problemgruppen und -regionen; Minderung der Anreize für eine aktive Politik).

Nachdem die Entscheidung für die Beitragsfinanzierung der Arbeitsmarktpolitik auch in Ostdeutschland gefallen war, sind in den Jahren 1991 bis 1993 zumindest einige der negativen Wirkungen auch im neuen gesamtdeutschen Kontext deutlich geworden. Dies gilt vor allem für die Prozyklik des aktiven Maßnahmeneinsatzes. Zwar hat die Beitragserhöhung vom April 1991 zunächst den erhöhten Ausgabenbedarf der BA aufgefangen und in Ostdeutschland einen Maßnahmeneinsatz der Arbeitsmarktpolitik ermöglicht, der im internationalen Vergleich einmalig sein dürfte. Schon im Laufe des Jahres 1991 haben die Beiträge jedoch nicht ausgereicht, um die Ausgaben zu decken, so daß Zuschüsse aus dem Bundeshaushalt - mit wachsender Tendenz auch 1992 und 1993 - erforderlich geworden sind.[1] Nach dem aus der alten Bundesrepublik bekannten Muster sind diese Zuschüsse erneut als "lokalisierbare Defizite" des Bundeshaushalts perzipiert und zum bevorzugten Objekt von Leistungskürzungen geworden: In den gesetzlichen Regelungen zur Konsolidierung der Bundeshaushalte 1993 und 1994 sind vor allem Leistungen der Bundesanstalt für Arbeit beschnitten worden (Sachverständigenrat 1992, 156; Sachverständigenrat 1993, 116-119, 146); erneut sinken bei steigender Arbeitslosigkeit die Ausgaben für aktive Arbeitsmarktpolitik im Verhältnis zum Bruttoinlandsprodukt (vgl. Schaubild 1).

---

1 Die durch Bundeszuschüsse zu deckenden Defizite der BA haben sich 1991 auf 1 Mrd. DM, 1992 auf 14 Mrd. DM und 1993 voraussichtlich auf 25 Mrd. DM belaufen. Sie haben dazu geführt, daß die Arbeitsmarktpolitik in Ostdeutschland in diesen drei Jahren letztlich zu knapp drei Vierteln von Beitragszahlern und zu gut einem Viertel von Steuerzahlern finanziert worden ist (Berechnung nach Kühl 1993).

Auch unter verteilungspolitischen Aspekten treten negative Wirkungen der Beitragsfinanzierung nun besonders deutlich zutage: Der Finanzierungsmodus konzentriert die Kosten der arbeitsmarktpolitischen Anpassungs- und Auffangmaßnahmen in Ostdeutschland auf die Beitragszahler (d.h. auf die Lohnempfänger und die von ihren Arbeitgebern gezahlten Lohnnebenkosten), obwohl weder die Ursachen für den arbeitsmarktpolitischen Handlungsbedarf in den neuen Bundesländern noch die Auswirkungen und Nutzeneffekte der hier vorgenommenen Arbeitsförderungsmaßnahmen auf den Versichertenkreis beschränkt sind:

- Der arbeitsmarktpolitische Handlungsbedarf in Ostdeutschland ist im wesentlichen eine Folge der politisch gewollten und durch politische Maßnahmen bewirkten "Schocktherapie" bei der Umstellung des Wirtschaftssystems, nicht aber eine Folge interner Anpassungsvorgänge auf dem Arbeitsmarkt, deren Bewältigung den Beitragszahlern der Arbeitslosenversicherung zuzumuten wäre. In anderen Ländern - auch solchen mit ansonsten strengen Versicherungsprinzipien im System der Arbeitslosenunterstützung - ist es üblich, daß nicht nur Maßnahmen der aktiven Arbeitsmarktpolitik, sondern auch Lohnersatzleistungen für Arbeitslose, die aufgrund politischer Maßnahmen arbeitslos geworden sind, aus allgemeinen Steuermitteln und nicht aus Arbeitslosenversicherungsbeiträgen finanziert werden (vgl. z.B. Unterstützungsleistungen für Arbeitslose aus "deregulierten" Krisensektoren in Frankreich oder den USA; Schmid/Reissert/Bruche 1987, 284); diese Finanzierungsregelung entspricht den unterschiedlichen Aufgaben steuer- und beitragsfinanzierter Systeme der sozialen Sicherung.
- Der Nutzen von Arbeitsförderungsmaßnahmen geht, soweit bisher erkennbar ist, in den neuen Bundesländern in noch stärkerem Maße über den Kreis der Beitragszahler hinaus, als dies in den alten Bundesländern der Fall ist. In der ehemaligen DDR wird die Wirtschaftsentwicklung - im Gegensatz zu den alten Bundesländern - wesentlich durch "Angebotsfaktoren" wie mangelnde Qualifikationen und ungenügende Infrastruktur behindert (vgl. z.B. Sinn/Sinn 1993, 232-249). Wenn diese Engpaßfaktoren durch berufliche Weiterbildungs- und Arbeitsbeschaffungsmaßnahmen der Bundesanstalt für Arbeit zumindest teilweise beseitigt werden, hat die aktive Arbeitsmarktpolitik in den neuen Bundesländern weitaus größere gesamtwirtschaftliche - d.h. über den Kreis der Beitragszahler hinausgehende - Effekte als in den alten Bundesländern (vgl. den Beitrag von Knuth in diesem Band).

4. Ausblick

Trotz erkannter und absehbarer negativer Wirkungen haben sich Bundesregierung und Bundestagsmehrheit 1991 für die Beitragsfinanzierung der Arbeitsmarktpolitik auch in Ostdeutschland entschieden. Ausschlaggebend dafür war offenbar das 1990 von den Regierungsparteien gegebene Wahlversprechen, die deutsche Vereinigung werde keine Steuererhöhungen nach sich ziehen; die Beitragsfinanzierung bot die Chance, die notwendigen Einnahmen gegen geringeren Abgabenwiderstand zu erschließen.

Als radikale Alternative wird inzwischen u.a. in der SPD das Modell einer reinen Steuerfinanzierung aktiver Arbeitsmarktpolitik für ganz Deutschland diskutiert (SPD 1993). Dieses Modell hätte allerdings seinerseits erhebliche Nachteile: Es würde ein sehr hohes zusätzliches Steueraufkommen erfordern (ca. 25 Mrd. DM auf der Basis der Ausgaben für 1993), es würde die Basis für die Selbstverwaltung der aktiven Arbeitsmarktpolitik in der BA beseitigen, es würde die "Umwidmung" von Mitteln der Arbeitslosenunterstützung für aktive Maßnahmen erschweren, und es würde die beschriebenen "Trittbrettfahrer"-Effekte nur vom Bund auf die BA verschieben.

Als Alternative, die die Nachteile reiner Steuer- und Beitragsfinanzierung vermeidet, bietet sich deshalb langfristig nur eine stärkere, fest institutionalisierte Mischfinanzierung aus Steuern und Beiträgen an - etwa in Form eines regelgebundenen Bundeszuschusses an die BA (Schmid 1986). Sie ist aber wegen des höheren Abgabenwiderstandes von Steuern politisch nur schwer zu realisieren. Wahrscheinlicher ist, daß sich Veränderungen bei der Finanzierung der Arbeitsmarktpolitik vor allem auf zusätzliche zweckgebundene Arbeitsmarktabgaben (von Beamten und Selbständigen oder allen Erwerbstätigen) konzentrieren werden, da sie wegen ihrer Zweckbindung auf geringere Widerstände stoßen und im Gegensatz zu Sozialversicherungsbeiträgen eine weitere Erhöhung der Lohnnebenkosten vermeiden. Die stabilitätspolitischen Probleme der Beitragsfinanzierung werden sie jedoch kaum lösen können (vgl. den Beitrag von Heinelt in diesem Band).

Literatur

von Alemann, U./Heinze, R.G. (Hrsg.), 1981: Verbände und Staat. Vom Pluralismus zum Korporatismus, Opladen
ANBA, 1993: Amtliche Nachrichten der Bundesanstalt für Arbeit. Arbeitsstatistik 1992 - Jahreszahlen, Nürnberg
Bach, H.-U./Spitznagel, E., 1992: Arbeitsmarktpolitische Maßnahmen - Entlastungswirkungen und Budgeteffekte, in: C. Brinkmann/K. Schober (Hrsg.), Erwerbsarbeit und Arbeitslosigkeit im Zeichen des Strukturwandels, Beiträge zur Arbeitsmarkt- und Berufsforschung 163, Nürnberg, S. 207-227
BMF (Bundesministerium der Finanzen), 1993: Finanzbericht 1994, Bonn
Bosch, G., 1983: Arbeitsmarktbeitrag: Eine gerechtere Verteilung der Lasten in der Arbeitsmarktpolitik, in: WSI-Mitteilungen, S. 461-469
Bosch, G., 1986: Perspektiven der Finanzierung der Arbeitsmarktpolitik, in: K.J. Bieback (Hrsg.), Die Sozialversicherung und ihre Finanzierung, Frankfurt/New York, S. 320-347
Bruche, G./Reissert, B., 1985: Die Finanzierung der Arbeitsmarktpolitik. Frankfurt/New York
Bundesregierung, 1973: Bericht der Bundesregierung nach § 239 des Arbeitsförderungsgesetzes, Bundestagsdrucksache 4/703
Deutscher Bundestag, 1991: Entwurf eines Gesetzes zur Änderung der Beitragssätze in der gesetzlichen Rentenversicherung und bei der Bundesanstalt für Arbeit, Bundestagsdrucksache 12/56
Hardes, H.-D., 1983: Ausgaben für operative Leistungen der Arbeitsmarktpolitik, in: H. Winterstein (Hrsg.), Selbstverwaltung als ordnungspolitisches Problem des Sozialstaates I, Berlin, S. 45-87
Kommission der Europäischen Gemeinschaften, 1992: Beschäftigung in Europa 1992, Luxemburg
Krupp, H.-J., 1985: Bestandsaufnahme und Perspektiven der Finanzierung des Sozialversicherungssystems, in: Wirtschaftsdienst, S. 64-72
Kühl, J., 1993: Beitragszahler tragen die Hauptlast der vereinigungsbedingten Arbeitsmarktkosten, IAB-Kurzbericht 11/1993, Nürnberg
Kühl, J., 1994: Zur Finanzierung von Arbeitsmarkt- und Strukturpolitik. Gutachten, Nürnberg/Berlin
Mackscheidt, K., 1985: Über die Belastbarkeit mit Sozialversicherungsbeiträgen aus der Sicht der Steuerwiderstandsforschung, in: W. Schmähl (Hrsg.), Versicherungsprinzip und soziale Sicherung, Tübingen, S. 27-54
Mertens, D., 1981: Haushaltsprobleme und Arbeitsmarktpolitik, in: Aus Politik und Zeitgeschichte, Nr. 38, S. 25-31
Olson, M., 1977: Das Prinzip "fiskalischer Gleichheit": Die Aufteilung der Verantwortung zwischen verschiedenen Regierungsebenen, in: G. Kirsch (Hrsg.), Föderalismus, Stuttgart, S. 66-76
Pfaff, M./Schneider, M., 1980: Unterscheiden sich beitragsgedeckte und nicht beitragsgedeckte Systeme sozialer Sicherung hinsichtlich ihrer ökonomischen Voraussetzungen und Wirkungen - insbesondere auch im Hinblick auf ihre Umverteilung?, in: H.F. Zacher (Hrsg.), Die Rolle des Beitrags in der sozialen Sicherung, Berlin, S. 392-423
Reissert, B., 1988: Regionale Inzidenz der Arbeitsmarktpolitik und ihrer Finanzierung, in: Akademie für Raumforschung und Landesplanung (Hrsg.), Politikansätze zu regionalen Arbeitsmarktproblemen, Hannover, S. 109-140
Sachverständigenrat zur Begutachtung der gesamtwirtschaftlichen Entwicklung, 1992: Jahresgutachten 1992/93, Bundestagsdrucksache 12/3774
Sachverständigenrat zur Begutachtung der gesamtwirtschaftlichen Entwicklung, 1993: Jahresgutachten 1993/94, Bundestagsdrucksache 12/6170

Schmähl, W., 1982: Konzeptionen sozialer Sicherung: Versicherungs- und Steuer-Transfer-System, in: Vierteljahresschrift für Sozialrecht, S. 251-296

Schmähl, W./Henke, K.-D./Schellhaaß, H.M., 1984: Änderung der Beitragsfinanzierung in der Rentenversicherung? Baden-Baden

Schmid, G., 1982: Zur Effizienz der Arbeitsmarktpolitik, WZB Discussion Paper IIM/LMP 82-3, Berlin

Schmid, G., 1986: Finanzierung der Arbeitsmarktpolitik - Plädoyer für einen regelgebundenen Zuschuß an die Bundesanstalt für Arbeit, in: K.J. Bieback (Hrsg.), Die Sozialversicherung und ihre Finanzierung, Frankfurt/New York, S. 256-282

Schmid, G./Reissert, B./Bruche, G., 1987: Arbeitslosenversicherung und aktive Arbeitsmarktpolitik. Finanzierungssysteme im internationalen Vergleich, Berlin

Schmid, G./Reissert, B./Bruche, G., 1992: Unemployment Insurance and Active Labor Market Policy. An International Comparison of Financing Systems, Detroit

Sinn, G./Sinn, H.-W., 1993: Kaltstart. Volkswirtschaftliche Aspekte der deutschen Vereinigung, München (3. Aufl.)

SPD, 1993: Eine gesamtdeutsche Strategie für Modernisierung, Beschäftigung und umweltverträgliches Wachstum. Beschluß des SPD-Bundesparteitages vom November 1993 in Wiesbaden, Bonn

Kontinuität trotz Veränderung?
Arbeitsmarktpolitik nach der Vereinigung

Hubert Heinelt

Das Thema "Arbeitsmarktpolitik nach der Vereinigung. Kontinuität trotz Veränderung?" hat einen pessimistischen Unterton. Als These klingt durch, daß die bundesrepublikanische Arbeitsmarktpolitik durch Kontinuität geprägt bleibt, obwohl die im Zuge der Integration der DDR-Gesellschaft auftretende Arbeitslosigkeit in den neuen Bundesländern zu Veränderungen der Arbeitsmarktpolitik geführt hat. Der pessimistische oder sogar enttäuschte Unterton ist dabei Ausdruck nicht realisierter Hoffnungen oder Erwartungen, die darauf orientiert sind, daß die veränderten Anforderungen an arbeitsmarktpolitische Interventionen eine grundlegende Reform anstoßen würden. Oder in Frageform zugespitzt: Warum hat *keine* Strukturreform mit grundlegenden Veränderungen stattgefunden, wie sie nicht nur in der letzten Zeit, sondern schon seit den 80er Jahren in der wissenschaftlichen und politischen Debatte erhoben worden sind? Auf die Reformperspektiven selbst soll im weiteren nicht eingegangen werden (vgl. dazu Kühl 1989 und Kühl 1991 sowie die Aufsätze von Bosch und Reissert in diesem Buch). Der Beitrag konzentriert sich vielmehr auf folgende Aspekte:
1. auf die Frage, warum grundlegende Reformen der Arbeitsmarktpolitik politisch schwer zu realisieren sind bzw. warum Reformforderungen von staatlicher Seite leicht ausgewichen werden kann, und
2. ob nicht bei der Bewertung der erfolgten Veränderungen im Bereich der Arbeitsmarktpolitik Fehleinschätzungen vorliegen - Fehleinschätzungen, die darauf beruhen, daß auf die Realisierung *bestimmter*, wie auch immer als wünschenswert herausgestellter Reformoptionen gesetzt und dabei die Tragweite vollzogener Veränderungen unerkannt bleibt.

1. Politikfeld-spezifische Reformbarrieren

Zunächst sollen zur Behandlung des ersten Aspekts politikfeld-spezifische Besonderheiten skizziert werden, die *allgemein*, d.h. jenseits der besonderen Situation in den neuen Bundesländern, zur Erklärung der Frage herangezogen werden können, warum das Problem "Arbeitslosigkeit" in (zentral-)staatlichen Politikprozessen "randständig" behandelt wird. Diese Überlegungen beziehen sich insofern auf eine Charakterisierung des Kontextes von Arbeitspolitik, als das politikfeld-spezifische Verhältnis des politischen Systems zur gesellschaftlichen Umwelt angesprochen werden soll. In diesem Zusammenhang ist die Frage naheliegend, ob nicht die gravierenden Erwerbsprobleme, die in Ostdeutschland im Vereinigungsprozeß aufgetreten sind, das politikfeld-spezifische Verhältnis des politischen Systems zur gesellschaftlichen Umwelt anders strukturieren.

Im weiteren wird nach Strukturmerkmalen verschiedener staatlicher Problemlösungen (Reformen) und nach politikfeld-spezifischen Besonderheiten der Problemthematisierung und institutionellen Innovation gefragt werden, die für staatliche Problemlösungen im Bereich der Arbeitsmarktpolitik maßgeblich sind. Dabei steht das politische System (im engeren Sinne) im Mittelpunkt.

1.1 Arbeitslosigkeit und Arbeitsmarktpolitik - zum politikfeldspezifischen Verhältnis des politischen Systems zur gesellschaftlichen Umwelt

Obwohl die Zahl der Arbeitslosen - und unter ihnen besonders die Zahl der Langzeitarbeitslosen - nicht nur in der Bundesrepublik, sondern auch in den meisten westlichen Industrieländern hoch liegt, ist auffällig, daß hier wie dort Arbeitsmarktpolitik in nationalen Politikprozessen geradezu stiefmütterlich behandelt worden ist. Gleichzeitig weiteten sich auf örtlicher Ebene arbeitsmarktpolitische Aktivitäten aus (vgl. zum internationalen Überblick u.a. OECD 1987; OECD 1990). Diese Entwicklung ist als Reaktion darauf zu werten, daß insbesondere die Kommunen am wenigsten in der Lage sind, sich gegenüber Handlungsanforderungen zu verschließen, die aus Massenarbeitslosigkeit resultieren (vgl. Benzler/Heinelt 1991, 13 ff; Jaedicke u.a. 1991, 19 ff).

In der "Lokalisierung" wohlfahrtsstaatlicher Interventionen gegen Massenarbeitslosigkeit drückt sich eine Abwälzung politischer Handlungsanforderungen aus, die auf ein Politikmuster zurückzuführen ist, das in gesellschaftlichen "Normalzuständen" als dominierend angesehen wird: der inkrementalistischen Anpassungspolitik (vgl. dazu Lindblom 1959 und 1975 sowie Jordan/Richardson 1987; Gregory 1989 und Weiss/Woodhouse 1992). Situationsspezifisch, scheibchen- und fallweise produzierte Anpassungsreaktionen in den mit

Massenarbeitslosigkeit konfrontierten Teilsystemen der sozialen Sicherung führen dazu, daß in erster Linie der lokalen Ebene die Aufgabe zukommt, der Exklusion von im Erwerbssystem marginalisierten Personen(-gruppen) entgegen zu wirken (vgl. Heinelt 1991b).

Es stellt sich jedoch die Frage, warum sich trotz der jahrelang anhaltenden Arbeitsmarktprobleme eine inkrementalistische Anpassungspolitik durchhalten ließ. Beantwortbar wird diese Frage unter Zuhilfenahme von Erklärungsansätzen, wie sie in der britischen "dual state"-Debatte (Dunleavy 1980; Saunders 1986 und als Kommentar dazu Stoker 1989, 232 ff und Häußermann 1991, 52 f), aber auch in der deutschen Diskussion anzutreffen sind (z.B. Offe 1975), die Unterschiede lokaler und (zentral-)staatlicher Politik mit Problemstrukturen von Gegenständen ("issues") politischer Auseinandersetzungen rückzukoppeln. Danach wäre Arbeitslosigkeit als "issue" nicht nachdrücklich in zentralstaatliche Politikprozesse hinein zu transportieren, wenn sie nur in den Kontext *reproduktionsorientierter Interessen von betroffenen Individuen* und nicht in den Zusammenhang mit *produktionsorientierten Interessen* eingebunden werden kann.

Die *Besonderheit von Arbeitslosigkeit als "issue" politischer Auseinandersetzungen* resultiert daraus, daß Arbeitslosigkeit - im Unterschied zu den anderen Standardrisiken abhängig Beschäftigter (nämlich nicht gegebene Erwerbsmöglichkeit aufgrund von Alter oder Krankheit) - *ein sozial selektives Risiko* darstellt: Arbeitslosigkeit mag zwar alle abhängig Beschäftigten bedrohen, tatsächlich trifft sie jedoch nicht alle und sie trifft vor allem nur einen Teil in der Weise, daß Erwerbschancen dauerhaft in Frage gestellt sind und eine soziale Marginalisierung erfolgt.

Angesichts der außergewöhnlichen Zuspitzung der Arbeitsmarktlage in den neuen Bundesländern und den nicht zu übersehenden staatlichen Reaktionen im Bereich der Arbeitsmarktpolitik stellt sich jedoch die Frage, ob diese Erklärungsansätze hinlänglich sind.

Für die Beantwortung dieser Frage ist zweifellos relevant, daß die Massenarbeitslosigkeit in den neuen Bundesländern ein solches Ausmaß erreicht hat, daß es schwierig ist, sie dort als ein soziales Risiko wahrzunehmen und zu werten, das nur eine "Randgruppe" trifft. In der beachtlichen Mobilisierung finanzieller Mittel für arbeitsmarktpolitische Maßnahmen kommt daher zum Ausdruck, daß die Arbeitslosigkeit in Ostdeutschland wegen ihrer besonderen Ausprägung nicht nur in den Zusammenhang von "reproduktionsorientierten" Interessen (der Betroffenen), sondern durchaus auch von "produktionsorientierten" Interessen in dem Sinne tritt, daß die Leistungsfähigkeit der gesellschaftlichen Form der Produktion unter Beweis zu stellen ist. Für die massive Ausweitung arbeitsmarktpolitischer Aktivitäten im "Beitrittsgebiet" dürfte außerdem maßgeblich sein, daß Arbeitsmarktpolitik sich geradezu anbot, *wirkungsvoll und gezielt Erwerbsprobleme, die im Zusammenhang mit der Transformation der DDR-Gesellschaft auftreten mußten, (sozial-)politisch aufzufangen oder - anders ausgedrückt - die aufbrechende Nichterwerbstätigkeit politisch zu regulieren.* (Vgl. zum Konzept der "politischen Regulierung von Nichterwerbstätigkeit" bzw. "Transformation von Lohnarbeit in Nicht-Lohnarbeit" Blanke u.a. 1987.) Der Einsatz von arbeitsmarktpolitischen Maßnahmen eignete sich dafür deswegen in besonderer Weise, weil durch sie (im Unterschied zu beschäftigungspolitischen Maßnahmen - wie Strukturpolitik, Steuerpolitik, Infrastrukturmaßnahmen, Exportförderung etc., aber auch Verkürzung der Arbeitszeiten und Zunahme von Teilzeitarbeit) *direkt auf Beschäftigungschancen und Beschäftigungsverhältnisse bestimmter Personen oder Personengruppen eingewirkt werden kann* (vgl. Hegner 1986, 120f). Abgesehen von der Frage, ob sich etwa durch eine Strukturpolitik in relevantem Maße vorgefundene Arbeitsplätze in den neuen Bundesländern erhalten ließen, dürfte sich der eingeschlagene Weg ferner daraus erklären, daß die Erfolgsbewertung von Entscheidungsoptionen bei politischen Entscheidern (besonders aus dem 'parlamentarischen' Bereich) "is highly dependent upon the short-term performance" (Scharpf 1986b, 184). Und die fällt für arbeitsmarktpolitische Maßnahmen (mit ihren relativ eindeutig zu bestimmenden Arbeitsmarktentlastungs- sowie Haushaltsbe-/entlastungswirkungen) günstig aus.

Die Orientierung auf Arbeitsmarktpolitik hat darüber hinaus auch noch einen weiteren wesentlichen Effekt, wobei offen bleiben kann, ob er intendiert oder nicht intendiert ist. Sie impliziert nämlich insofern eine Individualisierung von Lasten des Transformationsprozesses in den neuen Bundesländern, als in den Vordergrund tritt bzw. gerückt werden kann, ob und wie *einzelne* die Angebote einer personenbezogenen Förderung von Qualifizierung, befristeter Beschäftigung und des Austritts aus dem Erwerbssystem nutzen. Dies bewirkt tendenziell, daß die mit Arbeitsmarktpolitik befaßten öffentlichen Akteure von Handlungsdruck entlastet werden. Allerdings wird dies angesichts potentieller Folgen auch zu veränderten oder steigenden Handlungsanforderungen in anderen Politikfeldern führen (etwa der

Sozialhilfe). Politik (im Sinne von "politics"), die sich an der einen Stelle von Handlungsdruck entlastet, wird an anderer Stelle mit Handlungsanforderungen konfrontiert. Es werden allerdings andere sein, die sich dieser Konfrontation zu stellen haben (die Kommunen), und auch der Status von Ansprüchen wird ein anderer sein (bedürftigkeitsabhängige und sog. "Kann-"Leistungen) - und dies dürfte für Politikprozesse einen entscheidenden Unterschied ausmachen.

1.2 Zu Unterschieden staatlicher Problemlösungsmöglichkeiten und Besonderheiten arbeitsmarktpolitischer Entscheidungsprozesse

Angesichts der außergewöhnlichen Zuspitzung der Arbeitsmarktlage in den neuen Bundesländern und den nicht zu übersehenden staatlichen Reaktionen im Bereich der Arbeitsmarktpolitik ist auch nach den Voraussetzungen (neuerlicher) staatlicher Problemlösungen (Reformen) zu fragen, die über die bisherigen Veränderungen hinausgehen könnten bzw. nach grundlegenden Restriktionen, die weiteren (erhofften) Veränderungen entgegenstehen.

Um eine grundsätzliche Auseinandersetzung mit Voraussetzungen, aber auch der Reichweite staatlicher Problemlösungen zu ermöglichen, soll nach der Problemthematisierung und der Art der institutionellen Innovation eine Typisierung in Strukturreformen, partiellen institutionellen Reformen und inkrementalistischer Anpassungspolitik zugrunde gelegt werden (vgl. Blanke u.a. 1987, 43 ff).

Sollen politische Veränderungen von Institutionen und Instrumenten (Maßnahmen/Programme) durchgesetzt werden, weil politische Akteure die Lösung von Problemen entlang gegebener Problemlösungsmuster und entsprechend gegebener Politikinhalte *grundlegend* als inadäquat erachten, wäre von *Strukturreformen* zu sprechen. Politische Entscheidungen werden in diesem Fall gegen institutionell "eigengesetzliche" Entwicklungstendenzen der Problembearbeitung durchgesetzt. Strukturreformen können sich z.B. auf bislang nicht erfaßte Personengruppen ("Risiken"), eine neue Form der Finanzierung, eine andere Bemessungsgrundlage von Leistungen (z.B. Einführung von Mindestleistungen), eine Veränderung institutioneller Zuständigkeiten oder neue Instrumente erstrecken, die die Funktion von sozialpolitischen Leistungssystemen verändern.

"Werden Problemlagen als *partielle* aufgegriffen, sind (...) Reformen möglich, mit denen Probleme im Rahmen gegebener institutioneller Strukturen und Programme einer Lösung zugeführt werden sollen" (Blanke u.a. 1987, 43; Hervorhebung durch d.Verf.). Solche Veränderungen können als *partielle institutionelle Reformen* bezeichnet werden, weil grundlegende Imperative gegebener Lösungsmuster unberührt bleiben.

Im Unterschied dazu wäre bei einer Anpassung von Sicherungssystemen bzw. des Einsatzes ihrer Instrumente an zur Verfügung stehende Finanzmittel - und zwar sowohl im Hinblick auf Leistungsverbesserungen als auch Leistungseinschränkungen - von *inkrementalistischer Anpassungspolitik* zu sprechen. Ein Wandel institutionalisierter Regelungen folgt dabei auch den Imperativen gegebener Lösungsmuster. Da die Problemthematisierung von verfügbaren finanziellen Ressourcen ausgeht - und zwar entweder innerhalb einzelner Sicherungssysteme oder aber öffentlicher Haushalte insgesamt - ist die erforderliche Strategiefähigkeit beteiligter Akteure gering: Sie kann sich auf eine ausgeglichene Budgetierung konzentrieren. Eine eventuelle "Fehlsteuerung" ist hinzunehmen und wäre durch (haushaltsorientierte) Neuentscheidungen zu korrigieren.

Anders stellt sich die Situation bei Strukturreformen dar. Zunächst ist mit der nicht nur fiskalisch orientierten Problemthematisierung eine größere politische Sensibilisierung gegenüber potentiellen Folgewirkungen möglich. Darüber hinaus greifen die vorgenommenen Veränderungen weitgehender in Wirkungszusammenhänge ein, die entweder in ihren unmittelbaren veränderten Ausprägungen nur schwer vorherzusehen sind oder erst mit zeitlicher Verzögerung Effekte haben können, die aktuell nicht brisant sein müssen. Bedingt dadurch, daß künftige Wirkungen solcher Reformen nicht oder nur mit großen Unsicherheiten zu prognostizieren sind, ergibt sich die Skepsis gegenüber einer zielgerichteten Reformpolitik (vgl. Jordan/Richardson 1987, 9 ff; Gregory 1989). Hinzu kommt, daß der für eine Strukturreform erforderliche breite Konsens aus einer Reihe von Gründen schwierig herzustellen ist (vgl. dazu OECD 1988, 65; dort ist in einer international vergleichenden Untersuchung über Reformerfordernisse und -prozesse im Bereich der Alterssicherung zwischen "incremental", "major" und "radical reforms" unterschieden worden): Die intendierten Veränderungen haben für gesellschaftliche Gruppen eine unterschiedliche Bedeutung (und auch Priorität); ein allgemein akzeptiertes Konzept der Verteilung von Kosten ist schwer zu entwickeln, und Abhängigkeiten von ökonomischen Entwicklungen sowie Interdependenzen mit anderen Leistungssystemen sind im Regelfall unklar und eignen sich in besonderer Weise als Ansatzpunkt kontroverser politischer Auseinandersetzungen. Dem kann bei Strukturreformen insbesondere dadurch Rechnung getragen werden, daß die Veränderungen erst nach einer Übergangsfrist in Kraft treten, d.h. zur Wirkung kommen (wie etwa bei neu festgelegten Altersgrenzen im Rahmen der letzten Rentenreform). Angesichts der drängenden Probleme in den neuen Bundesländern und dem politischen Handlungsdruck sind solche Regelungen kaum vorstellbar: Wäre eine Strukturreform durchgesetzt worden, hätte sie unmittelbar zur Wirkung kommen müssen.

Partielle institutionelle Innovationen sind hingegen politisch wesentlich "handhabbarer". Mit ihnen können grundlegendere Veränderungen vorgenommen werden, ohne daß bisherige institutionelle Strukturen und Prinzipien ersetzt werden müßten, und sie können nur befristet in Kraft gesetzt werden. Damit ist von vornherein die Möglichkeit zu fixieren, entsprechend eintretender Wirkungen mit Neuregelungen zu reagieren.

Vor diesem Hintergrund ist es nicht verwunderlich, daß trotz erheblichen Problemdrucks im Zuge der Transformationsprozesse in den neuen Bundesländern von einer Strukturreform im Bereich der Arbeitsmarktpolitik Abstand genommen und partiellen institutionellen Innovationen der Vorzug gegeben wird, die allerdings deutlich hinter seit Jahren diskutierten Reformvorstellungen zurückgeblieben sind.

Festzuhalten ist allerdings, daß die Unterscheidung zwischen diesen drei Reformtypen eher eine heuristische ist, die dazu beitragen kann, die Voraussetzungen und die Tragweite von gesetzlichen Veränderungen zu verdeutlichen. Tatsächlich können sich "strukturelle" Veränderungen auch ohne eine explizite Orientierung auf eine "Strukturreform" ergeben, wenn etwa durch eine Abfolge partieller institutioneller Reformen oder eine fortlaufende inkrementalistische Anpassungspolitik gegebene Sicherungsziele nicht mehr erreichbar sind (siehe dazu Abschnitt 2).

Im übrigen ist die oben zitierte Einschätzung Scharpfs, daß nämlich die Bewertung von Entscheidungsoptionen durch politische Entscheider von der kurzfristigen Wirkung abhängt (Scharpf 1986b, 184), in Erinnerung zu rufen: Warum sollte das institutionelle Gefüge der bundesrepublikanischen Arbeitsmarktpolitik grundlegend geändert werden, wenn es einerseits kurzfristig - gerade auch wegen vorgenommener Modifikationen - hinsichtlich der Arbeitsmarktentlastung als wirksam einzuschätzen ist, aber andererseits mittelfristig zu erwartende "Gewinne" grundlegenderer institutioneller Veränderungen akut zu "politischen Kosten" der Durchsetzung führen könnten (vgl. dazu Scharpf 1986b, 183 f)?

Im übrigen sind Anforderungen an eine Auswahl und Durchsetzung von Handlungsoptionen vor dem Hintergrund politikfeld-spezifischer Besonderheiten zu beurteilen (vgl. Heinelt 1993).

Im Bereich der Arbeitsmarktpolitik sind - wie erwähnt - unmittelbare arbeitsmarktliche und fiskalische Wirkungen von politischen Entscheidungen nicht nur relativ leicht zu prognostizieren und ggf. kurzfristig zu korrigieren; arbeitsmarktpolitische Leistungen sind auch besonders als Übergangsregelungen geeignet, weil sich bei ihnen Leistungssicherheit über einen kurzen Zeitraum (und nicht etwa z.B. auf Zusicherungen im Rahmen eines "Generationenvertrages") erstreckt. Bedeutsam ist ferner, daß bei einem beitragsfinanzierten System, das sowohl für "passive" wie "aktive" Arbeitsmarktpolitik zuständig ist, in einer durch eine rezessive Situation bedingten finanziellen Überforderung nur eine institutionell vorgesehene staatliche Defizitdeckung oder außerplanmäßige staatliche Finanzzuwendung aus allgemeinen Steuermitteln die Möglichkeit bieten, (bei entsprechenden politischen Entscheidungen) das Leistungsniveau und -spektrum zu erhalten oder sogar auszubauen (vgl. Schmid u.a. 1987). Entscheidend dabei ist, daß die über eine staatliche Defizitdeckung oder außerplanmäßige staatliche Finanzzuwendung gewährleisteten Maßnahmen als einer extraordinären Situation geschuldete gekennzeichnet und bei einer veränderten Lage wieder rücknehmbar sind. Dies dürfte erklären, warum sich arbeitsmarktpolitische Maßnahmen als Übergangsregelungen zur "gezielten" Überbrückung des Zeitraums einer "Strukturanpassung" bzw. seiner sozialpolitischen Abfederung anbieten.

Gleichzeitig machen sich grundlegende Schwierigkeiten geltend: Mittelbare Wirkungen auf und Einflüsse (Rückwirkungen) von anderen Politikfeldern sind schwieriger zu erfassen als in anderen Bereichen - wie etwa bei der öffentlichen Alterssicherungspolitik. Dies ergibt sich allein daraus, daß das Politikfeld Arbeitsmarktpolitik keine festen Grenzen aufweist, sondern sich geradezu durch fliessende Grenzen auszeichnet - etwa zur Ausbildungs-, Jugend- und Familienpolitik, um nur einige zu nennen. Außerdem ist die Abhängigkeit der Arbeitsmarktpolitik von gesellschaftlichen Entwicklungen vielfältiger und durchschlagender als bei der Alterssicherungspolitik - um beim zuvor schon erwähnten Beispiel zu bleiben: Die Alterssicherungspolitik kann Leistungsanforderungen auf der Basis weitgehend stabiler demographischer Rahmendaten vorhersehen und ist finanziell von der ökonomischen Entwicklung nur über die Einnahmen- und nicht auch noch über die Ausgabenseite kurzfristig abhängig.

Die Interdependenzen und die fließenden Grenzen des Politikfeldes Arbeitsmarktpolitik implizieren Akteurskonstellationen, die ausgesprochen vielschichtig und fragil sind. Auch dies ist ein gravierender Unterschied zur Rentenpolitik, die ein "monoinstitutionell geprägtes Politikfeld" darstellt (vgl. Nullmeier/Rüb 1993), wobei durch die monoinstitutionelle Prägung nicht nur die Beteiligung relevanter Akteure, sondern auch die inhaltliche Orientierung des Politikfeldes abgegrenzt und gesichert wird. Untersucht worden und bekannt ist die multiinstitutionelle Prägung der Arbeitsmarktpolitik in erster Linie für die *lokale* Durchführung arbeitsmarktpolitischer Aktivitäten. Bei ihr sind örtliche Unterschiede der beteiligten Akteure, des Einsatzes von Instrumenten und der verfolgten inhaltlichen Orientierungen markant (vgl. zu Erklärungen verschiedenartiger "Arenafärbungen" Benzler/Heinelt 1991). Auch auf der bundespolitischen Ebene arbeitsmarktpolitischer Entscheidungen sind entsprechende Verschiebungen hinsichtlich des Einsatzes von Instrumenten und der verfolgten inhaltlichen Orientierungen in zeitlicher Abfolge gerade in den letzten drei Jahren festzustellen (vgl. den Beitrag von Kühl in diesem Buch).

Bei solchen *Politiknetzwerken* sind Konflikt- und Konsensbildungsprozesse um Problemlösungen aus zwei Gründen erschwert - nämlich wegen Schwierigkeiten a) der prospektiven und aktuellen Realitätskonstruktion durch die beteiligten Akteure und b) der Umsetzung verbindlicher Entscheidungen.

Bei *der prospektiven und aktuellen Realitätskonstruktion* spielen sicherlich unterschiedliche, nicht zuletzt institutionell präformierte Problemwahrnehmungen, die schwer zu erfassende und zu kalkulierende Abhängigkeit von gesellschaftlichen Entwicklungen und Interdependenzen mit verschiedensten Politikfeldern eine Rolle. Entscheidend dürfte aber sein, daß im Politikfeld der Arbeitsmarktpolitik keine "policy community" oder kein "inner circle" existiert, die als "relativ geschlossene Interaktions- und Interorganisationsstruktur" einen Kern oder ein Zentrum des Politiknetzwerks abgeben könnte (vgl. Nullmeier/Rüb 1993 in Anlehnung an Jordan 1990, 336), um *dominante Situationsdeutungen und Handlungsorientierungen* zu entwickeln und zu stabilisieren. Dies wäre jedoch wichtig, um aus, wenn nicht diffusen, so doch divergierenden Problemwahrnehmungen und unterschiedlichen institutionellen Handlungsorientierungen (legitimierte) Handlungsanforderungen zu definieren und (akzeptierte) Strategien zu konturrieren (vgl. dazu Nullmeier 1989, 12 ff). Hinsichtlich der Möglichkeiten, verbindliche Entscheidungen umzusetzen, hat man sich zu vergegenwärtigen, daß im Bereich der Arbeitsmarktpolitik aufgrund der Akteurskonstellationen hierarchische ([zentral-]staatliche) Interventionen nur äußerst begrenzt und/oder segmentär wirken können. Dem Bund kommt zwar durch seine Rechtssetzungsgewalt - nicht zuletzt gegenüber der Bundesanstalt für Arbeit - und seinen Budgetierungsmöglichkeiten eine zentrale Bedeutung zu. Aber abgesehen von Blockierungspotentialen der Länder bildet gerade die Ebene lokaler arbeitsmarktpolitischer Aktivitäten eine autonome Politikarena (wobei Autonomie nicht mit Autarkie gleichzusetzen ist, sondern auf Handlungsspielräume in interdependenten Zusammenhängen verweist; vgl. Luhmann 1971, 156). Wenn überhaupt, dann können sich deshalb Steuerungserfolge, die über begrenzt und/oder segmentär wirkende hierarchische (zentral-)staatliche Interventionen hinausgehen, allenfalls über ein Mit- und Nebeneinander verschiedener Akteure ergeben.

Die Bedeutung hierarchischer staatlicher Interventionen ist dabei allerdings nicht zu unterschätzen. Wie gerade in der letzten Zeit deutlich geworden ist, interveniert der Bund massiv und mit unübersehbaren Wirkungen durch Gesetzgebung und Budgetierung in den Aufgabenbereich der Bundesanstalt für Arbeit. Dies jedoch nicht im Sinne einer kohärenten, alles durchdringenden und überwölbenden Strategie, die einer "Strukturreform" zugrundezulegen wäre.

Die Entwicklung und Durchsetzung einer kohärenten, alles durchdringenden und überwölbenden Option würde aber auch eine entsprechende "Strategiefähigkeit" voraussetzen, die bei den gegebenen Akteurskonstellationen kaum zu gewinnen ist. Es kann vielmehr nur darum gehen, ob und wo (bzw. bei wem) graduell und sektoral unterschiedliche "Strategiefähigkeit" zu erwarten ist, wobei "Unterschiede der 'Strategiefähigkeit' (...) durch unterschiedliche Grade der Konzentration der politischen Machtverhältnisse, der institutionellen Zentralisation von Entscheidungskompetenzen und der zeitlichen Stabilität von Macht- und Entscheidungsverhältnissen überhaupt" (Scharpf 1986a, 13) bedingt sind.

Graduell und sektoral unterschiedliche "Strategiefähigkeit" ist nicht nur beim Bund vorauszusetzen, sondern auch bei anderen Akteuren - gerade bei Akteuren auf der Ebene lokaler arbeitsmarktpolitischer Aktivitäten, aber auch auf der Landesebene. Dies bietet nicht nur die Möglichkeiten "dezentralisierter" Problembearbeitung, die ein wesentlicher Schlüssel zur Erklärung der trotz enttäuschter Hoffnungen nicht unterzubewertenden arbeitsmarktpolitischen Problembewältigung in den neuen Bundesländern darstellt. Hinzu kommt, daß einerseits die verschiedensten Akteure für sich selbst Einflußmöglichkeiten erwarten und sich auf Konflikt- und Konsensbildungsprozesse einlassen (und nicht als externe Kritiker auftreten [müssen]). Andererseits eröffnet eine solche Situation die Möglichkeit, ggf. fehlendes Engagement einzelner bzw. bestimmter Akteure einzuklagen resp. Schuldzuweisungen kreisen zu lassen. Mit der Vielzahl von (potentiellen) Akteuren ist ein Zustand gegeben, in dem allenfalls "Politikversagen", aber nicht das Versagen einzelner Akteure *eindeutig* zu konstatieren ist. Dies kann für alle Beteiligten politisch äußerst entlastend wirken (siehe dazu Scharpfs [1985, 349] Betrachtungen zur "wohltätigen Diffusion der politischen Verantwortung" im Rahmen von "Politikverflechtung").

2. Veränderung wegen Kontinuität?

Ein wesentliches Merkmal der arbeitsmarktpolitischen Problemthematisierung und Entscheidungsprozesse ist, daß sie *wertgeladen* erfolgen (vgl. Nedelmann 1982; Rüb 1988b, 15 ff), denn in das Zentrum der Konflikt- und Konsensbildungsprozesse ist immer wieder die Bewältigung des Einigungsprozesses zu rücken, womit letztlich eine partikularisierende Debatte um ein bißchen mehr oder ein bißchen weniger überlagert werden kann. Oder in anderen Worten: Der Einigungsprozeß und die Bewältigung der mit ihm einhergehenden Massenarbeitslosigkeit ist nicht beim Überschreiten einer festlegbaren Marke finanzieller Belastungen abzubrechen - wie dies bei "üblichen" (Reform-)Prozessen eher möglich ist. Diese besondere "Reaktivierungsmöglichkeit" eröffnet einen "kumulativen Problemlösungsprozeß" (Rüb 1988b) mit einem weiten Horizont.

Dieser Horizont ist jedoch wegen der gegebenen institutionellen Strukturen und Akteurskonstellationen selbstverständlich nicht völlig offen. Hinzu kommt, daß aufgrund bestimmter politischer Entscheidungen seit der Vereinigung bereits ein spezifischer Pfad beschritten wird.

Ein solcher Entscheidungspfad ist über die *Finanzierung der massiven arbeitsmarktpolitischen Interventionen in den neuen Bundesländern* eingeschlagen worden. Aus dem eingeschlagenen Weg hat sich ein spezifischer Handlungskorridor oder "channel of policy choices" (Bachrach/Baratz 1977, 87) ergeben. Die Finanzierung der

Arbeitsmarktpolitik in Ostdeutschland über *Beiträge*, die für alle im Bundesgebiet Sozialversicherungspflichtigen erhoben werden, ist nicht zwingend gewesen. Denkbar wäre durchaus eine temporäre, teilweise *steuerfinanzierte Lösung* gewesen. Daß eine solche Lösung nicht gewählt wurde, sondern eine bundesweite Beitragsfinanzierung, war eine entscheidende Weichenstellung - oder um im obigen Bild zu bleiben: die Wahl eines bestimmten Entscheidungspfades. Die Wahl dieses Pfades hat nicht nur zur Folge, daß ein wesentlicher Teil der Kosten der Einheit von den Beitragszahlern (Beschäftigten und Betrieben) getragen werden muß. Dies mag (von wem auch immer) als sozial unausgewogen und damit brisant beklagt werden. Für die Weiterentwicklung der Arbeitsmarktpolitik hat dies außerdem eine "endogene" Brisanz - und zwar mindestens in zweierlei Hinsicht.

Die Einbeziehung der Arbeitsmarktpolitik in den neuen Bundesländern in die Beitragsfinanzierung der Bundesanstalt für Arbeit mußte deren Haushalt sprengen und erhebliche Bundeszuschüsse bedingen. Daß dies bei den gegebenen umfassenden fiskalischen Schwierigkeiten öffentlicher Haushalte, der anhaltenden Beschäftigungskrise in Ostdeutschland und der einsetzenden Rezession in Westdeutschland zu rechtlichen Eingriffen des Bundes in das Leistungsspektrum des Arbeitsförderungsgesetzes führen würde, war abzusehen. Ein Anspruch auf staatliche Defizitdeckung stellt generell ein latentes "Einfallstor" für hierarchische Interventionen in selbstverwaltete Systeme der sozialen Sicherung dar (vgl. Heinelt 1991a, 71). Aufgrund institutioneller Eigeninteressen war es naheliegend, daß die Bundesanstalt für Arbeit und die in sie inkorporierte Selbstverwaltung dagegen aufbegehren würde. Die Bundesanstalt für Arbeit konnte sich als mittelbare Staatsverwaltung gegen gesetzliche Interventionen in ihren Aufgabenbereich nicht wehren, obgleich die Selbstverwaltung auf ihr Budgetierungsrecht pochte. Daß der Bund zur Durchsetzung seiner Finanzinteressen mit der 10. Novelle des Arbeitsförderungsgesetzes (AFG) von seiner Rechtssetzungskompetenz Gebrauch machte und es sich vorbehält, den Haushalt der Bundesanstalt für Arbeit auch gegen die Selbstverwaltung durchzusetzen - was er bekanntlich für den '93er Haushalt auch gleich tat -, war wegen der Interessen des Bundes, seine Ausgaben zu begrenzen, nur allzu naheliegend. Die Folge ist, daß *faktisch die Selbstverwaltung im Bereich der über die Bundesanstalt für Arbeit vermittelten öffentlichen Arbeitsmarktpolitik ausgehebelt worden ist*, denn was bleibt von dem formalen Recht, als "staatlich anerkannte und legitimierte Körperschaft, die eigenen Angelegenheiten innerhalb vorgegebener rechtlicher Rahmenbedingungen und -vorgaben selbstverantwortlich zu entscheiden" (Lamping 1993, 1; vgl. dazu auch Lampert 1984) noch übrig, wenn nicht nur rechtliche Rahmenbedingungen und -vorgaben durch die Regelungsflut ständiger AFG-Novellen gesetzlich, sondern durch die Oktroyierung des Haushaltes auch noch der letzte Gestaltungsspielraum für "selbstverantwortliches" Entscheiden beschnitten wird?

Die Finanzierung der Arbeitsmarktpolitik in den neuen Bundesländern über die Bundesanstalt für Arbeit und die damit einhergehende Abwälzung eines wesentlichen Teils der "Kosten der Einheit" auf beitragspflichtige Beschäftigung hat außerdem das Finanzierungsprinzip, d.h. die Beitragsfinanzierung, einem grundlegenden, weitreichenden Transformations-, wenn nicht sogar einem Erosionsprozeß ausgesetzt. Der Beitragsfinanzierung wird in der wissenschaftlichen und politischen Diskussion bekanntlich ein besonderer Charakter beigemessen. Sozialversicherungsbeiträge stellen in zweierlei Hinsicht eine spezifische Form öffentlicher Abgaben dar. Sie gelten zunächst als zweckgebundene öffentliche Abgaben im Rahmen eines politisch gestalteten "sozialen Risikoausgleichs" (Rüb 1988a, 381 f). Sie stellen ferner für Betriebe Lohnnebenkosten dar und begründen als solche für Beschäftigte einen individualisierten Leistungsanspruch (vgl. Heinelt 1991a, 48 f). "Das Beitragsprinzip stellt (dabei) einen Modus dar, aus dem sich individuelle Finanzierungs- und Leistungsanteile an einem staatlich gesetzten Sicherungssystem ergeben (Proportionalitätsprinzip bzw. Teilhabeäquivalenz; vgl. Kolb 1985)" (Heinelt 1991a, 52). Die Zweckbindung von Beiträgen, die im gesamten Bundesgebiet für arbeitsmarktpolitische Aktivitäten an die Bundesanstalt für Arbeit zu entrichten sind, steht außer Zweifel (oder soll hier nicht in Zweifel gezogen werden). Das über das Beitragsprinzip vermittelte Verhältnis von Finanzierungs- und individualisierbaren Leistungsanteilen in der Arbeitslosenversicherung wird jedoch angesichts der gravierenden regionalen Umverteilung zum Mythos. Oder anders formuliert: Die Beitragsfinanzierung der Arbeitsmarktpolitik wird als das deutlich, was sie bisher auch schon war. Neben einem politisch gesetzten Modus zur Finanzierung und Bemessung einer einkommensorientierten Lohnersatzleistung stellt sie quasi eine "Lohnsummensteuer" dar, die auf die Beschäftigung von Personen erhoben wird, die potentiell durch das soziale Risiko eines Einkommensverlustes aufgrund von Arbeitslosigkeit bedroht sind, um Ausgaben für Maßnahmen aktiver Arbeitsmarktpolitik zu bestreiten. Es bricht hier also nicht nur ein Funktionsdefizit eines Finanzierungssystems auf, bei dem aus Beitragsmitteln sowohl "aktive" wie "passive Arbeitsmarktpolitik" zu bestreiten sind: ein Funktionsdefizit, das - wie Schmid/Reissert/Bruche (1987) an exponierter Stelle nachgewiesen haben - darin manifest wird, daß der finanzielle Handlungsspielraum für aktive Arbeitsmarktpolitik gerade dann zusammenschrumpft, wenn infolge einer angespannten Beschäftigungslage Beitragszahlungen zurückgehen, aber die Zahl der Arbeitslosen sich erhöht und steigende Verpflichtungen auf Lohnersatzleistungen eingelöst werden müssen. Manifest wird vielmehr die Vermischung eines beitragsfinanzierten, einkommensorientierten Lohnersatzleistungssystems mit einem durch eine zweckgebundene "Lohnsummensteuer" finanzierten System "aktiver Arbeitsmarktpolitik".

In der aktuellen politischen Auseinandersetzung sind nun verschiedene Ansätze zu beobachten, die sich kritisch auf diese Vermischung beziehen. Zu erwarten ist, daß sich gerade die Ansätze politisch kaum durchsetzen werden, die an Argumentationen aus den 80er Jahren anknüpfen, die "aktive Arbeitsmarktpolitik" im wesentlichen über einen *regelgebundenen Bundeszuschuß* (aus allgemeinen Steuermitteln) abzusichern (vgl. Bruche/Reissert 1985) und "passive" wie "aktive Arbeitsmarktpolitik" institutionell weiterhin unter dem Dach der Bundesanstalt für Arbeit zusammenzuhalten. Die Befürworter einer Arbeitsmarktabgabe haben an Boden gewonnen, weil die Finanzierung arbeitsmarktpolitischer Aktivitäten in den neuen Bundesländern durch eine "Lohnsummensteuer" auf sozialversicherungspflichtige Beschäftigung nicht nur sozial unausgewogen ist ("Gerechtigkeitslücke"), sondern direkt auf die Lohnkosten wirkt. Eine Entlastung resp. die Verhinderung einer weiteren Belastung der Betriebe dürfte in den politischen Auseinandersetzungen ein immer gewichtiger werdendes wirtschaftspolitisches Argument sein. Ob darauf mit einer *komplementären* Arbeitsmarktabgabe von Beamten und Selbständigen eingegangen wird, ist bekanntlich offen. Alternativ könnte auf eine lohn-/erwerbseinkommensabhängige zweckgebundene Arbeitsmarktabgabe *aller* Erwerbstätigen gesetzt werden. So oder so könnte dies auf eine institutionelle Aufspaltung der Zuständigkeiten für "aktive" und "passive Arbeitsmarktpolitik" hinauslaufen.

- Ein Nebeneinander von Sozialversicherungsbeiträgen und Arbeitsmarktabgabe würde über die Finanzierung die Unterschiedlichkeit von Aufgaben hervorhebbar machen, nämlich die Gewährung von einkommensorientierten Lohnersatzleistungen für Arbeitslose, die sozialversicherungspflichtig beschäftigt waren, und die Ermöglichung arbeitsmarktpolitischer Maßnahmen als öffentlicher Aufgabe. Die aktuelle und sicherlich in Zukunft anhaltende Konzentration von Finanzmitteln für Maßnahmen "aktiver Arbeitsmarktpolitik" auf die neuen Bundesländer verweist schließlich auf eine Besonderheit dieser öffentlichen Aufgabe, die nicht allein auf alle abhängig Beschäftigten betreffende "Standardrisiken" zurückzuführen ist.

- Eine lohn-/erwerbseinkommensabhängige Arbeitsmarktabgabe *aller* Erwerbstätigen ließe sich zwar für arbeitsmarktpolitische Maßnahmen als zweckgebunden ausweisen; sie wäre jedoch als Finanzierungsquelle einkommensorienter Lohnersatzleistungen schwierig zu legitimieren, weil diese (bei unveränderten Leistungsvoraussetzungen) für Beamte und Selbständige irrelevant wären. (Zur Funktion von Leistungen der Bundesanstalt für Arbeit auch für Beamte und Selbständige vgl. Bosch 1986, 340 f.)

Einer institutionellen Zuständigkeitsaufteilung wird inzwischen ja auch schon von seiten der Bundesvereinigung der Deutschen Arbeitgeberverbände oder in der CDU/CSU-Bundestagsfraktion um den CDU-Sozialpolitiker Julius Louven das Wort geredet (vgl. z.B. DIE ZEIT 6/1993, 23): Eine selbstverwaltete Bundesanstalt wäre danach nur noch für beitragsfinanzierte Lohnersatzleistungen zuständig, und eine dem Bundesarbeitsministerium unterstellte Bundesbehörde würde sich - auf der finanziellen Grundlage einer zweckgebundenen Abgabe aller Erwerbstätigen - arbeitsmarktpolitischen Maßnahmen widmen.

Eine solche, vor dem Hintergrund der gegebenen fiskalischen Handlungszwänge und politischen Kräfteverhältnisse nicht unrealistische Option, würde zu einer kontinuierlichen, aber letztlich grundlegenden Veränderung der bundesdeutschen Arbeitsmarktpolitik führen. Vorstellbar wäre nämlich die Exklusivität einer Arbeitslosenversicherung, die nur über Sozialversicherungsbeiträge von ins Erwerbssystem integrierten abhängig Beschäftigten finanziert würde. Äußerst fraglich wäre ferner, ob eine "aktive Arbeitsmarktpolitik", die von einer dem Bundesarbeitsministerium unmittelbar subordinierten Bundesbehörde administriert würde, von einer fiskalisch motivierten "stop and go"-Politik verschont bliebe. Eine zweckgebundene Arbeitsmarktabgabe aller Erwerbstätigen würde sie zwar mit einer exklusiven Finanzierungsquelle ausstatten. Der staatlich durchgesetzte Abgabenzwang hat sich jedoch laufend gegenüber gesamtwirtschaftlichen und -fiskalischen Imperativen zu bewehren und dürfte vor inkrementalistischen Ausgabenabwälzungs- oder -umschichtungsversuchen nicht gefeit sein. Die Folge wäre dann gerade *nicht* das, was in der bisherigen arbeitsmarktpolitischen Debatte mit einem regelgebundenen Bundeszuschuß an die Bundesanstalt für Arbeit intendiert worden ist - nämlich finanziell auf Dauer gesicherte arbeitsmarktpolitische Maßnahmen (die es insbesondere örtlichen Maßnahmeträgern ermöglichen würde, planvoll problemnahe örtliche Lösungsstrategien zu entwickeln), sondern ein fluides Mix terminierter Programme oder ständig von Terminierung bedrohter und Modifikationen ausgesetzter Programme. Für die Einhaltung einer "geregelten" Finanzierung der aktiven Arbeitsmarktpolitik würde nämlich bei einer Aufspaltung der aktuellen Zuständigkeiten der Bundesanstalt für Arbeit institutionell eingebundene und durch die Form der Institutionalisierung mit Veto-Positionen versehene Akteure fehlen. Die Veto-Position der über die Selbstverwaltung bislang noch institutionell eingebundenen kollektiven Akteure ist aber bereits jetzt schon entscheidend dadurch "geschleift" worden, daß der Haushalt der Bundesanstalt vom Bundesarbeitsministerium oktroyiert werden kann. Die in die Selbstverwaltung bislang noch institutionell eingebundenen kollektiven Akteure könnten geradezu in der Abspaltung des Lohnersatzleistungssystems eine Wiedergewinnung von Entscheidungsbefugnissen sehen, sich in einer autonomen selbstverwalteten Arbeitslosenversicherung einigeln und sich im Gegenzug für eine Respektierung ihres "claims" aus der Domäne einer verstaatlichten Arbeitsmarktpolitik heraushalten.

Als Fazit läßt sich deswegen festhalten, daß sich im Bereich der Arbeitsmarktpolitik grundlegende institutionelle Veränderungen ergeben, weil politisch mit der Beibehaltung einer beitragsfinanzierten Arbeitsmarktpolitik auf Kontinuität gesetzt worden ist. Also: *Veränderung wegen Kontinuität!*

Literatur

Bachrach, P./Baratz, M.S., 1977: Macht und Armut. Eine theoretische-empirische Untersuchung, Einleitung von C. Offe, Frankfurt
Benzler, S./Heinelt, H., 1991: Stadt und Arbeitslosigkeit. Örtliche Arbeitsmarktpolitik im Vergleich, Opladen
Blanke, B./Heinelt, H./Macke, C.-W., 1987: Großstadt und Arbeitslosigkeit. Ein Problemsyndrom im Netz lokaler Sozialpolitik (Studien zur Sozialwissenschaft 73), Opladen

Bosch, G., 1986: Perspektiven der Finanzierung der Arbeitsmarktpolitik, in: K.J. Bieback (Hrsg.): Die Sozialversicherung und ihre Finanzierung. Bestandsaufnahme und Perspektiven, Frankfurt a.M./New York, S. 320-347

Bruche, G./Reissert, B., 1985: Die Finanzierung der Arbeitsmarktpolitik - System, Effektivität, Reformansätze, Frankfurt a.M./New York

Dunleavy, P., 1980: Social and Political Theory and the Issue in Central-Local Relations, in: G. Jones (Hrsg.): New Approaches to the Study of Central-Local Government Relationship, Westmead, S. 116-136

Gregory, R., 1989: Political Rationality or "Incrementalism"? Charles E. Lindblom's Enduring Contribution to Public Policy Making Theory, in: Policy and Politics 2/1989, S. 139-153

Häußermann, H., 1991: Lokale Politik und Zentralstaat. Ist auf kommunaler Ebene eine "alternative Politik" möglich? in: H. Heinelt/H. Wollmann (Hrsg.): Brennpunkt Stadt. Stadtpolitik und lokale Politikforschung in den 80er und 90er Jahren (Stadtforschung aktuell 31), Basel/Boston/Berlin, S. 52-91

Hegner, F., 1986: Handlungsfelder und Instrumente kommunaler Beschäftigungs- und Arbeitsmarktpolitik, in: B. Blanke/A. Evers/H. Wollmann (Hrsg.): Die Zweite Stadt. Neue Formen lokaler Arbeits- und Sozialpolitik (Leviathan-Sonderheft 7), Opladen, S. 119-153

Heinelt, H., 1991a: Frühverrentung als politischer Prozeß. Institutionelle Bedingungen, soziale Effekte und finanzielle Verteilungswirkungen - im internationalen Vergleich, Wiesbaden

Heinelt, H., 1991b: Lokale Arbeitsmarktpolitik im einem sich wandelnden Wohlfahrtsstaat, in: B. Blanke (Hrsg.): Staat und Stadt. Systematische, vergleichende und problemorientierte Analysen "dezentraler" Politik (PVS-Sonderheft 22), Opladen 1991, S. 113-125

Heinelt, H., 1993: Policy und Politics. Überlegungen zum Verhältnis von Politikinhalten und Politikprozesen, in: A. Windhoff-Héritier (Hrsg.): Policy-Analyse (PVS-Sonderheft 24), Opladen (im Erscheinen)

Jaedicke, W./Ruhland, K./Wachenhofer, U./Wollmann, H./Wonnenberg, H., 1991: Lokale Politik im Wohlfahrtsstaat. Zur Sozialpolitik der Gemeinden und ihrer Verbände in der Beschäftigungskrise (Schriften des Zentralinstituts für sozialwissenschaftliche Forschung der Freien Universität Berlin 61), Opladen

Jordan, A.G./Richardson, J.J., 1987: British Politics and the Policy Process. An Arena Approach, Boston/Sydney/Wellington

Kolb, R., 1985: Die Bedeutung des Versicherungsprinzips für die gesetzliche Rentenversicherung, in: W. Schmähl (Hrsg.): Versicherungsprinzip und soziale Sicherung, Tübingen, S. 120-140

Kühl, J., 1989: Reform statt Novellierung. Ideen zu einem AFG der 90er Jahre, in: Arbeit und Beruf 9/1989, S. 289-292

Kühl, J., 1991: Arbeitsmarktpolitik unter Druck. Arbeitsplatzdefizit und Kräftemangel im Westen, Beschäftigungskatastrophe im Osten, in: B. Blanke/H. Wollmann (Hrsg.): Die alte Bundesrepublik - Kontinuität und Wandel (Leviathan-Sonderheft 12), Opladen 1991, S. 482-501

Lampert, H., 1984: Soziale Selbstverwaltung als ordnungspolitisches Prinzip staatlicher Sozialpolitik, in: H. Winterstein (Hrsg.): Selbstverwaltung als ordnungspolitisches Problem des Sozialstaates 2 (Schriften des Vereins für Socialpolitik, Gesellschaft für Wirtschafts- und Sozialpolitik, N.F. 133), Berlin, S. 37-62

Lamping, W., 1993: Selbstverwaltung. Das Gesundheitswesen zwischen Markt und Staat oder der "Dritte Sektor" im Gesundheitswesen (Universität Hannover, Institut für Politische Wissenschaft, Forschungsschwerpunkt Sozialpolitik), unveröffentl. Ms.

Lindblom, C.E., 1959: The Science of "Muddling Through", in: Public Administration Review 1/1959, S. 79-88

Lindblom, C.E., 1975: Inkrementalismus. Die Lehre vom "Sich-Durchwursteln", in: W.D. Narr/C. Offe (Hrsg.): Wohlfahrtsstaat und Massenloyalität, Gütersloh, S. 161-177
Luhmann, N., 1971: Soziologie des politischen Systems, in: ders.: Soziologische Aufklärung, Köln/Opladen (2. Aufl.)
Nedelmann, B., 1982: Rentenpolitik in Schweden. Ein Beitrag zur Dynamisierung soziologischer Konfliktanalyse, Frankfurt/New York
Nullmeier, F., 1989: Intention, Institution und Wissen. Auf dem Weg zu einer politikwissenschaftlichen Erklärung der Rentengesetzgebung zum RRG '92 (Diskussionspapiere und Materialien aus dem Forschungsschwerpunkt Sozialpolitik 34), Hannover
Nullmeier, F./Rüb, F.W., 1993: Transformation der Sozialpolitik. Vom Sozialstaat zum Sicherungsstaat, Frankfurt/New York (im Erscheinen)
OECD, 1987: New Roles for Cities and Towns. Local Initiatives for Employment Creation, Paris
OECD, 1988: Reforming Public Pensions (Social Policy Studies 5), Paris
OECD, 1990: Labour Market Policies for the 1990s, Paris
Offe, C., 1975: Zur Frage der "Identität der kommunalen Ebene", in: R.R. Grauhan (Hrsg.): Lokale Politikforschung, Bd. 2, S. 303-309
Rüb, F.W., 1988a: Entwicklungstendenzen des Rentenrechts in der ökonomischen Krise, in: Kritische Justiz 4/1988, S. 377-402
Rüb, F.W., 1988b: Kumulative Problemlösung durch das politische System. Eine politologische Forschungsnotiz (Diskussionspapiere und Materialien aus dem Forschungsschwerpunkt Sozialpolitik 23), Hannover
Saunders, P., 1986: Social Theory of the Urban Questions, London, 2. Aufl.
Scharpf, F.W., 1985: Die Politikverflechtungs-Falle. Europäische Integration und deutscher Föderalismus im Vergleich, in: PVS 26, S. 323-356
Scharpf, F.W., 1986a: War der Massenarbeitslosigkeit unabwendbar? Von der Schwierigkeit beschäftigungspolitischer Optionen, in: H.E. Maier/T. Schmid (Hrsg.): Der goldene Topf. Vorschläge zur Auflockerung des Arbeitsmarktes, Berlin, S. 9-37
Scharpf, F.W., 1986b: Policy Failure and Institutional Reform. Why should Form follow Function? in: International Social Science Journal 108, S. 179-189
Schmid, G./Reissert, B./Bruche, G., 1987: Arbeitslosenversicherung und aktive Arbeitsmarktpolitik: Finanzierungssysteme im internationalen Vergleich, Berlin
Stoker, G., 1989: The Politics of Local Government, London
Weiss, A./Woodhouse, E., 1992: Reframing Incrementalism. A Constructive Response to the Critics, in: Policy Sciences, 25, S. 255-273

Wirksamkeit von Arbeitsmarktpolitik angesichts regional bedeutsamer Betriebsschließungen

Hartmut Häußermann/Heiner Heseler

1. Einleitung

In den neuen Bundesländern erfolgte binnen kürzester Zeit ein beispielloser Abbau von Arbeitsplätzen. Zwischen November 1989 und Ende 1992 ging die Zahl der Erwerbstätigen um mehr als drei Millionen zurück. Ein solcher extremer Rückgang der Beschäftigung ist historisch ohne Parallele und stellt die Akteure auf dem Arbeitsmarkt vor besondere Herausforderungen. Von Bedeutung für eine zielgerichtete Arbeitsmarktpolitik ist es daher, zu erfahren, in welchen Formen sich der Arbeitsplatzabbau vollzieht, welche Instrumente die Unternehmensleitungen ergreifen, wie die betroffenen Arbeitskräfte und die Belegschaften sowie deren Interessenvertretungen reagieren, die von Massenentlassungen oder der Schließung des gesamten Betriebs betroffen oder bedroht waren.

Weit stärker als im Fall westlicher Strukturkrisen kam es in der Transformationsphase in Ostdeutschland zu Massenentlassungen und Betriebsschließungen. Sie sind in den neuen Bundesländern zu einer nahezu alltäglichen Erfahrung geworden. Bis zum März 1993 sind nach Angaben der Treuhandanstalt 2.578 Unternehmen mit rund 301.000 Arbeitsplätzen von *Stillegungen* betroffen. Die Zahl der Massenentlassungen dürfte um ein Vielfaches höher liegen, denn die meisten Großbetriebe haben ihre Beschäftigung zwar drastisch reduziert, wurden jedoch nicht vollständig geschlossen.

Es ist davon auszugehen, daß solche Massenentlassungen und Betriebsschließungen für das Arbeitsmarktgeschehen in den neuen Bundesländern andere Folgen haben als die Strukturkrisen in einzelnen Branchen und Regionen in Westdeutschland oder anderen westeuropäischen Ländern in den achtziger Jahren (vgl. Gerdes u.a. 1990; Heseler 1990). Dafür sprechen die folgenden Überlegungen, die sich aus ersten Beobachtungen der Struktur und des Verlaufs des Arbeitsplatzabbaus in Ostdeutschland ergeben:
- Die Schließung großer Betriebe ist auf den lokalen Arbeitsmärkten in Ostdeutschland kein Einzelfall, vielmehr treten mehrere Fälle zu gleicher Zeit auf und haben daher kumulative Wirkung.

Gerade erst im Entstehen begriffene lokale Arbeitsmärkte sind unmittelbar durch einen sprunghaften Anstieg von Arbeitssuchenden und Arbeitslosen gekennzeichnet.
- Arbeitsmarktverhalten und Suchprozesse müssen von den betroffenen Arbeitskräften erst eingeübt werden. Die meisten Arbeitskräfte gehörten vor der Schließung nicht nur langjährig dem Betrieb an und haben in der Regel eine weit höhere Betriebsbindung, sondern sie haben auch keinerlei Erfahrungen mit Suchstrategien und Verhaltensweisen auf externen Arbeitsmärkten. Der Wechsel von der Innen- zur Außenorientierung stößt daher vermutlich auf erhebliche Schwierigkeiten. Zugleich werden arbeitsmarktbezogene informelle Kanäle und Kontaktnetze, die bei der Arbeitsplatzsuche erfahrungsgemäß eine herausragende Rolle spielen, nicht in gleicher Weise vorhanden sein wie es in funktionierenden Arbeitsmärkten der Fall ist.
- In weit höherem Maße als in der alten Bundesrepublik sind in den neuen Bundesländern Frauen erwerbstätig, und sie üben zum Teil auch andere Berufe aus. Während in der alten Bundesrepublik trotz anhaltender Arbeitsmarktkrise ein kontinuierlicher Anstieg der Erwerbsbeteiligung von Frauen zu verzeichnen war, ist in der ehemaligen DDR eher mit einem Rückgang der hohen Erwerbsquote und einer tendenziellen Angleichung an das westdeutsche Niveau zu rechnen.
- Zugleich gab es bisher keine funktionsfähigen und erfahrenen Arbeitsmarktinstitutionen. Diese mußten parallel zum Anstieg der Arbeitslosigkeit erst aufgebaut werden. Gleichwohl kommt der Arbeitsmarktpolitik - Vermittlung, Qualifizierung, Arbeitsbeschaffung - ein großer Einfluß auf die Wiederbeschäftigungschancen zu.
- Überkommene Berufe und Qualifikationen verlieren schnell und in großem Umfang an Bedeutung. Bereitschaft und Fähigkeit zur beruflichen Mobilität dürfte Voraussetzung für erfolgreiche Arbeitsmarktstrategien sein. Zwar gab es in der ehemaligen DDR ein betriebliches System von Akademien zur Fort- und Weiterbildung, doch gerade die Vermittlung überbetrieblicher, auf dem externen Arbeitsmarkt verwertbarer Qualifikationen kann auf keine Traditionen und Erfahrungen zurückgreifen.
- Zeigen westliche Erfahrungen, daß die Singularität einer Massenentlassung und Betriebsschließung auf einem regionalen Arbeitsmarkt politische Institutionen und einstellende Unternehmen zu einem gezielten, die Wiederbeschäftigung der betroffenen Beleg-

schaft begünstigenden Verhalten veranlaßt, so trifft gerade dies auf die Städte und Arbeitsmärkte der ehemaligen DDR nicht zu. Massenentlassungen und Betriebsschließungen haben eine so große Dimension, daß die Betroffenen weder eine besonders herausgehobene Zielgruppe der regionalen Politik darstellen können, noch die einstellenden Betriebe zu spezifischen Reaktionen in der Lage sind.

- Während im Westen auch in Krisenregionen das Ausmaß räumlicher Mobilität vergleichsweise gering blieb, haben mit der Öffnung der Grenzen massive Abwanderungs- und Pendlerströme von Ost nach West eingesetzt. Angesichts der noch lange Zeit anhaltenden Unterschiede in den Arbeits-, Lebens- und Einkommensbedingungen dürfte auch in Zukunft der regionalen Mobilität der Arbeitskräfte eine erhebliche Bedeutung zukommen.

Die durch Betriebsschließungen ausgelösten Arbeitsmarktprozesse in den neuen Bundesländern unterscheiden sich daher sowohl angebots- wie nachfrageseitig grundlegend von den Erfahrungen im Westen. Arbeitslosigkeit wurde in der DDR durch unproduktive Beschäftigung verdeckt, hieraus können nunmehr Ausgrenzungs- und Marginalisierungsprozesse entstehen.

Allerdings dürfte es hinsichtlich der Situation auf regionalen Arbeitsmärkten auch innerhalb der neuen Bundesländer - abhängig vom Ausmaß des ökonomischen Wandels, von den regionalen Strukturproblemen und den ökologischen Belastungen - erhebliche Unterschiede geben. Regionen mit der Perspektive der Deindustrialisierung stehen solche gegenüber, in denen sich schon jetzt Anzeichen für eine Regeneration der Ökonomie zeigen. Sowohl die Folgen von Massenentlassungen wie die Chancen für die Wiederbeschäftigung dürften also regional durchaus unterschiedlich sein - und damit auch die Mobilitätsprozesse beeinflussen.

Trotz unterschiedlicher Voraussetzungen und Rahmenbedingungen ist nicht zu erwarten, daß der ostdeutsche Arbeitsmarkt vollständig blockiert ist. Eine erste Repräsentativuntersuchung von Infratest/IAB (Arbeitsmarkt-Monitor 1991) zeigte bereits, daß im ersten Jahr nach der Grenzöffnung eine Million Erwerbstätige im Osten eine neue Beschäftigung gefunden haben. Entscheidend für die zukünftige Entwicklung dürfte sein, wie lange die "Durststrecke" anhält, wie wirksam in dieser Zeit Motivationen der Arbeitskräfte, sich aktiv an den grundlegenden Wandel anzupassen, erhalten und stabilisiert werden können. Weit stärker als auf den westlichen

Arbeitsmärkten könnte allerdings großräumige Mobilität die Folgen von Massenentlassungen und Betriebsschließungen beeinflussen.

Im folgenden gehen wir anhand von zwei Fallbeispielen den folgenden Fragestellungen nach:
- In welchen Formen vollzogen sich diese *Massenentlassungen*, welche Folgen hatten sie für die betroffenen Arbeitskräfte und wie wirkten sie sich auf die lokalen Arbeitsmärkte aus?
- In welcher Weise können *arbeitsmarktpolitische Maßnahmen* die Massenentlassungen und deren Folgen sozial abfedern und die Funktionsweise des Arbeitsmarktes verbessern?
- Wie entwickelt sich die *Mobilität* auf einem sich erst konstituierenden Arbeitsmarkt? Wer wandert ab, wer bleibt unter welchen Bedingungen? Wie verändert sich dadurch die Sozialstruktur der (Erwerbs-)bevölkerung? Welche Segmentationslinien zeichnen sich ab? Gibt es Indizien für eine beginnende Ausgrenzung vor allem immobiler Bevölkerungsgruppen?

In Westdeutschland hatte der "Ausweg räumliche Mobilität" im Falle von Arbeitslosigkeit insbesondere für die unqualifizierten Arbeiter (die den größten Teil der Arbeitslosen stellen) keine große Bedeutung, weil in einer Arbeitsmarktkrise auch anderswo die "Jedermann"-Arbeitsplätze knapp sind, und weil die ökonomischen und sozialen Kosten eines Umzugs in keinem Verhältnis zum zu erwartenden Gewinn standen.

Ob dies auch für die ostdeutschen Regionen gilt, ist allerdings fraglich, weil dort ein großer Teil der Entlassenen durchaus über gute berufliche Qualifikationen verfügt (die im Westen auch dann noch nachgefragt werden bzw. wurden, wenn im Osten keinerlei Chancen mehr vorhanden waren bzw. sind), und weil die Situation nach der Wende doch außergewöhnlich ist: mit der Vereinigung ist der Westen sehr nahe gerückt. "Weggehen" in den Westen war für eine lange Zeit eine unmögliche Option, und gerade im ökonomischen Umbruch boten sich im Westen die guten Chancen, von denen früher immer schon hinter vorgehaltener Hand die Rede war. Räumliche Mobilität liegt für ostdeutsche Arbeiter deshalb viel näher als für die westdeutschen Arbeiter, die sich auch im Fall von Arbeitslosigkeit überwiegend in einer Situation einrichten konnten, die die Existenz sicherte (dauerarbeitslos waren ja überwiegend die älteren, die sich oft auch auf funktionierende soziale Netze verlassen konnten). Für die Frage "bleiben oder weggehen" dürfte im Osten vor allem die Perspektive für eine mittel- bzw. langfristige Zukunft entscheidend sein. Und damit ergibt sich eine wechselseitige Bedingung für die wirtschaftliche Entwicklung: Arbeitskräfte bleiben eher, wenn sich positive Perspektiven für den Arbeitsmarkt abzeichnen - und positive Perspektiven für die wirtschaftliche Entwicklung sind davon abhängig, daß viele leistungsfähige Arbeitskräfte bleiben.

2. Die Untersuchungsregionen

Die folgende Darstellung konzentriert sich auf erste Ergebnisse eines laufenden Forschungsprojekts[1], das Massenentlassungen von zwei Großbetrieben in zwei unterschiedlichen Regionen verfolgt: Die Neptun-Werft in Rostock und den Braunkohleveredelungsbetrieb in Espenhain (Kreis Borna im Südraum Leipzig). In beiden Betrieben, die zu DDR-Zeiten je rund 6.000 Personen beschäftigten, wurden zwischen 1990 und 1992 mehr als Dreiviertel der Arbeitsplätze abgebaut. Die Entscheidung über die endgültige Schließung wurde in beiden Fällen zwar immer wieder diskutiert, jedoch bisher nicht vollzogen.

Der *Landkreis Borna*, südlich von Leipzig gelegen, gehörte aufgrund seiner wirtschaftlichen Monostruktur zu den acht strukturschwächsten Regionen der ehemaligen DDR (Ostwald 1990). 1989 arbeiteten 73,4 % aller ständig Berufstätigen in der Industrie (IAB-Kurzbericht 1990), nur wenige in der Landwirtschaft und im Dienstleistungssektor. Damit war die Region eine der drei am stärksten industrialisierten Kreise der ehemaligen DDR und zugleich auch eine der am dichtesten besiedelten. Der aus Autarkiebestrebungen des NS-Staates begonnene Ausbau des Braunkohlen-Tageabbaus und der Braunkohlenverarbeitung (Briketterzeugung, Karbochemie) wurde von der DDR aus Gründen der Importsubstitution weiter forciert, so daß es zu einer fast völligen Abhängigkeit der regionalen Wirtschaft von der Braunkohle kam.

Der Landkreis zählt zu den am stärksten mit Schadstoffen belasteten Regionen der ehemaligen DDR. 1978 waren schon mehr als ein Zehntel der Fläche des Kreises in Abbauflächen bzw. Ödland verwandelt worden. Borna leidet schon seit längerem unter der Abwanderung seiner Bevölkerung. Von 1981-1989 betrug der Bevölkerungsrückgang - 4,9 % (zum Vergleich: Rostock: + 4,5 %). Die Folgen der beständigen Abwanderung meist jüngerer und qualifizierterer Bevölkerung zeigen sich in einer relativ niedrigen Quote

---

[1] In dem von der DFG geförderten Forschungsprojekt arbeiten außer den Autoren noch Johann Gerdes, Sigrun Kabisch, Martin Osterland, Marion Prassek, Ursula Bischoff und Heike Löser mit.

Erwerbsfähiger an der Wohnbevölkerung und in einer geringeren Quote des "demographischen Nachwuchspotentials".

Die Region Borna steht vor einer tiefgreifenden Strukturkrise. Durch die starke Verflechtung der Industriebetriebe mit der Braunkohle kommt es zu einem Zusammenbruch der traditionellen Wirtschaftsstrukturen. Die Anlagen der Karbochemie sind 1990 stillgelegt worden, ebenso drei der zwölf Brikettfabriken im Landkreis, denen 1993 alle weiteren folgen werden. Falls der Braunkohlenabbau überhaupt noch eine Chance hat, wird er erheblich eingeschränkt werden. Von den Stillegungen und Produktionsbeschränkungen werden ca. 15.000 bis 20.000 Beschäftigte in der Region betroffen sein.

Rostock ist eine durch maritime Wirtschaftszweige und Großbetriebe geprägte Stadt. Hafen, Schiffahrt, Schiffbau und Fischwirtschaft waren und sind die Leitsektoren. In ihnen arbeiteten zuletzt rund ein Drittel der Beschäftigten der Stadt (vgl. Heseler/Warich 1992). In der Vergangenheit profitierte Rostock gleichermaßen von den ökonomischen Autarkiebestrebungen wie von der chronischen Devisenschwäche der DDR. Die Hansestadt expandierte schneller als viele andere Städte der DDR. Bis in die zweite Hälfte der achtziger Jahre hinein nahm die Bevölkerung kontinuierlich zu. Im Zeitraum von 1981 bis 1989 stieg die Einwohnerzahl um 17.000 (7,2%), in der DDR insgesamt hingegen sank sie im gleichen Zeitraum um 1,8 %.

Insgesamt ist der Anteil der Industrie verglichen mit westdeutschen Großstädten hoch, der private Dienstleistungssektor hingegen unterentwickelt. Dies gilt auch für den Handel; nicht nur der auf den privaten Konsum ausgerichtete Einzelhandel, sondern auch die exportorientierten Handelsfunktionen sind deutlich unterentwickelt. Der Verkehrssektor war in der Vergangenheit selbst gegenüber anderen Hafenstädten überdimensioniert. Die maritime Ausrichtung Rostocks prägt auch stark die Struktur der Industrie. Ende 1989 arbeiteten noch 12.600 Beschäftigte auf den Werften. Mit 8,6 % liegt ihr Anteil an der Gesamtbeschäftigung z.B. mehr als dreimal so hoch wie in der Stadt Bremen (vgl. Heseler/Hickel 1990).

Die geringe Diversifizierung der Industrie geht mit einer hohen Verflechtung der Wirtschaftszweige und -unternehmen innerhalb der Stadt Rostock einher. Die Kombinatsstruktur verursachte eine hohe Abhängigkeit der regionalen Betriebe von den maritimen Schlüsselsektoren. In der Vergangenheit hatte diese starke Verflechtung das Beschäftigungswachstum der Region begünstigt. In einer Schrumpfungsphase bildet sie freilich ein zusätzliches Gefährdungspotential. Rostock steht für eine durch maritime Wirtschaftszweige geprägte Großstadt mit hoher Verflechtungsintensität der regionalen Betriebe untereinander. Das Umland selbst ist ländlich geprägt. Die räumliche Nähe zur Wirtschaftsmetropole Hamburg dürfte bei rapidem Arbeitsplatzabbau Abwanderungsprozesse und Fernpendeln begünstigen. Im Vergleich zur Untersuchungsregion Borna-Espenhain sind die ökologischen Belastungen allerdings relativ gering, auch dürften die Chancen einer Revitalisierung der lokalen Ökonomie und des Arbeitsmarkts größer sein.

Die Talfahrt und der erwartete Rekonstruktionsprozeß der regionalen Wirtschaftsstruktur werden in beiden Regionen jedoch voraussichtlich unterschiedlich verlaufen. Während Rostocks Bevölkerung bis zur Wende kontinuierlich gewachsen ist, litt Borna schon lange unter Bevölkerungsverlusten. Vergleichsweise jungen, überdurchschnittlich qualifizierten Berufstätigen in Rostock steht eine überalterte Bevölkerung mit geringerer Qualifikationsstruktur in Borna gegenüber. Durch den beständigen Zustrom von Arbeitskräften nach Rostock gab es dort eine rege Bautätigkeit, was sich in vergleichsweise guter Wohnungsqualität niederschlug; vorherrschend sind dabei aber Großsiedlungen und eine geringe Wohneigentumsquote. Borna dagegen hatte nur einen geringen Wohnungsneubau, der Siedlungsstruktur entsprechend herrscht alte Bausubstanz mit schlechter Wohnungsqualität vor, die Hauseigentumsquote ist jedoch höher. Gemessen an den Verhältnissen in den alten Bundesländern haben zwar beide Untersuchungsregionen ökologische Probleme, die von Borna übertreffen jene von Rostock aber erheblich.

Bezüglich der "Push"- und "Pull"-Effekte, die in der Wanderungsforschung üblicherweise unterschieden werden, weisen die ausgewählten Untersuchungsregionen sehr verschiedene Eigenschaften auf:

- Im *Raum Borna* sehen sich die Arbeitskräfte mit einer "altindustriellen" Monostruktur konfrontiert, die wenig innerregionale Arbeitsplatzmobilität erlaubt. Dies wird sich in absehbarer Zeit auch kaum ändern. Ob die Betroffenen mit überregionaler Mobilität reagieren, dürfte - der Studie von Birg u.a. (1990b) folgend - stark davon abhängen, wie mobil sie in der Vergangenheit waren, d.h. ob sie in der Region schon seit der Geburt wohnen oder erst im Laufe ihrer Erwerbsbiographie zugezogen sind. Insbesondere bei der Gruppe der zwischen 30- und 40-jährigen wird diese Frage große Bedeutung haben: da die Abwanderung bereits in

den letzten Jahren beträchtlich war, dürfte bei den jetzt noch dort Wohnenden die Disposition zur Immobilität relativ stark sein. Sie haben einerseits eine lange Phase der Immobilität hinter sich, müssen aber andererseits noch für einen relevanten Zeitabschnitt ihrer Erwerbsbiographie Entscheidungen treffen, da eine Vorruhestandsregelung noch nicht infrage kommt. Besonders wichtig dürfte dabei sein, welche Wahlmöglichkeiten vom regionalen Arbeitsmarkt (inklusive Leipzig) angeboten werden, welche Entscheidungen (etwa zur Weiterqualifikation bzw. Umschulung) den Betroffenen von politischen Institutionen und Berufsverbänden nahegelegt werden, und welche sozialen Vernetzungen für einen Verbleib in der Region sprechen.
- In der *Stadt Rostock* gibt es einen höheren Anteil von Personen, die schon in der Vergangenheit räumlich mobil waren, wie die Daten zur Bevölkerungsentwicklung zeigten. Im Bereich Rostock dürften also mehr Personen wohnen, für die die Wahrscheinlichkeit zukünftiger regionaler Mobilität höher ist als in Borna. Gleichzeitig sind die regional vorhandenen Wahlmöglichkeiten höher (differenzierterer, modernerer Arbeitsmarkt, leichtere Pendelmöglichkeit nach Schleswig-Holstein bzw. Raum Hamburg). Die Entscheidungssituation ist also offener und komplexer. Den Aktivitäten der lokalen Institutionen der Arbeitsmarktpolitik kommt große Bedeutung zu.

In Borna spricht also von den Arbeitsmarktbedingungen weniger dafür, daß die Arbeitskräfte nicht abwandern, aber die soziale Disposition zur Mobilität dürfte geringer sein. In der Region Rostock dürfte die potentielle Mobilität höher sein, aber die Bedingungen des regionalen Arbeitsmarktes bieten eher alternative Beschäftigungsmöglichkeiten. Der Anteil von Wohnungen in Privateigentum liegt in Borna erheblich über dem in Rostock. Die Anteile von selbstbewohntem Eigentum dürften daher in den beiden Regionen sehr unterschiedlich sein.

3. Arbeitsmarktfolgen der Massenentlassungen

Betriebe und Beschäftigte müssen sich einem fundamentalen ökonomischen, sozialen und politischen Strukturbruch anpassen. Chancen zum Überleben haben die überdimensionierten Großbetriebe nur, wenn sie innerhalb kürzester Zeit ihre Arbeitsplätze massiv reduzieren und zugleich neue Unternehmenskonzepte entwickeln, mit denen sie sich auf neuen Märkten behaupten können. Allerdings fehlt es ihnen zumeist an erforderlichen Investitionsmitteln, da die Treuhand in der Regel erst nach der Privatisierung Mittel zur Sanierung bereitstellt.

Beim Arbeitsplatzabbau konnten die Betriebe ein Vielzahl von Instrumenten anwenden. Nicht unbeträchtlich war die Zahl derjenigen, die um besserer Einkommenschancen und Arbeitsbedingungen willen den Betrieb freiwillig und frühzeitig verließen. Allerdings sind die Folgen dieser natürlichen Fluktuation ambivalent. Einerseits vollzieht sich so der Beschäftigungsrückgang unspektakulär und reibungslos. Andererseits sind es aber gerade die jüngeren und höher qualifizierten Arbeitskräfte, die als erste den Betrieb verlassen. Darüber hinaus stand den Betrieben die Möglichkeit offen, ältere Arbeitskräfte vorzeitig in den Ruhestand zu schicken. Angesichts des vergleichsweise hohen Altersdurchschnitts der früheren DDR-Betriebe war dies ein quantitativ durchaus bedeutsames Instrument.

Die Kombinatsbetriebe zeichneten sich durch eine hohe Fertigungstiefe und die Integration von Aufgaben aus, die unter marktwirtschaftlichen Bedingungen typischerweise nicht zu den Aufgaben eines Betriebs gehören (Sozial- und Kultureinrichtungen, Verpflichtung zur Produktion von Konsumgütern auch für Investitionsgüterbetriebe). Ausgliederungen von Betrieben oder Betriebsteilen stellten daher ein weiteres Instrument dar, mit dem ein schneller Arbeitsplatzabbau erzielt werden konnte.

Die Beschäftigten hatten von Beginn an verschiedene Optionen. Gerade in den ersten beiden Jahren hatten viele die Chance, einen Arbeitsplatz im Westen zu erhalten oder auch in den neugegründeten Klein- und Mittelbetrieben der Region. Als Alternative zur Arbeitslosigkeit stand angesichts der enormen Expansion arbeitsmarktpolitischer Instrumente vielen der Weg in Arbeitsbeschaffungs- oder Fortbildungs- und Umschulungsmaßnahmen (bei Großbetrieben häufig in einer Beschäftigungsgesellschaft) offen.

Angesichts des außerordentlich schnellen Umbruchs auf dem Arbeitsmarkt standen die erst im Aufbau befindlichen Arbeitsämter vor besonderen Problemen. Einerseits mußten sie sehr schnell die aus dem Westen importierten Instrumente der Arbeitsmarktpolitik einsetzen, um einen noch stärkeren Anstieg der offenen Arbeitslosigkeit zu vermeiden. Andererseits sollte die Arbeitsmarktpolitik selbst einen Beitrag zur Revitalisierung der regionalen Ökonomie leisten - durch zielgerichtete Qualifizierung für künftige Anforderungen der modernisierten oder neu entstandenen Betriebe, durch Beschäftigungsmaßnahmen, die der Sanierung der Infrastruktur dienen sowie durch die Förderung von Ausgründungen und Neugründungen von Betrieben.

Im folgenden geben wir die ersten Untersuchungsergebnisse aus dem laufenden Forschungsprojekt wieder. Beide Betriebe sind gewiß nicht repräsentativ, vor Verallgemeinerungen der Befunde muß gewarnt werden. Doch können sie Eindrücke über das Spektrum arbeitsmarktpolitischer Strategien und Handlungsmöglichkeiten im laufenden Transformationsprozeß von der Plan- zur Marktwirtschaft vermitteln:

Ein großer Teil des Personalabbaus vollzog sich in beiden Betrieben in einem Zeitraum, in dem die Arbeitnehmer noch durch Kündigungsschutzregeln besonders gut geschützt waren. So wurde für die Metallindustrie und damit für die Werften 1990 ein Tarifvertrag abgeschlossen, der einen bis zum 30. Juni 1991 befristeten Kündigungsschutz für alle Arbeitnehmer enthielt. Mit dem Auslaufen des Tarifvertrags wurde für die zur Deutschen Maschinen- und Schiffbau AG (DMS) gehörenden Werften eine Konzernbetriebsvereinbarung abgeschlossen, nach der eine betriebliche Kündigung nur zulässig ist, wenn den betroffenen Arbeitnehmern zugleich ein Beschäftigungsverhältnis in einer Beschäftigungsgesellschaft angeboten wird. Da sich die Bildung solcher Beschäftigungsgesellschaften verzögerte, kam es erst Ende 1991 mit Wirkung zum 1. Januar 1992 zu den ersten betriebsbedingten Kündigungen. Im Bereich des Bergbaus bestand zwar keine derartige Tarifvereinbarung, doch stand hier insbesondere das Instrument eines sehr früh beginnenden Vorruhestands zur Verfügung. Hieraus erklären sich sowohl die vergleichsweise hohen Anteile von freiwilliger Fluktuation wie auch die Unterschiede im Verbleib zwischen den beiden Betrieben.

1. Beschäftigungsverlauf: Im Braunkohleveredelungsbetrieb (BV) Espenhain vollzog sich der größte Teil des Abbaus, nämlich um nahezu 4.000 Arbeitsplätze, zwischen dem Juni 1990 und dem Juli 1991, im folgenden Jahr kam es zwar noch einmal zu einer Halbierung der Belegschaft, quantitativ war dies jedoch eine weit geringere Zahl. Auf der Neptun-Werft sank die Beschäftigung bis zum Juni 1991 zwar schon um nahezu 2.000. Der überwiegende Teil des Arbeitsplatzabbaus vollzog sich allerdings im zweiten Halbjahr 1991. (siehe hierzu Schaubild 1)

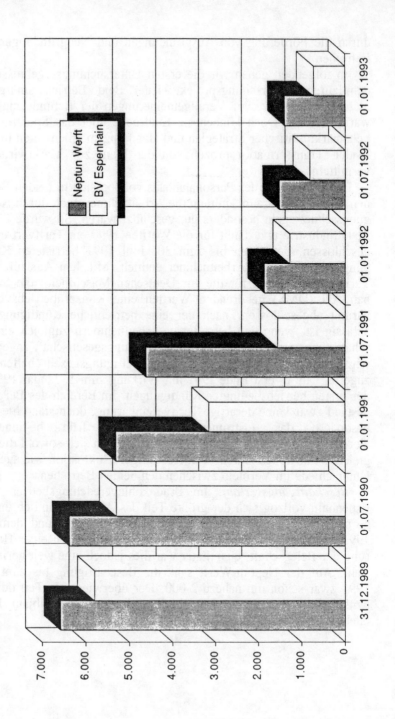

Schaubild 2: Verbleib der Beschäftigten

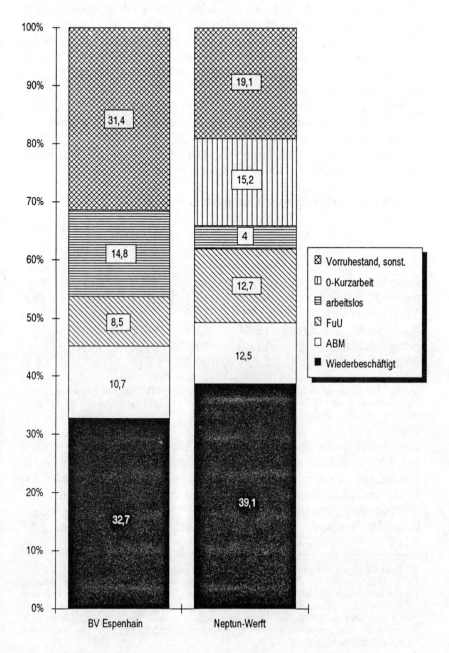

2. *Formen und Instrumente des Arbeitsplatzabbaus*[2]: Der Spielraum der Beschäftigungspolitik war zunächst groß. Entlassungen spielten nur eine geringe Rolle; Fluktuation und Mobilität der Belegschaften waren in den ersten zwei Jahren des Einigungsprozesses sehr hoch. Über vierzig Prozent derjenigen, die bis zum November 1991 die Werften verließen, taten dies auf eigenen Wunsch. Bei der Neptun-Werft waren es 1990 immerhin 30 %. 1991 ging die Zahl der Eigenkündigungen deutlich zurück. Viele kündigten, weil sie in anderen Betrieben der Region, insbesondere in den neu entstandenen privaten Betrieben einen Arbeitsplatz fanden. Noch größer dürfte freilich die Zahl jener sein, die als Pendler einen Arbeitsplatz in Westdeutschland erhielten oder direkt übersiedelten.[3]

Tabelle 1: Arbeitsplatzabbau nach Gründen

Gründe	DMS gesamt Jan. 90 bis Nov. 91		Neptun-Werft		
	absolut	in %	1990	1991	1992
eigene Kündigungen	6.620	42,3	30,3	11,9	18,0
Vorruhestand	5469	35,0	37,8	16,7	10,3
betriebsbed. Kündigung	1.884	12,1	59,6	27,3	
Ausgliederung	1.660	10,6	8,2	11,4	
insgesamt	15.633	100,0	1.375	3.679	466

Quelle: Deutsche Maschinen- und Schiffbau AG (DMS) - eigene Berechnungen - nicht enthalten sind 7 Unternehmen, die zum 1. Juli 1991 aus der DMS AG ausschieden, 1992: 1.Halbjahr

An zweiter Stelle der Gründe für das Ausscheiden aus dem Betrieb stand bis zum November 1991 die Inanspruchnahme des vorzeitigen Ruhestands. Mehr als ein Drittel derjenigen, die aus den Schiffbaubetrieben ausschieden sind anschließend in Rente gegangen und somit aus dem Erwerbsleben und dem Arbeitsmarkt ausgeschieden. Rund 10 % des Arbeitsplatzabbaus wurde durch Ausgliederungen[4]

---

2   Hier verfügen wir derzeit nur über Informationen zur Neptun-Werft.
3   Dazu liegen uns zur Zeit allerdings noch keine verläßlichen Informationen vor.
4   Zu unterscheiden ist zwischen Ausgliederung und Entflechtung. Im Fall der Entflechtung scheiden rechtlich selbständige Unternehmen (in der Regel eine GmbH oder AG) aus dem Konzern aus. Bei der Ausgliederung handelt es sich meist nur um Betriebsteile oder Abteilungen, jedenfalls nicht um rechtlich selbständige Unternehmen.

von Betrieben oder Betriebsteilen aus den Werften oder den Zuliefererbetrieben vollzogen. So wurden die Bildungs- und Sozialeinrichtungen, die in der früheren DDR betriebsbezogen organisiert waren, aufgelöst oder den Kommunen überlassen. In der Schiffbaufertigung wurden Bereiche wie die Schiffsreinigung, Konservierung, Tischlerei, Klimatechnik meist von spezialisierten westlichen Schiffbauzulieferebetrieben übernommen (vgl. Eisbach/Heseler 1992).

Der extrem hohe Arbeitsplatzabbau im ersten Jahr nach der Währungsunion ist somit nicht primär durch betriebliche Kündigungen zu erklären; lediglich jedem achten, der aus den Werften ausschied, wurde seitens des Unternehmens gekündigt. Dies änderte sich zwar nach Auslaufen der Kündigungsschutzregeln und betraf insbesondere auch die Neptun-Werft. So waren 1991 insgesamt 59,6 % aller Abgänge der Neptun-Werft auf betriebliche Kündigungen zurückzuführen. Dabei war maßgeblich, daß zum 1. Juli die Fusion mit der Warnow-Werft wirksam wurde und Teile der Arbeitskräfte zum Standort der Warnow-Werft wechselten. Von den zum Ende des Jahres 1991 Entlassenen wechselte die Mehrheit in die Beschäftigungsgesellschaft Neptun, 1.800 von ihnen freilich in Kurzarbeit-"Null".

3. Arbeitsmarktverbleib: Zwei Jahre nach der Wirtschafts- und Währungsunion hatten sowohl die Neptun-Werft wie auch der BV Espenhain ihre Beschäftigung auf einen Minimalbestand zurückgefahren unterhalb dessen eine Weiterexistenz des Betriebs kaum zu gewährleisten ist. Jeweils mehr als 4.000 Arbeitnehmer hatten ihren Arbeitsplatz verloren. Über den Verbleib zum Juni 1992 gibt eine Repräsentativbefragung der Arbeitnehmer beider Betriebe Auskunft (vgl. Schaubild 2).

Ein überraschend hoher Anteil der früheren Beschäftigten hatte neue Arbeit gefunden, in Rostock nahezu 40 %, in Espenhain immerhin auch fast ein Drittel. Dies hängt einerseits mit der Qualifikationsstruktur und dem Mobilitätsverhalten der Belegschaften zusammen und andererseits mit den tarifvertraglichen und betrieblichen Regelungen. In Espenhain ein weiteres Drittel, in Rostock ungefähr ein Fünftel waren über Vorruhestand aus dem Erwerbsleben ausgeschieden. Groß ist auch die Bedeutung arbeitsmarktpolitischer Maßnahmen (jeweils mehr als 20 %). Schwer zu beurteilen ist zunächst der hohe Anteil von Kurzarbeitern-"Null" in Rostock. Hierbei handelt es sich um die formal in der Beschäftigungsgesellschaft Neptun Beschäftigten. Ein Teil von ihnen ist später arbeitslos geworden, andere haben ein neues Beschäftigungsverhältnis gefunden.

Insofern ist der Anteil von Arbeitslosen zu niedrig ausgewiesen und dürfte nach dem Auslaufen der Kurzarbeitersonderregelungen gestiegen sein. Gleichwohl ist das Ausmaß offener Arbeitslosigkeit bei beiden Massenentlassungen niedriger als wir ursprünglich erwartet hatten.

4. Wirksamkeit der Arbeitsmarktpolitik

Die Arbeitsmarktwirkungen und die Einflußmöglichkeiten der Arbeitsmarktpolitik in diesen Fällen sind nicht zu verallgemeinern. Im Fall der Massenentlassungen der Werften traten als vergleichsweise günstige Rahmenbedingungen und Voraussetzungen gleichzeitig auf:
- Eine Belegschaft mit hoher und flexibel einsetzbarer Qualifikation und einer vergleichsweise hohen Mobilitätsbereitschaft.
- Ein großstädtischer Arbeitsmarkt, auf dem zwar im gleichen Zeitraum auch die meisten anderen Großbetriebe massenhaft Arbeitsplätze abbauten, auf dem zugleich aber neue Betriebe entstanden oder Kleinbetriebe expandierten. Wenngleich die expandierenden Betriebe bei weitem nicht den Arbeitsplatzverlust kompensieren konnten, so waren doch für die jüngeren Facharbeiter auch auf dem regionalen Arbeitsmarkt Wiederbeschäftigungschancen gegeben.
- Die räumliche Nähe zu westdeutschen Wirtschaftszentren mit ähnlicher Struktur, in denen gerade im Zeitraum des höchsten Arbeitsplatzabbaus auf den Ostwerften qualifizierte Fachkräfte gesucht wurden.
- Der hohe gewerkschaftliche Organisationsgrad, die schnelle Integration in die westdeutschen Interessenvertretungsstrukturen und die wiederholt demonstrierte Bereitschaft, für den Erhalt von Arbeitsplätzen zu kämpfen, trug in doppelter Hinsicht zur Verbesserung der Arbeitsmarktchancen bei: Einerseits erreichten die Werftbelegschaften über einen relativ langen Zeitraum einen weitgehenden Schutz vor Entlassungen bzw. Arbeitslosigkeit. Andererseits führten wiederholte betriebliche und gewerkschaftliche Aktionen dazu, daß die politischen Entscheidungsinstanzen den Erhalt aller Werftstandorte faktisch garantierten und außerordentlich hohe Mittel für die Privatisierung und Sanierung bereitstellten. Im Schiffbau wurde zudem im März 1991 als Pilotabschluß die später umstrittene Tariflohnangleichung ausgehandelt. Möglicherweise stellte diese eine Voraussetzung dar, um ein hö-

heres Maß an Abwanderung qualifizierter Fachkräfte aus der Küstenregion zu verhindern.

Vor diesem Hintergrund ist die Reichweite und Wirksamkeit der Arbeitsmarktpolitik zu beurteilen. Entscheidende Faktoren für die vergleichsweise günstigen Arbeitsmarktkonstellationen lagen in Qualifikationsstrukturen, Verhaltensweisen und Strategien der von Massenentlassungen betroffenen Belegschaften sowie in den regionalen wirtschaftlichen und wirtschaftspolitischen Rahmenbedingungen. Gleichwohl hatte der massive Einsatz arbeitsmarktpolitischer Instrumente wichtige Aufgaben:

Durch *Vorruhestandsregelungen* wurden im Fall der Werft mehr als zwanzig Prozent, im Fall des Braunkohlebetriebs sogar ein Drittel der Arbeitskräfte aus dem Erwerbsleben ausgegliedert. Ohne dieses Instrument wäre der Anstieg der Arbeitslosigkeit weitaus höher ausgefallen. Wenngleich der Vorruhestand im Vergleich zur Dauerarbeitslosigkeit die sozialverträglichere Form darstellt, ist doch darauf hinzuweisen, daß für viele, die jahrzehntelang in stabilen, praktisch unkündbaren Beschäftigungsverhältnissen gearbeitet hatten, das abrupte Ausscheiden aus dem Betrieb, der Verlust des Arbeitsplatzes eine persönliche Katastrophe darstellt. Da damit auch häufig ein finanzieller Abstieg verbunden ist, hat dieses Instrument nicht die gleiche Akzeptanz gefunden wie in vergleichbaren Krisenbranchen im Westen.

Das Instrument der *Kurzarbeit* - zunächst auf der Werft und anschließend in der Beschäftigungsgesellschaft - hat nicht unerheblich dazu beigetragen, den erstmaligen Bezug des Arbeitslosengeldes hinauszuzögern und damit zum Teil die soziale Absicherung derjenigen, die später arbeitslos werden, zu verbessern.[5] Gegen dieses Instrument wird mit gewissem Recht eingewandt, daß es letztlich zur Strukturkonservierung beitrage und notwendige Mobilität und Flexibilität verhindere. Kurzarbeit-"Null" ging auch im Fall der Werften nur selten mit Qualifizierungsmaßnahmen einher. Gleichwohl wech-

---

5 Einerseits nahmen Kurzarbeiter noch an den ausgehandelten Tariflohnsteigerungen teil, wodurch das Arbeitslosengeld anschließend ebenfalls steigt. Andererseits wird der Übergang in die Arbeitslosenhilfe bzw. die Sozialhilfe hinausgezögert, wenn nicht gar verhindert. Kurzarbeiter, die ab Ende 1991 in eine Beschäftigungsgesellschaft eintraten, erhielten bis zum 30. Juni 1992 weiterhin 68% des tarifvertraglich vereinbarten Lohnes. Erst nach diesem Zeitpunkt wurden sie arbeitslos. Arbeitnehmer, die 1992 in Beschäftigungsgesellschaften in eine AB-Maßnahme eintraten, erhielten 100 % des Tariflohnes. Diejenigen, die in Fortbildungs- und Umschulungsmaßnahmen gingen, erhielten 68 % (Verheiratete mit Kind) bzw. 58 % (Verheiratete ohne Kind) des Tariflohns.

selte ein überraschend hoher Anteil der Kurzarbeiter aus der Beschäftigungsgesellschaft in ein neues Beschäftigungsverhältnis.

Besondere Bedeutung kam sowohl bei den Werften wie noch stärker im Fall des Bergbaubetriebs der Bildung von *Beschäftigungsgesellschaften* zu. Auf den Werften bewahrte sie besonders jene Gruppe von Arbeitnehmern zunächst vor Arbeitslosigkeit, die ihren Arbeitsplatz verloren, aber nicht alt genug waren, um in den Vorruhestand zu wechseln. Zugleich hatten diese aber auch Schwierigkeiten, einen neuen Arbeitsplatz im ersten Arbeitsmarkt zu finden.

Ende 1991 wurden in der ersten Welle betrieblicher Kündigungen über 7.000 Arbeitskräfte von den Werften und Zuliefererfirmen entlassen und in Beschäftigungsgesellschaften überführt. Die Beschäftigungs- und Qualifizierungsgesellschaften (BQG's) nehmen im wesentlichen fünf Funktionen wahr (vgl. Spies 1992):
- die Durchführung von Arbeitsbeschaffungsmaßnahmen
- die Durchführung von bzw. Vermittlung in Fortbildungs- und Umschulungsmaßnahmen
- die Verwaltung von Kurzarbeitsmaßnahmen
- die Vorbereitung von Ausgründungen
- die Bereitstellung eines Pools qualifizierter Arbeitskräfte für neue Investoren in der Region.

Den Höchststand erreichten die Belegschaftszahlen in den Beschäftigungsgesellschaften der DMS im Februar 1992. Zu diesem Zeitpunkt waren 9.400 Arbeitskräfte in den 13 Beschäftigungsgesellschaften tätig. Die Hälfte von ihnen war freilich in Kurzarbeit-"Null", d.h. nur formell beschäftigt, tatsächlich aber ohne Arbeit oder Ausbildung. Auch waren diejenigen, die sich in Fortbildungs- und Umschulungsmaßnahmen (FuU) befanden, zumeist in Kurzzeitmaßnahmen nach § 41a Arbeitsförderungsgesetz (AFG). Strukturpolitisch bedenklich war zudem, daß die Kurzarbeiter faktisch besser gestellt waren als diejenigen, die an einer Fortbildungs- oder Umschulungsmaßnahme teilnahmen.

Mit dem 1. Juli 1992 kam es zu einer drastischen Reduzierung der Belegschaften in den Beschäftigungsgesellschaften um mehr als 5.000 Personen und zugleich zu einer deutlichen Strukturverschiebung. Kurzarbeit-"Null" war nunmehr aufgrund gesetzlicher Regelungen in den BQGs nicht mehr möglich. Von den verbliebenen Arbeitskräften waren mehr als zwei Drittel in Arbeitsbeschaffungsmaßnahmen. Gegenüber dem Jahresbeginn haben längerfristige Bildungsmaßnahmen, aber auch die Kombination von ABM und FuU an Bedeutung gewonnen. Es erfolgte somit eine Verschiebung zu höherwertigen, arbeitsmarktpolitisch effektiveren Maßnahmen.

Bis zum Sommer 1992 schieden 1.100 Arbeitskräfte aus den Beschäftigungsgesellschaften wieder aus und fanden einen neuen Arbeitsplatz. Von den ausgeschiedenen Kurzarbeitergeldempfängern der Beschäftigungsgesellschaft "Neptun" wurden nach Ermittlung der Trägergesellschaft Schiffbau lediglich 44 % arbeitslos, die anderen fanden einen neuen Arbeitsplatz - zum Teil in ABM - oder gingen in eine FuU-Maßnahme. Das zeigt, daß die Beschäftigungsgesellschaften zunächst eine Auffangfunktion haben.

Daß lediglich 7,3 % der Kurzarbeiter in AB-Maßnahmen eine vorübergehende Perspektive gefunden haben, ist ernüchternd, zeigt es doch die Probleme, die sicher mehr in den unzureichenden Rahmenbedingungen zu suchen sind und nicht in der Einfallslosigkeit der BQG-Mitarbeiter. Immerhin 305 Kurzarbeiter, d.h. fast ein Viertel, wechselten aber auch aus der Kurzarbeit in ein neues Arbeitsverhältnis.

5. Entwicklung der Mobilität

Zur Abwanderung bzw. zum Pendeln in den Westen liegen uns z.Zt. aus unseren empirischen Erhebungen noch keine verwertbaren Daten vor. Der folgende Abschnitt beschränkt sich daher auf Daten zur Mobilitätsentwicklung allgemein.

5.1 Rückgang der Ost-West-Wanderung

Im Jahre 1989 sind 344.000 Personen aus Ost- nach Westdeutschland abgewandert, 1990 schätzungsweise noch einmal 350.000. 1991 waren es wahrscheinlich nur noch 200.000. Nach Koller (1993) haben zwischen Juni 1990 und Juni 1992 insgesamt 315.000 Ostdeutschland verlassen, das wären also im Jahresdurchschnitt nur noch 150.000.

Der Rückgang dürfte vor allem auf den Wandel der Wanderungsmotive zurückzuführen sein: während sich in den Jahren 1989/90 vor allem ein aufgestauter politisch motivierter Wanderungsstrom in Bewegung setzte, dürften ab 1991 vor allem Arbeitsmarktmotive entscheidend gewesen sein. Der weitere Rückgang im Jahr 1992 entspräche dann der zu erwartenden Reaktion, daß im Falle des Konjunkturrückgangs auch die Mobilität zurückgeht.

5.2 Arbeitsplatzdefizite und Abwanderung

Wenn man für die neuen Bundesländer das "Arbeitsplatzdefizit" (= Erwerbspersonen minus "normaler" Arbeitsplätze) den Abwanderungsquoten gegenüberstellt (vgl. Tabelle 2), dann ergibt sich für die Zeit von 1990 bis 1992 kein eindeutiger Zusammenhang zwischen Arbeitsmarktsituation und Abwanderung. Die Länder mit überdurchschnittlichen Arbeitsplatzdefiziten haben durchaus nicht die höchsten Abwanderungsraten (Berlin-Ost, Thüringen, vgl. Tabelle 2); und umgekehrt: die Länder mit unterdurchschnittlichen Defiziten haben vergleichsweise hohe Abwanderungsraten (Sachsen, Mecklenburg-Vorpommern, Sachsen-Anhalt). Eine Erklärung liegt in den Pendlerquoten (vgl. Tabelle 3): Berlin-Ost hat (selbstverständlich) die höchste Auspendlerquote, und Thüringen liegt ebenfalls über dem Durchschnitt der neuen Bundesländer. Die genannten Länder mit hohen Abwanderungsquoten haben vergleichsweise niedrige Pendlerquoten. Unsere beiden Untersuchungsregionen liegen in Ländern, die in dieser Hinsicht Extreme bilden: das Land mit der niedrigsten Auspendlerquote und der höchsten Abwanderung ist Mecklenburg-Vorpommern, Sachsen hingegen hat die niedrigste Auspendlerquote und eine Abwanderung, die relativ nahe am Durchschnitt liegt.

Tabelle 2: Abwanderungsverluste Ostdeutschlands 1990 bis Juni 1992

Bundesland	Wohnbevölkerung 1989	Arbeitsplatzdefizit	Abwanderung bis Juni 92	Abwanderer in %
Mecklenbg.-Vorp.	1.963.909	41,1 %	46.510	2,4
Brandenburg	2.641.152	40,7 %	45.880	1,7
Sachsen-Anhalt	2.964.971	41,8 %	65.680	2,2
Sachsen	4.900.675	38,7 %	101.650	2,1
Thüringen	2.683.877	46,4 %	53.630	2,0
Berlin-Ost	1.279.212	50,2 %	1.600	0,1
Neue Bundesländer	16.433.796	42,1 %	315.010	1,9

Quelle: Koller 1993 - (70 % der Abwanderer sind Erwerbspersonen).

5.3 Pendler

Am Jahresende 1991 pendelten ca. 500.000 Erwerbstätige aus Ostdeutschland in den westdeutschen Arbeitsmarkt - ein großer Teil davon allerdings von Ost- nach West-Berlin. 80 % der Pendler sind Männer, sie machen etwa 10 % der männlichen Erwerbstätigen in Ostdeutschland aus. Von den 16-19jährigen pendeln 13 %, von den 20-29jährigen 12 %, von den 30-39jährigen 10 %, und danach sinkt die Rate auf 7 %.

Tabelle 3: Auspendler aus den neuen Bundesländern nach Westdeutschland. Juni 1992

Bundesländer/Landkreise	% der Erwerbstätigen
Mecklenburg-Vorpommern	6,2
- Schwerin	11,9
Brandenburg	6,7
- Neuruppin	10,5
Sachsen-Anhalt	5,5
- Halberstadt	10,9
Sachsen	3,5
- Plauen	8,7
Thüringen	9,6
- Suhl	17,1
Berlin-Ost	18,5
insgesamt	7,1

Quelle: Koller 1993

Je höher die berufliche Qualifikation, desto niedriger ist die Quote von Pendlern. Dies könnte zu der Vermutung führen, daß die Pendler vor allem als Komplementärkräfte auf einem vorübergehend angespannten Arbeitsmarkt angeworben wurden - daß also die Pendlerquote mit dem Abflauen des "Vereinigungsbooms" auch wieder zurückgehen wird.

Wir können grob schließen: Wo es geographisch geht, wird Pendeln der Abwanderung vorgezogen. Dafür gibt es gute Gründe: die Kombination aus höheren Verdiensten im Westen und niedrigeren Lebenshaltungskosten im Osten führt zu einer deutlich positiven ökonomischen Bilanz, was bei einem Umzug keineswegs immer der Fall sein muß (weshalb sich an den Umzügen die gering qualifizierten Arbeitskräfte auch weit weniger beteiligen). Pendeln kann nun einerseits eine Strategie zur Überwindung der "Durststrecke" auf dem Arbeitsmarkt im Osten sein, zum anderen die Vorstufe zu einem Umzug.

5.4 Wanderungen

Die Beobachtung der Mobilität ist, wie schon gesagt, wichtig für die Frage, ob in den neuen Bundesländern das Potential an qualifizierten Arbeitskräften erodiert. Sollte die gegenwärtige Abwanderungsquote von jährlich 1 % der Erwerbstätigen anhalten (zum Vergleich: zwischen 1978 und 1987 haben jährlich 0,2 % der Bevölkerung das Land Nordrhein-Westfalen verlassen), dann käme dies einer "passiven Sanierung" gleich, die die Chancen einer Revitalisierung der regionalen Ökonomien erheblich schwächen würde.

Tabelle 4: Kurz- und mittelfristige Bereitschaft erwerbsfähiger Männer bis unter 50 Jahren, aus den neuen Bundesländern in die alten Bundesländer umzuziehen

	kurzfristig	mittelfristig
voll erwerbstätig	4,6	47,9
Kurzarbeit	2,2	46,1
arbeitslos oder nicht erwerbstätig	7,4	59,2
Pendler	9,3	61,9
insgesamt	4,9	50,2

Quelle: Wagner 1992, 87

Aus der Mobilitätsforschung ist bekannt, daß die räumliche Mobilität vor allem nach den Faktoren Alter und Qualifikation variiert. Für das Land Thüringen liegen die Strukturdaten zur Wanderung für das Jahr 1991 inzwischen vor, und dort zeigt sich, daß 78 % der Abwanderer unter 30 Jahren alt waren! Es sind also vor allem die jüngeren Menschen, die in den Westen übersiedeln. Wanderungsanalysen, in denen die Qualifikationsstruktur der Abwanderer genau aufgeschlüsselt werden, liegen bisher nicht vor. Im sozioökonomischen

Panel (Ost) wird nach der Wanderungsbereitschaft gefragt. Dabei läßt sich zumindest ein Zusammenhang zwischen Arbeitsmarkt-Status und Wanderungsneigung erkennen. (Zu Ergebnissen der Befragung aus dem Jahr 1991 siehe Tabelle 4)

Die größte Umzugsneigung zeigen Pendler, gefolgt von den Arbeitslosen bzw. Nicht-Erwerbstätigen. Hinweise auf eine selektive Abwanderung der besonders Qualifizierten hat das Sozio-ökonomische Panel bisher nicht erbracht (Wagner 1992, 88).

Die Abwanderung zielt bisher vor allem in solche Regionen, in denen das Beschäftigungswachstum überdurchschnittlich und die Arbeitslosigkeit unterdurchschnittlich war (vgl. Dietz u.a. 1992). Bisher also hat die Ost-West-Wanderung nicht zu einer neuen Problematik (z.B. durch Verdrängung) in westdeutschen Arbeitsmarktregionen geführt. Dies kann sich jedoch ändern, wenn die Arbeitsmarktlage auch in Westdeutschland für längere Zeit sehr schlecht bleibt. Dann kann die Abwanderung zu einer Substitution westdeutscher Arbeitskräfte führen.

6. Zusammenfassung

In beiden hier untersuchten Betrieben kam es seit 1990 zu einem massiven Arbeitsplatzabbau. Mehr als Dreiviertel der noch zu DDR-Zeiten Beschäftigten verloren im Verlauf von kaum mehr als zwei Jahren ihren Arbeitsplatz. Die ursprünglich zu erwartenden Betriebsschließungen fanden jedoch nicht bzw. nur in Teilbereichen statt. Dies wirkte sich auch auf den Prozeß des Arbeitsplatzabbaus aus.

Betriebliche Kündigungen fanden erstmals zu einem Zeitpunkt statt, zu dem bereits 40 % der noch Ende 1989 Beschäftigten aus dem Betrieb ausgeschieden waren. Einerseits verließen unerwartet viele Arbeitskräfte in einem frühen Stadium freiwillig den Betrieb, weil sie einen neuen Arbeitsplatz in einem anderen Betrieb der Region oder im Westen fanden. Andererseits wurde das Instrument des vorzeitigen Übergangs in den Ruhestand zum wichtigsten Instrument der betrieblichen Politik des Personalabbaus in den ersten Jahren der Transformationsphase. Darüber hinaus wurden Betriebsteile oder Abteilungen ausgegliedert.

Sozial abgefedert und zeitlich gestreckt wurde der Arbeitsplatzabbau zudem durch die extensive Nutzung arbeitsmarktpolitischer Instrumente. Ganz besonders gilt dies für die Kurzarbeit, aber auch für ABM und FuU. Zum Teil erhielten die Arbeitskräfte auch die

Zusicherung, unmittelbar im Anschluß an das Ausscheiden aus dem Betrieb in eine Beschäftigungs- oder Qualifizierungsmaßnahme übernommen zu werden.

Gemessen am gesamten Abschmelzungsprozeß an Arbeitsplätzen kamen den betrieblichen Kündigungen somit keine dominierende Rolle zu. Zugleich erklärt sich aus diesen Befunden auch, daß nur ein sehr kleiner Teil der Belegschaften bisher arbeitslos geworden ist.

Literatur

Arbeitsmarkt-Monitor 1991: Arbeitsmarkt-Monitor für die neuen Bundesländer. Umfrage 3/91: Textband (Beiträge zur Arbeitsmarkt- und Berufsforschung 148.2, hrsg. vom Institut für Arbeitsmarkt- und Berufsforschung der Bundesanstalt für Arbeit), Nürnberg

Birg, H./Flöthmann, E.-J./Heins, I./Reiter, I., 1990a: Mobilität und großräumige Wanderungen von Erwerbspersonen, Forschungsbericht, IBS Bielefeld

Birg, H./Flöthmann, E.-J./Reiter, I., 1990b: Biographische Theorie der demographischen Reproduktion - Demographische Verhaltensweisen regionaler Arbeitsmarktorten im biographischen Kontext, Forschungsbericht, IBS Bielefeld

Blaschke, D./Nagel, E., 1984: Regionale Mobilität von Erwerbspersonen; in: MittAB 2/1984, S. 201-215

Dietz, F./Gommlich, H./Karr, W., 1992: Ostdeutsche Arbeitskräfte in Westdeutschland, in: MittAB 4/92, S. 499-517

Eckey, H.F., 1991: Zukünftige Wettbewerbsfähigkeit der Regionen in der ehemaligen DDR, in: Informationen zur Raumentwicklung 9/10, S. 631-640

Eisbach, J./Heseler, H., 1992: Strukturwandel, Fertigungstiefe und Ausgründungspotentiale im ostdeutschen Schiffbau, Eschborn

Fege, B./Göbel, M./Jung, H.-U. (Hrsg.), 1990: Regionalreport DDR 1990. Grundzüge räumlicher Strukturen und Entwicklungen, Berlin-Karlshorst/Hannover

Gerdes, J./Heseler, H., 1990: Rickmers. Das Ende einer Traditionswerft, Bremen

Gerdes, J./Heseler, H./Osterland, M./Roth, B./Werner, G., 1990: Betriebsstillegung und Arbeitsmarkt, Bremen

Häußermann, H./Petrowsky, W., 1990: Die Bedeutung der Wohnverhältnisse für die Bewältigung von Arbeitslosigkeit, Forschungsbericht, Bremen

Habrecht, G., 1972: Soziologie der geographischen Mobilität, zugleich ein Beitrag zur Soziologie des sozialen Wandels, Stuttgart

Heseler, H./Osterland, M., 1986: Betriebsstillegung und lokaler Arbeitsmarkt. Das Beispiel der AG "Weser" in Bremen, in: MittAB 2/1986, S. 233-242

Heseler, H., 1987: Europäische Schiffbaukrise und lokale Arbeitsmärkte. Eine Untersuchung über die Folgen von Betriebsschließungen in Schweden, der Bundesrepublik Deutschland und Dänemark, Bremen

Heseler, H./Hickel, R., 1990: Der maritime Sektor im Umbruch. Wirtschaftsstrukturelle und beschäftigungspolitische Vorschläge für Rostock (PIW-Studien Nr. 6), Bremen

Heseler, H., 1990: Die Arbeitsmarktfolgen von Betriebsschließungen - Erfahrungen im internationalen Vergleich, in: MittAB 3/1990, S. 410-434

Heseler, H./Warich, B./Groß, J./Miethe, H. u.a., 1992a: Strukturwandel und arbeitsmarktpolitischer Handlungsbedarf in Ostdeutschland (BeitrAB 161), Nürnberg

Heseler, H./Warich, B., 1992: Strukturwandel, Beschäftigung und Arbeitsmarktpolitik in Rostock, in: MittAB 3/1992, S. 289-302

Heseler, H./Löser, H., 1992: Die Transformation des ostdeutschen Schiffbaus, Rostock

Irmen, E./Sinz, M., 1992: Regionale Entwicklungspotentiale und -engpässe in den neuen Ländern, in: Informationen zur Raumentwicklung 11-12/1991, S. 755-771

Karr, W./Koller, M./Kridde, H./Werner, H., 1987: Regionale Mobilität am Arbeitsplatz, in: MittAB 2/1987, S. 197-212

Koller, M., 1992: Regionale und sektorale Schwerpunkte des Arbeitsplatzabbaues in Ostdeutschland, IAB-Nürnberg (Ms.)

Koller, M., 1993: Regionale und sektorale Schwerpunkte des Arbeitsplatzabbaus in Ostdeutschland, in: MittAB 1/1993, S. 7-27

Ostwald, W., 1990: Die räumliche Situation in den DDR-Regionen. Anforderungen an eine neue Raumplanung, in: Raumforschung und Raumordnung 4-5/1990, S. 186-196

Rudolph, H., 1990: Beschäftigungsstrukturen in der DDR vor der Wende. Eine Typisierung von Kreisen und Arbeitsämtern, in: MittAB 4/1990, S. 474-503

Schmidt, E./Tittel, G., 1990: Haupttendenzen der Migration in der DDR im Zeitraum 1981-1989, in: Raumforschung und Raumordnung 4- 5/1990, S. 244-250

Spies, B., 1992: Employment and Training Corporations (ETC) - A Tool for Managing the Transition towards a Market Economy, Zwickau (Ms.)

Wagner, G., 1992: Arbeitslosigkeit, Abwanderung und Pendeln von Arbeitskräften der neuen Bundesländer, in: Sozialer Fortschritt 4/1992, S. 84-89

Kurzarbeit und Qualifizierung - ein neues Instrument zur Förderung des Strukturwandels?

Hartmut Seifert

1. Problemstellung

Kurzarbeit gehört zu den Kerninstrumenten aktiver Arbeitsmarktpolitik. In konjunkturellen Schwächephasen hat sich die Zahlung von Kurzarbeitergeld als Alternative zu Entlassungen bewährt. Vorübergehende Nachfrage- und Produktionseinbrüche wurden so teilweise überbrückt, ohne daß Arbeitskräfte entlassen werden mußten. Vor völlig anderen Ausgangsbedingungen stand der Arbeitsmarkt jedoch in Ostdeutschland nach der deutsch-deutschen Vereinigung. Die schockartige Konfrontation der ostdeutschen Wirtschaft mit der Weltmarktkonkurrenz ließ Produktion und Beschäftigung in einem beispiellosen Ausmaß zusammenbrechen. Die Arbeitsmarktpolitik reagierte rasch und paßte den Handlungsrahmen der Kurzarbeit an die neuen Problemanforderungen der Transformationskrise an. Die traditionelle konjunkturpolitische Funktion der Kurzarbeit wurde um eine strukturpolitische Dimension ergänzt und erweitert. Einen ersten Schritt in diese Richtung hatte es bereits 1988 in Westdeutschland begrenzt auf den Bereich der Stahlindustrie gegeben. Innovativ ist dabei die Möglichkeit, Kurzarbeit für Qualifizierungsmaßnahmen nutzen zu können. Diese konzeptionelle Neuerung bedeutet zugleich einen Funktionswandel, da Kurzarbeit nicht mehr nur passiv eine flaue Beschäftigungsphase überbrücken, sondern aktiv den Strukturwandel fördern und beschleunigen soll.

Dieser Beitrag will aufzeigen, welche quantitativen und qualitativen Wirkungen der Einsatz von struktureller Kurzarbeit in Verbindung mit Qualifizierungsmaßnahmen hatte und welche organisatorischen Probleme zu bewältigen waren. Die empirischen Befunde über Kurzarbeit und Qualifizierung stammen aus einer vom Bundesministerium für Arbeit und Sozialordnung geförderten Untersuchung (Besselmann u.a. 1993). Sie basieren auf einer schriftlichen Betriebsbefragung mit 1.283 auswertbaren Antworten, die sich auf den Zeitpunkt Oktober 1991 beziehen. Bevor einige Ergebnisse dieser Untersuchung dargestellt werden, sollen die Funktionsprinzipien von Kurzarbeit kurz umrissen werden.

2. Funktionsprinzipien

Bei der Kurzarbeit lassen sich zwei Varianten unterscheiden: konjunkturelle und strukturelle Kurzarbeit. Die erste Variante dient der Überbrückung vorübergehender, durch zyklische Wirtschaftsabläufe verursachter Nachfrage- und Produktionseinbrüche. Dadurch sollen kurzfristige Wechselbäder von Entlassungen und Wiedereinstellungen vermieden werden. Die Betriebe sparen Kosten für ansonsten notwendige Entlassungen und für spätere Wiedereinstellungen von Arbeitskräften. Eingespielte Arbeitsteams bleiben zusammen. Produktivitätsmindernde Reibungsverluste durch Personalwechsel werden vermieden. Den Beschäftigten bleiben Arbeitslosigkeit und damit verbundene Suchkosten erspart.

Im Unterschied zu konjunktureller handelt es sich bei struktureller Kurzarbeit um ein vergleichsweise neues Instrument, das 1988 im Rahmen der 8. Novelle des Arbeitsförderungsgesetzes (AFG) eingeführt wurde, "um einen Beitrag zum sozialverträglichen Personalabbau in der Stahlindustrie zu leisten" (Pröbsting 1988, 9). Im Unterschied zu konjunktureller Kurzarbeit wird strukturelles Kurzarbeitergeld auch dann geleistet, wenn es sich nicht nur um einen vorübergehenden Arbeitsausfall handelt, sondern dieser auf einer schwerwiegenden strukturellen Verschlechterung der Lage des gesamten Wirtschaftszweiges beruht oder wenn die Arbeitsmarktprobleme, wie in Ostdeutschland, durch einen Systemwechsel verursacht sind.

Diese im Rahmen des § 63,5 AFG neu eingeführte Regelung bezog sich auf die gesamte Wirtschaft, war zeitlich befristet und wurde zum 1. Januar 1992 durch die Regelungen des § 63,4 AFG ersetzt, der die Bedingungen für die Inanspruchnahme von Kurzarbeit und Qualifizierung in einigen wichtigen Punkten modifizierte:
- Vom Geltungsbereich der strukturellen Kurzarbeit ausgenommen wurden die Bauwirtschaft, die Banken und Versicherungen sowie andere Dienstleistungsbereiche.
- Die Beiträge zur Renten- und Krankenversicherung werden nicht mehr wie beim § 63,5 AFG voll durch die Bundesanstalt für Arbeit übernommen.
- Das kollektive Beantragungs- und Prüfverfahren beim Unterhaltsgeld für Weiterbildungsmaßnahmen wurde auf Einzelprüfung umgestellt.

Ein zweiter zentraler Unterschied zwischen den beiden Varianten der Kurzarbeit besteht darin, daß strukturelle Kurzarbeit für Weiterbildungsmaßnahmen genutzt werden soll. Bei konjunktureller Kurzarbeit ist diese Möglichkeit ausgeschlossen. Wenn bei struktureller Kurzarbeit Weiterbildungsmaßnahmen durchgeführt werden, wird das Kurzarbeitergeld durch das etwas höhere Unterhaltsgeld ersetzt.

Diese modifizierte und mit Weiterbildungsmaßnahmen verkoppelte strukturelle Kurzarbeit verfolgt vor allem zwei Ziele. Zum einen soll strukturwandel- bzw. systemwandelbedingter Personalabbau zeitlich gestreckt werden (Fallschirmfunktion). Zum anderen soll die Phase des strukturellen Umbruchs für eine möglichst bedarfsgerechte Qualifizierung genutzt werden, um die Kurzarbeiter auf neue Tätigkeiten vorzubereiten (Strukturfunktion). Die Qualifizierung kann in zwei Richtungen gehen. Zum einen kann sie den Prozeß betriebsinterner Umstellungen und Anpassungen fördern. Damit sind Qualifizierungen für neue bzw. qualitativ verbesserte Produkte oder Produktionsverfahren innerhalb des bestehenden Betriebes gemeint. Den Betrieben soll geholfen werden, sich auf neue Märkte umzustellen und ein Überleben des Betriebes bzw. von Betriebsteilen und von bedrohten Beschäftigungsverhältnissen zu sichern. Zum anderen soll Kurzarbeit in Verbindung mit Qualifizierungsmaßnahmen den externen Strukturwandel fördern. Die Arbeitskräfte sollen ihre Qualifikationen an den Bedarf des externen Arbeitsmarktes anpassen und ihre Mobilitätsfähigkeit erhöhen.

3. Handlungsbedingungen für Qualifizierung bei Kurzarbeit

Die Erfüllung der strukturpolitischen Aufgabe bereitet in der Situation einer umfassenden Transformationskrise größere Schwierigkeiten als bei sektoral bzw. regional begrenztem Strukturwandel, wie er normalerweise auftritt. Dies betrifft vor allem auf externen Strukturwandel ausgerichtete Weiterbildungsmaßnahmen. Bei betriebsinterner Qualifizierungsorientierung lassen sich die quantitativen und qualitativen Bedarfe in etwa abschätzen. Und die Betriebe haben ein Eigeninteresse, diese Qualifikationsbedarfe mit Hilfe öffentlicher Fördermittel abzudecken. Dadurch reduzieren sich die eigenen Bildungsinvestitionen. Anders sieht es dagegen aus, wenn es sich um Kurzarbeiter handelt, die kaum Chancen besitzen, nach der Kurzarbeit im Betrieb zu verbleiben und für den externen Arbeitsmarkt qualifiziert werden sollen. Bei einer wie in Ostdeutschland allgemein rückläufigen Beschäftigungsentwicklung und einer unsicheren mittelfristigen Wachstums- und Strukturperspektive fällt es schwer anzugeben, in welche berufsfachliche Richtung und in welchen Quantitäten sich der zukünftige Arbeitskräftebedarf auf dem externen Arbeitsmarkt entwickeln wird. Auf einer allgemeinen Ebene lassen sich in Ostdeutschland zwar grobe Anhaltspunkte für zukünftige Qualifikationsbedarfe angeben, indem westdeutsche Strukturprofile als Vorbilder bzw. Referenzpunkte genommen werden. Schwieriger wird es aber, die konkreten berufsfachlichen Qualifikationselemente für einzelne Weiterbildungsmaßnahmen zu identifizieren und zu spezifizieren, zumindest solange wie die Impulse auf der Nachfrageseite des Arbeitsmarktes insgesamt nur schwach sind und keine konkreten Orientierungsdaten liefern. Zwar kann die Arbeitsmarktforschung gewisse Hilfestellungen leisten. Es mangelt aber an systematischen Informationen über betriebliche Planungen und Entwicklungen sowie über strukturpolitische Förderaktivitäten, an denen sich frühzeitig mögliche Bedarfsfelder ablesen ließen.

Abgesehen von diesen Orientierungsproblemen bei der inhaltlichen Ausrichtung von Weiterbildung stellt sich die generelle Frage, warum Betriebe Qualifizierungsmaßnahmen für den externen Arbeitsmarkt initiieren und organisieren (sollen), da sie nicht mit Erträgen aus den Bildungsinvestitionen rechnen können. Nach Beendigung der Maßnahmen scheiden die Teilnehmer aus dem Betrieb aus. Unter diesen Vorzeichen ist zu erwarten, daß die Betriebe auf Weiterbildungsaktivitäten verzichten, wenn diese mit Kosten verbunden sind. Kostenneutralität ist also eine Mindestvoraussetzung für betriebliche Qualifizierungsinitiativen. Unter bestimmten Bedingungen kann eine auf den externen Arbeitsmarkt ausgerichtete, öffentlich geförderte Weiterbildung für die Betriebe sogar Kostenvorteile haben. So können in Eigenregie durchgeführte Weiterbildungsmaßnahmen die betrieblichen Fixkosten senken, weil bestehende eigene Weiterbildungseinrichtungen besser ausgelastet werden. Ein weiterer Vorteil kann darin bestehen, daß Weiterbildungsmaßnahmen die berufliche Mobilität der Kurzarbeiter fördern, dadurch deren Wettbewerbschancen auf dem externen Arbeitsmarkt erhöhen und "freiwilligen" Betriebswechsel eher ermöglichen, wodurch Entlassungskosten gesenkt werden können. Kostenvorteile können aber auch aufgrund der unterschiedlichen Leistungsregelungen von Kurzarbeitergeld und Unterhaltsgeld entstehen. So mußten seit dem 1. Juli 1991 die Betriebe die Hälfte der Arbeitgeberaufwendungen für die Rentenversicherungsbeiträge der Kurzarbeiter zahlen. Demgegenüber entstanden beim Unterhaltsgeld von Weiterbildungsteilnehmern keine zusätzlichen Lohnkosten.

Neben den ökonomischen können aber auch sozialpolitische Faktoren eine Rolle spielen, daß Betriebe mit weiterhin schrumpfender Beschäftigungsperspektive Weiterbildungsmaßnahmen für den externen Arbeitsmarkt organisieren. So können in einer desolaten Beschäftigungssituation Betriebsleitungen unter sozialen und politischen Legitimations- und Handlungsdruck geraten, wenn sie nicht dem Drängen von Betriebsräten und Beschäftigten nach Durchführung von Weiterbildungsmaßnahmen nachkommen. In der ehemaligen DDR spielten Betriebe als soziale Institutionen eine sehr viel stärker fürsorgende Rolle als in Westdeutschland. Eine vorrangig an ökonomischen Rationalkalkülen orientierte Unternehmensmentalität bildet sich erst nach und nach heraus.

Was spricht aus Sicht der Kurzarbeiter dafür, an Qualifizierungsmaßnahmen teilzunehmen? In der Situation eines drohenden oder bereits entschiedenen Arbeitsplatzverlustes erscheint es rational, daß Beschäftigte bzw. Kurzarbeiter auf betriebliche Qualifizierungsangebote eingehen oder Betriebe sogar animieren, öffentliche Mittel hierfür einzuwerben und einzusetzen. Ein höheres berufliches Bildungsniveau verspricht aus humankapitaltheoretischer Sicht nicht nur ein höheres Einkommen. Im Wettbewerb um ein insgesamt knappes Arbeitsplatzangebot steigen die Chancen auf dem externen Arbeitsmarkt in dem Maße, wie der einzelne Beschäftigte bzw. Kurzarbeiter sein Qualifikationsprofil an die veränderten Nachfragestrukturen anpaßt. Vor allem in einer Situation, in der die Bewältigung der Transformationskrise einen raschen und umfassenden Wandel der Qualifikationsprofile voraussetzt, erscheinen Anpassungsqualifizierungen und Umschulungen als notwendige Voraussetzung, um den Anschluß an den außerbetrieblichen Arbeitsmarkt nicht zu verlieren. Qualifikation für den externen Arbeitsmarkt kann somit zur individuellen Überlebensstrategie werden.

Anders könnten dagegen die Kalküle von Beschäftigtengruppen ausfallen, die sich aufgrund bestimmter sozio-demographischer Merkmale als relativ wettbewerbsschwach einschätzen und mit einem hohen Arbeitslosigkeitsrisiko rechnen. Für sie könnte es vorteilhaft sein, Qualifizierungsangebote zunächst auszuschlagen, und den Anspruch auf Kurzarbeitergeld möglichst lange auszunutzen. Sie könnten versuchen, erst im Anschluß an Kurzarbeit beim Eintritt in Arbeitslosigkeit Ansprüche auf Förderung einer beruflichen Weiterbildung geltend zu machen. Auf diese Weise würde sich der Eintritt in eine als ohnehin unvermeidbar angesehene Arbeitslosigkeit hinauszögern.

4. Entwicklung der Kurzarbeit

Der massive Einsatz von Kurzarbeit hat den Anstieg der Arbeitslosenzahlen in den neuen Bundesländern erheblich abgebremst. Unmittelbar nachdem im Rahmen der Wirtschafts-, Währungs- und Sozialunion zwischen der Bundesrepublik Deutschland und der Deutschen Demokratischen Republik am 1. Juli 1990 das DDR-AFG in Kraft getreten war, schnellten die Kurzarbeiterzahlen in die Höhe - von 656.000 im Juli 1990 auf den Höchststand von 2,019 Millionen im April 1991. Seitdem ist die Kurzarbeiterzahl beständig gefallen. Ein scharfer Einschnitt erfolgte zum Jahreswechsel 1991/1992, als sich die Kurzarbeiterzahl infolge der ausgelaufenen Regelung nach § 63,5 AFG nahezu halbierte. Die verschlechterten Förderkonditionen wirken restriktiv auf die Inanspruchnahme von Kurzarbeit. Im ersten Halbjahr 1993 hat sich die Kurzarbeit auf einen Durchschnittswert von etwa 223.000 eingependelt. Auch der durchschnittliche Arbeitszeitausfall hat im Laufe der Zeit etwas abgenommen. Lag die jahresdurchschnittliche Arbeitszeiteinschränkung 1991 bei 56 %, so verringerte sie sich im Durchschnitt des darauffolgenden Jahres auf 52 % und im ersten Halbjahr 1993 auf Werte um 45 %.

In aller Regel war die Beendigung der Kurzarbeit nicht mit einer Rückkehr zur Normalbeschäftigung im bestehenden Betrieb verbunden, sondern mündete in Betriebswechsel, in Übergang in Arbeitslosigkeit oder auch in Eintritte in arbeitsmarktpolitische Maßnahmen einschließlich Altersruhestandsgeld. So waren von den Kurzarbeitern vom November 1991 ein Jahr später 45 % erwerbstätig ohne Kurzarbeit, 15 % weiterhin in Kurzarbeit, 21 % arbeitslos, 8 % in Maßnahmen der beruflichen Fortbildung oder Umschulung und 8 % im Vorruhestand (Infratest Sozialforschung 1993). Kurzarbeit war in aller Regel eine Vorstufe für Entlassungen, vor allem wenn die Arbeitszeit auf Null Stunden reduziert wurde (Kurzarbeit - Null).

5. Kurzarbeit und Qualifizierung

5.1 Zahl und Struktur der Betriebe mit Kurzarbeit und Qualifizierung

Etwa die Hälfte (48 %) der untersuchten Betriebe mit Kurzarbeitern hat den Beschäftigten angeboten, an einer Qualifizierungsmaßnahme teilzunehmen. Zum Untersuchungszeitpunkt Oktober 1991 haben

17 % der in der Erhebung erfaßten Kurzarbeiter dieses Angebot genutzt. Im Vergleich hierzu kommt der Arbeitsmarktmonitor für November 1991 nur auf einen Weiterbildungsanteil von 7 % (Infratest Sozialforschung 1992) und das IFO-Institut für März 1991 auf einen Anteil von 10 % (Gürtler/Lange 1991, 11). Die Niveauunterschiede haben damit zu tun, daß die ISG/WSI-Erhebung, aus der die hier dargestellten Befunde stammen, die Großbetriebe, die insgesamt überdurchschnittlich stark qualifiziert haben, übererfaßt hat.

Die betriebliche Weiterbildungsintensität zeigt starke Unterschiede, die von der Betriebsgröße, der Beschäftigungsentwicklung und -perspektive, der Wirtschaftszweigzugehörigkeit, dem Arbeitszeitausfall und der Beschäftigtenstruktur abhängen.

1. Je ungünstiger sowohl die zurückliegende Beschäftigungsentwicklung als auch die zukünftigen Beschäftigungsperspektiven sind, desto höher fallen die Weiterbildungsanteile aus. Mit 21 % liegen sie am höchsten in den Betrieben mit überdurchschnittlich starkem Beschäftigungsrückgang, während es in den Betrieben mit unterdurchschnittlichem Beschäftigungsabbau nur 8 % sind. Ähnlich unterschiedlich sind auch die Weiterbildungsintensitäten, wenn man die Betriebe nach ihren erwarteten Beschäftigungsperspektiven differenziert. In den Betrieben, die mit einer gleichbleibenden bzw. sogar zunehmenden Beschäftigungsentwicklung rechneten, haben 7 % bzw. 11 % der Kurzarbeiter an Qualifizierungsmaßnahmen teilgenommen. In den Betrieben mit einer erwarteten stark rückläufigen Beschäftigungsentwicklung oder mit einer Liquidationsperspektive lagen die entsprechenden Anteilswerte bei 24 % bzw. 28 %. Diese Befunde legen die Interpretation nahe, daß die Weiterbildungsaktivitäten der Betriebe weniger der betrieblichen Sanierung und Umstrukturierung dienten, als vielmehr das Ziel verfolgten, die Wettbewerbspositionen der auf Dauer im Betrieb nicht weiter zu beschäftigenden Kurzarbeiter auf dem externen Arbeitsmarkt zu verbessern.
2. Eine wichtige Voraussetzung für die Durchführung von Qualifizierungsmaßnahmen spielte der Umfang der Arbeitszeiteinschränkung. Hohe Anteilswerte mit einem Arbeitszeitausfall von 75 % bis 100 % (Kurzarbeit - Null) korrespondieren mit einer hohen Weiterbildungsintensität und umgekehrt. Offensichtlich setzt eine regelmäßige und erfolgreiche Teilnahme an Weiterbildungsmaßnahmen ein bestimmtes tägliches/wöchentliches für Weiterbildungsmaßnahmen reserviertes Zeitvolumen voraus. Dies gilt ganz besonders für die Teilnahme an Vollzeitmaßnahmen, vor al-

lem den zeitlich aufwendigen beruflichen Umschulungsmaßnahmen.
3. Mit der Betriebsgröße steigt die Weiterbildungsintensität. Während in den Betrieben mit mehr als 200 Beschäftigten 19 % der Kurzarbeiter an Weiterbildungsmaßnahmen teilgenommen haben, waren es in den Betrieben mit bis zu 49 Beschäftigten nur 7 % und in der Größenklasse 50 - 199 Beschäftigte 19 %.
Die höhere Weiterbildungsintensität der größeren Betriebe hat vor allem mit zwei Faktoren zu tun. Größere Betriebe besitzen eher die notwendigen organisatorisch-administrativen Kapazitäten zur Durchführung von Weiterbildungsmaßnahmen, haben größere Erfahrungen im Umgang mit Qualifizierungen und außerdem bessere Möglichkeiten, externen Sachverstand einzubeziehen, um gezielte Weiterbildungsprogramme zu initiieren. Zum anderen waren die größeren Betriebe stärker von der Transformationskrise betroffen, was sich nicht nur an einem höheren Personalabbau, sondern auch an durchschnittlich höheren Kurzarbeiteranteilen ablesen läßt.
4. Zwischen den Wirtschaftszweigen zeigen sich starke Unterschiede in den Qualifikationsaktivitäten. Am unteren Ende der Aktivitätsskala rangiert das Nahrungs- und Genußmittelgewerbe. Hier haben nur 3 % der Kurzarbeiter im Oktober 1991 an Qualifizierungsmaßnahmen teilgenommen, während es im Investitionsgütergewerbe, weitgehend identisch mit dem metallverarbeitenden Gewerbe, 23 % waren. Die Branchenunterschiede haben mit verschiedenen Faktoren zu tun. Eine Rolle spielen Betriebsgrößendifferenzen. Das Nahrungs- und Genußmittelgewerbe ist kleinbetrieblicher strukturiert als das Investitionsgütergewerbe. Außerdem beschäftigt der zuerst genannte Wirtschaftsbereich einen überproportional hohen Anteil an ungelernten Arbeitnehmern, die weniger weiterbildungserfahren und -bereit sind als diejenigen mit höheren Berufsbildungsabschlüssen. Speziell bei dem Nahrungs- und Genußmittelgewerbe dürfte als weiterer Faktor hinzukommen, daß aufgrund der vorherrschend ländlichen Lage der Betriebe die Versorgung mit Weiterbildungseinrichtungen und einem entsprechenden Angebot an Weiterbildungsmaßnahmen ungünstiger war als in den städtischen Regionen, wo das Investitionsgütergewerbe vorrangig angesiedelt war.
5. In Treuhand-Betrieben haben 20 % der Kurzarbeiter an Qualifizierungsmaßnahmen teilgenommen im Unterschied zu nur 11 % in den übrigen Betrieben. Die höhere Qualifizierungsintensität

der Treuhandanstalt-Betriebe geht auf betriebs- und branchenstrukturelle Aspekte zurück. So sind THA-Betriebe weniger stark kleinbetrieblich strukturiert. Zudem sind sie unter den Betrieben mit schlechten Beschäftigungsperspektiven deutlich übervertreten. Stark schrumpfende oder gar vor der Liquidation stehende Betriebe haben nicht nur überdurchschnittlich hohe Kurzarbeiteranteile, sondern Kurzarbeit auch überdurchschnittlich stark für Qualifizierungsmaßnahmen genutzt.

6. Die Teilnahme an Weiterbildungsmaßnahmen hängt schließlich auch von der Alters- und Qualifikationsstruktur der Kurzarbeiter ab. So ist etwas mehr als die Hälfte der Kurzarbeiter mit Qualifizierung jünger als 35 Jahre, während jedoch nur etwa ein Drittel der Beschäftigten (in der Stichprobe der Untersuchung) auf diese Altersklasse entfällt. Dagegen gehören von den Kurzarbeitern mit Qualifizierung nur noch 6 % der Altersklasse über 50 Jahre an, während es bei den Beschäftigten 21 % sind. Ältere Arbeitnehmer/Kurzarbeiter sind häufig nur noch schwer zur Teilnahme an Weiterbildungsmaßnahmen zu bewegen. Dies gilt vor allem dann, wenn sie kaum oder gar keine Erfahrungen mit Qualifizierungsmaßnahmen besitzen. Gut zwei Drittel der Teilnehmer an Weiterbildungsmaßnahmen besaßen eine abgeschlossene berufliche Ausbildung und ein Viertel Hoch- bzw. Fachhochschulabschluß.

5.2 Organisierung von Qualifizierungsmaßnahmen

Die Organisierung von Qualifizierungsmaßnahmen umfaßt verschiedene Teilschritte, an denen unterschiedliche außer- und innerbetriebliche Akteure beteiligt waren. Die Schrittfolge beginnt mit dem Anstoß, Weiterbildungsmaßnahmen im Zusammenhang mit Kurzarbeit zu initiieren, es folgt die Information der Kurzarbeiter, der letzte Schritt ist die Durchführung.

Die Anstöße, Qualifizierungsmaßnahmen zu initiieren, gingen am häufigsten von den Beschäftigten aus, es folgten Betriebsleitungen und Personalabteilungen und mit einem gewissen Abstand Arbeitsämter, Betriebsräte sowie externe Bildungsträger. Hinter dem ausgeprägten Interesse der Kurzarbeiter an Qualifizierungsmaßnahmen steht die Sorge um die zukünftige Berufs- bzw. Arbeitsmarktperspektive. Da Kurzarbeit häufig die Vorstufe zu Entlassungen darstellte, versuchten Kurzarbeiter diese Zeit für Qualifizierungsmaßnahmen zu nutzen, um ihre Wettbewerbsposition auf dem externen Arbeitsmarkt zu verbessern. Sie wurden eigeninitiativ.

An dem nächsten organisatorischen Schritt, der Information der Kurzarbeiter über Förderkonditionen und inhaltliche Orientierungen von Qualifizierungsmaßnahmen, waren neben den Betrieben vor allem die Arbeitsämter und auch Beratungsfirmen sowie externe Bildungsträger beteiligt. Die Arbeitsämter organisierten Informationsveranstaltungen und "Bildungsmessen", sie führten Beratungsgespräche mit den Personalabteilungen der Betriebe durch, sie installierten "Arbeitsamtskontaktstellen", finanzierten "Bildungsbeauftragte" oder "Qualifizierungsberater", die in größeren Betrieben teilweise auf Projekt- oder Arbeitsbeschaffungsmaßnahme-Basis als befristete Stellen finanziert wurden. Auch die Betriebe zeigten unterschiedliches Engagement. Der Grad der Intensität reicht von allgemeinen Informationen über die förderungsrechtlichen Voraussetzungen für Weiterbildungsmaßnahmen bis hin zur individuellen Beratung von Kurzarbeitern über geeignete Bildungsmöglichkeiten.

Die Durchführung der Qualifizierungsmaßnahmen wurde in den meisten Fällen (89 %) an externe Bildungsträger delegiert, nur 16 % der Betriebe organisierten entweder in alleiniger Regie oder in Kooperation mit Bildungsträgern Weiterbildungsmaßnahmen. Diesen zweiten Weg gingen eher größere Betriebe, die im Vergleich zu kleineren Betrieben über bessere infrastrukturelle Voraussetzungen verfügten, auf erfahrenes Fachpersonal zurückgreifen konnten und eigene Schulungsräume besaßen.

5.3 Ziele der Qualifizierungsmaßnahmen

In strukturpolitischer Hinsicht können die Qualifizierungsmaßnahmen auf den externen oder den internen Arbeitsmarkt ausgerichtet sein. Nur 14 % der Betriebe haben ausschließlich für innerbetriebliche Ziele qualifiziert, in 15 % der Betriebe dienten die Weiterbildungsmaßnahmen beiden Zielen und in 72 % waren sie ausschließlich auf betriebsexterne Verwendung orientiert. Diesem Muster entspricht auch die quantitative Verteilung der Bildungsteilnehmer. An den Qualifizierungsmaßnahmen zur Verbesserung der persönlichen Chancen nahmen etwa dreimal so viele Kurzarbeiter teil wie an den Maßnahmen zur Verbesserung der betrieblichen Abläufe. Die Betriebe mit ausschließlich innerbetrieblicher Orientierung nannten an erster Stelle einen Anpassungsbedarf an neue Technologien (70 %); in der Häufigkeit der (Mehrfach-)Nennungen folgen nahezu gleichauf:

Aneignung kaufmännischer oder betriebswirtschaftlicher Kenntnisse mit 33 % und Qualifizierung für neue Produkte/Dienstleistungen mit 30 %. Bei den Betrieben mit ausschließlich externer Qualifikationsorientierung ging es vorrangig (89 % der Betriebe) um die Verbesserung der individuellen Chancen auf dem Arbeitsmarkt und um die Überbrückung von Wartezeiten (35 %). Diese Schwerpunkte variieren je nach der erwarteten Beschäftigungsperspektive der Betriebe. Betriebe mit günstigen Beschäftigungsaussichten legten den Schwerpunkt der Qualifizierungsmaßnahmen vor allem auf die Anpassung an neue Technologien und die Ausrichtung auf neue Produkte bzw. Dienstleistungen. Demgegenüber spielt der zuletzt genannte Aspekt in Betrieben ohne Überlebensperspektive überhaupt keine Rolle. In den Betrieben, in denen die Vorzeichen eher auf weiterem Personalabbau standen, dominierten als Motiv der Weiterbildungsmaßnahmen die Überbrückung von Wartezeiten und die Verbesserung der Chancen auf dem externen Arbeitsmarkt.

5.4 Verzicht auf Qualifizierungsmaßnahmen

Da etwa die Hälfte der untersuchten kurzarbeitenden Betriebe keine Initiativen ergriffen hat, den Beschäftigten während der Kurzarbeit Qualifizierungsmaßnahmen anzubieten, und angesichts einer Teilnahmequote der Kurzarbeiter von 17 % stellt sich die Frage nach den Gründen für den Verzicht auf Weiterbildungsmaßnahmen. Nach den Angaben der befragten Betriebe spielten folgende Faktoren eine Rolle (Mehrfachnennungen). Am häufigsten gaben die Betriebe (71 %) an, wegen der unklaren Dauer und Entwicklung der Kurzarbeit keine Qualifizierungsmaßnahmen durchzuführen. Für 51 % der Betriebe war der unklare zukünftige Bildungsbedarf der entscheidende Grund, die Kosten für die Weiterbildung wurden von 45 % der Betriebe als zu hoch eingeschätzt und 41 % der Betriebe hielten sich wegen der als nicht geeignet angesehenen angebotenen Bildungsinhalte bei den Qualifizierungsmaßnahmen zurück. Demgegenüber gaben nur relativ wenige Betriebe an, über die Möglichkeit der Verbindung von Kurzarbeit und Qualifizierung nicht ausreichend informiert zu sein (12 %), etwa ein gutes Drittel der Betriebe hatte keine Erfahrungen in der Durchführung von Weiterbildungsmaßnahmen und ein ebenso großer Anteil der Betriebe fühlte sich durch die Arbeitsämter nur unzureichend informiert. Schließlich gab etwa ein Viertel (23 % der befragten Betriebe) an, daß Kurzarbeiter das Angebot, an Weiterbildungsmaßnahmen teilzunehmen, abgelehnt hätten. Je ungünstiger dabei die betrieblichen Beschäftigungsperspektiven eingeschätzt werden, desto höher ist der Anteil der Betriebe mit Ablehnern. Dieses Ergebnis läßt sich so interpretieren, daß die Kurzarbeiter in Betrieben mit bevorstehendem weiteren Personalabbau von dem Kalkül ausgingen, die Phase der Kurzarbeit möglichst lange auszunutzen und Qualifizierungsmaßnahmen erst nach der bevorstehenden Entlassung aufzunehmen, um den Eintritt in Arbeitslosigkeit möglichst lange hinauszuschieben. In konsolidierten Betrieben macht dieses Kalkül dagegen keinen Sinn. Hinzu kommt, daß hier Kurzarbeiter bei der Ablehnung betrieblicher Qualifizierungsangebote mit Sanktionen oder Nachteilen für die berufliche Karriere hätten rechnen müssen.

6. Bewertung

Versucht man die Strukturfunktion von Kurzarbeit in der Verbindung mit Weiterbildungsmaßnahmen zu bewerten, so gilt es quantitative und qualitative Aspekte zu unterscheiden. In quantitativer Hinsicht erscheint die Weiterbildungsquote (Anteil der Kurzarbeiter mit Weiterbildungsmaßnahmen an allen Kurzarbeitern) von 17 % auf den ersten Blick relativ niedrig. Sie erscheint jedoch in einem anderen Lichte, wenn man berücksichtigt, daß es sich bei diesem Wert um eine Stichtagsgröße handelt. Würde man demgegenüber eine bestimmte Zeitphase wie z. B. ein Jahr zugrundelegen, dann käme man auf sehr viel höhere absolute wie auch relative Werte. Daß die Weiterbildungsteilnahme der Kurzarbeiter quantitativ keineswegs unbedeutend war, läßt sich an einer anderen Größe ablesen. So entfielen von den 1991 insgesamt erfolgten Eintritten in Maßnahmen der beruflichen Weiterbildung 31 % auf Kurzarbeiter. Fast jeder dritte Weiterbildungsteilnehmer in Ostdeutschland war also ein Kurzarbeiter. Diese Größenordnung läßt sich erst richtig einordnen, wenn man berücksichtigt, daß in Ostdeutschland die Gesamtzahl der mit Mitteln der Arbeitsmarktpolitik 1991 geförderten Weiterbildungsteilnehmer 1,7 mal so groß war wie in Westdeutschland, obwohl hier die Zahl der Beschäftigten mehr als viermal so hoch ist wie in den neuen Bundesländern. In quantitativer Hinsicht hat Kurzarbeit in der Verbindung mit Qualifizierungsmaßnahmen also einen bemerkenswerten Beitrag zur Förderung des beruflichen Strukturwandels geleistet.

Schwieriger ist es, die qualitativen Wirkungen von Kurzarbeit und Qualifizierung abzuschätzen. Das Schwergewicht der Weiterbildungsmaßnahmen lag auf der Qualifizierung für den externen Arbeitsmarkt. Zu einem Gutteil wurde dadurch die Umorientierung der im industriellen Sektor nicht mehr benötigten Arbeitskräfte zum tertiären Sektor gefördert. Zahlreiche Dienstleistungstätigkeiten waren in Ostdeutschland unterentwickelt. Vor allem im Bereich Handel, Banken, Hotel- und Gaststättengewerbe bestand Bedarf an ausgebildeten Fachkräften. Es wurden aber auch allgemeine Qualifikationen für die Anwendung von EDV-Technik vermittelt. In nahezu allen Wirtschaftsbereichen war dies eine wichtige Voraussetzung für die technische und organisatorische Modernisierung und Umstellung von Produktion und Verwaltung. Wenn die Qualifizierung für den internen betrieblichen Bedarf mit einem Anteil von nur 25 % eine relativ geringe Rolle gespielt hat, dann hat dies damit zu tun, daß die Betriebe, die für die Neuorganisation und Umstellung von Produktion und Dienstleistungen benötigten Arbeitskräfte entweder überhaupt nicht oder nur mit relativ geringen zeitlichen Einschränkungen kurzarbeiten ließen. Bei einer nur kurzphasigen und in geringen Anteilen verkürzten Arbeitszeit fällt es schwer, Weiterbildungsmaßnahmen zu organisieren und durchzuführen. Die Qualifizierung der im Betrieb verbleibenden Arbeitskräfte geschah häufig durch kürzere Anweisung und Einarbeitung in neue Maschinen direkt am Arbeitsplatz.

7. Einige Empfehlungen

Umstellungen eines ganzen Wirtschaftssystems wie in Ostdeutschland sind sicherlich einmalige Vorgänge. In aller Regel treten Strukturkrisen sektoral und/oder regional begrenzt auf. In solchen Situationen kann die Kombination von Kurzarbeit und Qualifizierung helfen, individuelle Suchkosten zu verringern und durch Finanzierung der Weiterbildung einen Anreiz zur beruflichen Umorientierung und Anpassung an neue Qualifikationsanforderungen zu geben, die ansonsten wegen der individuell zu tragenden Kosten nicht erfolgen würden. Die durch den wirtschaftlichen Strukturwandel ausgelösten qualifikatorischen Umstellungen lassen sich leichter, gezielter und schneller bewältigen. Dabei sollten allerdings einige organisatorische, bildungskonzeptionelle und finanzielle Aspekte berücksichtigt werden. So geht es vor allem darum,

- die Zeiträume für Kurzarbeit möglichst überschaubar zu planen,
- rechtzeitig Qualifizierungspläne zu entwickeln, die sich an den bildungsbiographischen Voraussetzungen der potentiellen Teilnehmer orientieren,
- vor allem für kleinere und mittlere Betriebe überbetriebliche Berater einzusetzen, die bei Planung, Beantragung, Organisierung und Durchführung von Kurzarbeit und Qualifizierung helfen,
- frühzeitig Teilnehmer für Weiterbildungsmaßnahmen auszuwählen, um Motivationsbarrieren abzubauen und bei Bedarf allgemeine Orientierungskurse vorzuschalten,
- die Förderung von Qualifizierungen für betriebliche Bedarfe an das Vorhandensein betrieblicher Sanierungs- und Umstrukturierungskonzepte zu binden, die den entsprechenden Weiterbildungsbedarf spezifizieren,
- wegen der nicht immer genau abschätzbaren Dauer der Kurzarbeit Bildungsprogramme im Modulsystem zu entwickeln, die den jeweiligen Bildungsfähigkeiten und -voraussetzungen der Beschäftigten angepaßt sind und sie nicht überfordern,
- den betrieblichen Interessenvertretungen ein Initiativrecht zuzusprechen, bei geplanten betrieblichen Entlastungen Kurzarbeit und Weiterbildungsmaßnahmen initiieren zu können, wenn dies die Arbeitgeber nicht tun,
- in den Arbeitsämtern Gesprächsrunden nach dem Muster der "runden Tische" auch unter Beteiligung der regionalen Wirtschafts- und Strukturpolitik zu organisieren, um Anhaltspunkte für externen Bildungsbedarf zu gewinnen.

Die Verbindung von Kurzarbeit mit Weiterbildungsmaßnahmen steckt noch in einem Anfangsstadium. Es fehlt an Erfahrungen in unterschiedlichen Problemlagen. Es müssen deshalb weitere Erfahrungen gesammelt werden, wie dieses Instrument zukünftig konzeptionell ausgestaltet werden soll. Überhaupt noch nicht thematisiert ist in diesem Zusammenhang, inwieweit eine engere Verzahnung von Arbeitsmarktpolitik einerseits und regionaler Wirtschaftspolitik andererseits die Bedeutung von Kurzarbeit und Qualifizierung aufwerten kann und dazu beiträgt, die Verbindung zwischen diesen beiden Politikbereichen enger zu knüpfen.

Literatur

Besselmann, K./Machalowski, G./Ochs, Ch./Seifert, H., 1993: Kurzarbeit und Qualifizierung (Projektbericht), Düsseldorf/Köln
Gürtler, J./Lange, D., 1991: Entwicklung von Beschäftigung und Kurzarbeit in den neuen Bundesländern, in: ifo-Schnelldienst Nr. 19
Infratest Sozialforschung, 1992: Arbeitsmarkt Monitor für die neuen Bundesländer, München
Infratest Sozialforschung, 1993: Arbeitsmarkt Monitor für die neuen Bundesländer, München
Pröbsting, K., 1988: Instrumente erweitert, in: Bundesarbeitsblatt Nr. 1

Mega-Arbeitsbeschaffungsmaßnahmen in den neuen Bundesländern - Bestandsaufnahme und Perspektiven

Knut Emmerich

1. Einleitung

Die Transformation einer zentralen Planwirtschaft in eine Marktwirtschaft läßt sich in ein in der Theorie der Wirtschaftspolitik übliches Ziel-Mittel Schema einordnen, aus dem sich die entsprechenden Maßnahmen zur Systemtransformation normativ ableiten lassen.

Dieser Zielkatalog umfaßt neben einer grundsätzlichen Reform des Rechts- und Verwaltungssystems auch den Aufbau einer neuen Wirtschaftsordnung, deren wesentliche Elemente die Reform der Preisbildung, des Geld- und Währungswesens, der Außenwirtschaft und der Eigentumsrechte sind sowie die Neuordnung der Wirtschaftsstrukturen und der Aufbau eines sozialen Sicherungssystems (Sachverständigenrat 1990, 238 ff).

Die Realisierung dieses Zielkataloges benötigt Zeit. Insofern hat der Transformationsprozeß eine zeitliche Dimension, der eine Theorie der Systemtransformation Rechnung tragen müßte. Zu beantworten wäre dann die Frage, mit welcher zeitlichen Dimension welche Strategie zur Systemtransformation verbunden ist und mit welchen Kosten. Unabhängig davon, ob man eine Schocktherapie oder eine Gradualismusstrategie verfolgt, wird es zu (wenn auch) unterschiedlichen Anpassungsprozessen kommen, die in der Anfangsphase dadurch charakterisiert sind, daß Arbeitsplätze schneller abgebaut werden als neue entstehen. Für die Wirtschaftspolitik stellt sich dabei die Frage nach der optimalen Prozeßpolitik zur Herstellung eines neuen makroökonomischen Gleichgewichts. Außerdem hat sie angesichts der Dimension der notwendigen Strukturanpassung den Strukturwandel zu begleiten (Lösch 1992, 661 f).

Der Arbeitsmarktpolitik kommt in der Anpassungsphase die Funktion zu, den Zeitraum zwischen Arbeitsplatzabbau und dem Aufbau neuer Arbeitsplätze zu überbrücken. Als Bestandteil des Systems der sozialen Sicherung hat sie in ihrer passiven Variante die ausschließliche Aufgabe, den von Arbeitslosigkeit betroffenen Arbeitnehmern ein Ersatzeinkommen zu sichern. Diesem Ziel dient auch die aktive Arbeitsmarktpolitik. Gesamtwirtschaftlich gesehen unterscheidet sie sich jedoch von den passiven Maßnahmen in wesentlichen Punkten. So hat die aktive Arbeitsmarktpolitik mit der Entlastungsfunktion auf dem Arbeitsmarkt zur Vermeidung von Arbeitslosigkeit zunächst einen quantitativen Aspekt. Er wird ergänzt durch einen qualitativen Aspekt, der in der Brückenfunktion beim Aufbau neuer Arbeitsplätze zu sehen ist (Brinkmann u.a. 1992a, 422). In diesem Zusammenhang ist die Arbeitsmarktpolitik im Rahmen eines transformationstheoretischen Ansatzes auch im Hinblick auf die Neuordnung der Wirtschaftsstrukturen zu sehen.

Gegenstand der Analyse sind sowohl die quantitativen als auch qualitativen Aspekte der Brückenfunktion der sogenannten "Mega-ABM". Als solche werden Maßnahmen bezeichnet, die der Zustimmung des Präsidenten der Bundesanstalt für Arbeit bedürfen, weil sie ein Gesamtfördervolumen von 3.0 Millionen DM (nur Bundesanstalt) überschreiten. Grundlage der Datenerhebung bildeten die Soll-Zahlen der Anträge auf Arbeitsbeschaffungsmaßnahmen (ABM), die im Zeitraum 12/1990 bis 12/1992 genehmigt wurden. Soll-Zahlen deshalb, da Ist-Zahlen erst mit der Beendigung von Einzelmaßnahmen und deren endgültiger Abrechnung zur Verfügung stehen würden.

2. Die Brückenfunktion von Arbeitsbeschaffungsmaßnahmen - Quantitative Aspekte von Mega-ABM

2.1 Entlastung des Arbeitsmarktes durch Arbeitsbeschaffungsmaßnahmen

Arbeitsbeschaffungsmaßnahmen haben in Ostdeutschland seit 1991 in zunehmendem Maße zur Entlastung des Arbeitsmarktes beigetragen. So waren im Jahre 1991 im Durchschnitt 183.000 und 1992 im Durchschnitt 388.000 Personen in ABM beschäftigt. Das ergibt für beide Jahre eine durchschnittliche Beschäftigtenzahl von etwa 285.500 Personen (Bach u.a. 1992, 472).

2.2 Bedeutung der Mega-ABM

Tabelle 1 ist zu entnehmen, daß die im Zeitraum 12/90 bis 12/91 genehmigten Mega-ABM nicht unwesentlich zum Aufbau der ABM-Beschäftigung beitrugen. So wurden über diese Genehmigungen insgesamt 48.715 Teilnehmer gefördert. Die Zahl ging allerdings bei

Tabelle 1: Zeitliche Befristung von Mega-ABM

Zahl der ABM-Teilnehmer zum Monatsende

Genehmi-gungs-zeitraum	1992 Jan.	Feb.	März	April	Mai	Juni	Juli	Aug.	Sept.	Okt.	Nov.	1992 Dez.	
Dez. 1990 - Juli 1991	45			115		470	95	20	--	--	--	10798	= = = >
Aug. 1991 - Dez. 1991	1088			--		44	--	238	593	343	563	18330	= = = >
Summe	1113			115		514	95	258	593	343	563	29128	= = = >

Zahl der ABM-Teilnehmer zum Monatsende

Genehmi-gungs-zeitraum	1993 Jan.	Feb.	März	April	Mai	Juni	Juli	Aug.	Sept.	Okt.	Nov.	1993 Dez.	ABM-Teil-nehmer insgs.
Dez. 1990 - Juli 1991	1072	--	544	517	600	4175	6058	230	--	--	--	--	24739
Aug. 1991 - Dez. 1991	198	527	170	--	--	92	450	810	--	--	280	250	23976
Dez. 1992 - Dez. 1992													
- Neuanträge	--	100	--	296	151	--	--	233	--	519	252	771	2322
- Verlängerungen	--	--	--	--	216	1465	403	4021	5563	1222	1994	1432	16316
Summe	1270	627	714	813	967	5732	6911	5294	5563	1741	2274	2705	67353

den Neuanträgen 1/92 bis 12/92 drastisch zurück, so daß von einem Trend zu Mega-ABM keine Rede sein kann.

Über den Stellenwert der Großmaßnahmen im Rahmen von ABM sagen diese Zahlen allerdings wenig aus, da die Laufzeit unberücksichtigt blieb. Eine Aussage ist nur auf der Basis der durchschnittlichen Zahl der geförderten Arbeitnehmer in 1991 und 1992 möglich. Hierzu ist eine überschlägige Rechnung notwendig, da die Statistik der Bundesanstalt keine Differenzierung von "Mega"- und "Normal"-ABM vornimmt. Für diese Rechnung sind zunächst die Mann/Monate zu berechnen, die auf die Jahre 1991 und 1992 entfallen.

Von den Gesamtgenehmigungen 12/90 bis 12/92 sind demnach abzuziehen:
- Alle Verlängerungsanträge 1/92 - 12/92, da die Laufzeit ohne Ausnahme ab 1.1.1993 beginnt.
- Alle Neuanträge 1/92 - 12/92 mit Laufzeitbeginn ab 1.1.1993.
- Von den Genehmigungen 12/90 - 12/91 die Zahl der Mann/Monate, die auf 1993 entfallen.

Für die Gesamtgenehmigungen ergibt sich eine Zahl von insgesamt 1.057.473 Mann/Monate. Davon sind abzuziehen (Tabelle 1):

- Verlängerungsanträge 1/92 - 12/92 mit Beginn 1.1.93	146.108 Mann/Monate
- Neuanträge 1/92 - 12/92 mit Beginn 1.1.93	12.276 Mann/Monate
- Von den Genehmigungen 12/90 - 12/92 auf 1993 entfallende Mann/Monate	116.309 Mann/Monate
Insgesamt	274.693 Mann/Monate

Für die Jahre 1991 und 1992 ergeben sich 782.780 Mann/Monate, das entspricht einer durchschnittlichen Zahl von Beschäftigten in Mega-ABM von 32.116 Personen. Die Mega-Maßnahmen stellen demnach einen Anteil von 11,4 % an der durchschnittlichen Beschäftigung in ABM in 1991 und 1992.

Die Bedeutung von Mega-ABM läßt sich auch an den Ausgaben der Bundesanstalt für ABM verdeutlichen. Sie beliefen sich in den Haushaltsjahren 1991 und 1992 auf insgesamt 10.858.900.000 DM (Lohnkostenzuschüsse, verstärkte Förderung und Darlehen). Die finanziellen Aufwendungen für die genehmigten Mega-ABM 12/90 bis 12/92 (einschl. Verlängerungen) belaufen sich auf 3.100.794.250 DM für 1.057.473 Mann/Monate. Das entspricht einem Betrag von 2.932,27 pro Mann/Monat. Auf der Basis von 782.780 Mann/Monaten für 1991 und 1992 ergibt sich demnach ein Gesamtfinanzierungsvolumen von 2.295.322.310 DM gleich 21,1 % der Gesamtausgaben der Bundesanstalt für ABM in beiden Jahren.

Die Zahlen machen deutlich, daß die Bedeutung der Mega-Maßnahmen weniger in den quantitativen Entlastungseffekten auf dem Arbeitsmarkt zu sehen ist, sondern in den damit verbundenen Ausgabenbelastungen für die Bundesanstalt für Arbeit. In den einzelnen Bundesländern und auch Arbeitsamtsbezirken kann sich das Bild allerdings differenziert darstellen. So spielen im Gegensatz zu Sachsen-Anhalt Großmaßnahmen in Mecklenburg-Vorpommern und Berlin-Ost nur eine geringe Rolle (Tabelle 2). In Sachsen-Anhalt waren 1991 und 1992 im Durchschnitt 14.882 Beschäftigte in Mega-ABM zu verzeichnen bei einer durchschnittlichen Gesamtbeschäftigung in ABM von 61.370 (1991: 34.736, 1992: 88.005) Personen. Das entspricht einem Anteil der geförderten Arbeitnehmer in Mega-ABM von 24,3 %.

3. Die Brückenfunktion von Arbeitsbeschaffungsmaßnahmen - Qualitative Aspekte von Mega-ABM

Wie bereits erwähnt kann die Brückenfunktion der aktiven Arbeitsmarktpolitik im Rahmen eines transformationstheoretischen Ansatzes auch im Zusammenhang mit der Neuordnung der Wirtschaftsstrukturen gesehen werden.

Konkret geht es um die Frage, wie ABM den Strukturwandel in den neuen Bundesländern unterstützen, die Entstehung von Dauerarbeitsplätzen fördern und zur Steigerung der Wettbewerbsfähigkeit der ostdeutschen Wirtschaft beitragen kann. Der Verbesserung der Infrastruktur und der notwendigen Erneuerung des privaten und öffentlichen Kapitalstocks kommt dabei eine Schlüsselrolle bei der Schaffung wettbewerbsfähiger Arbeitsplätze und der damit verbundenen Verbesserung der individuellen und gesamtwirtschaftlichen Arbeitsmarktperspektiven zu.

3.1 Einsatzfelder von Mega-ABM

Die Analyse zeigt, daß bei den Neuanträgen von 12/90 bis 12/92 über 60 % der Beschäftigten in Maßnahmen tätig waren, die durch Sanierung von Betriebsgelände und Gebäuden die Voraussetzungen für gewerbliche Neuansiedlungen schaffen. Bei den Verlängerungsanträgen liegt der Anteil bei 57 % (Tabelle 3). In ABM zur Umwelt

Tabelle 2: Regionalverteilung der Mega-ABM

Land	ABM-Kräfte[1] abs.	v.H.	Gesamtkosten DM	v.H.	Fälle
Dezember 1990 bis Juli 1991					
Brandenburg	5.669	22,9	522.173.700	20,6	14
Sachsen-Anhalt	9.380	37,9	1.077.269.000	42,6	22
Sachsen	6.673	27,0	648.542.000	25,6	21
Mecklenburg-Vorpommern	714	2,9	38.512.000	1,5	6
Thüringen	1.252	5,1	160.664.000	6,4	7
Berlin-Ost	1.051	4,3	82.853.000	3,3	4
Summe	24.739	100,0	2.530.013.700	100,0	74[2]
August 1991 bis Dezember 1991					
Brandenburg	2.800	11,7	228.057.000	12,5	15
Sachsen-Anhalt	14.276	59,5	1.052.099.600	57,4	49
Sachsen	4.710	19,6	347.378.000	19,0	18
Mecklenburg-Vorpommern	533	2,2	38.462.000	2,1	3
Thüringen	1.657	6,9	165.601.000	9,0	7
Berlin-Ost	--	--	--	--	--
Summe	23.976	100,0	1.831.597.600	100,0	92
Januar 1992 bis Dezember 1992 (Neuanträge)					
Brandenburg	--	--	--	--	--
Sachsen-Anhalt	823	35,4	53.617.900	33,9	5
Sachsen	523	22,5	67.528.000	42,7	4
Mecklenburg-Vorpommern	--	--	--	--	--
Thüringen	976	42,0	36.929.000	23,4	3
Berlin-Ost	--	--	--	--	--
Summe	2.322	100,0	158.074.900	100,0	12
Januar 1992 bis Dezember 1992 (Verlängerungen)					
Brandenburg	2.156	13,2	145.723.000	16,5	7
Sachsen-Anhalt	11.262	69,0	562.371.000	63,8	8
Sachsen	1.515	9,3	98.775.000	11,2	1
Mecklenburg-Vorpommern	263	1,6	16.782.000	1,9	1
Thüringen	1.120	6,9	58.398.000	6,6	4
Berlin-Ost	--	--	--	--	--
Summe	16.316	100,0	882.049.000	100,0	21

1 Vollzeit.
2 Die höhere Fallzahl resultiert daraus, daß eine Mega-ABM Sachsen und Brandenburg umfaßt und eine weitere Sachsen, Brandenburg und Sachsen-Anhalt.

Tabelle 3: Einsatzfelder von Mega-ABM nach Beschäftigten (Vollzeit) Dezember 1990 bis Dezember 1992

Einsatzfelder	12/90 - 7/91 Maßnah. abs.	%	Beschäft. abs.	%	8/91 - 12/91 Maßnah. abs.	%	Beschäft. abs.	%	1/92-12/92 Maßnah. abs.	%	Beschäft. abs.	%	1/92-12/92 Neuanträge Maßnah. abs.	%	Beschäft. abs.	%	1/92-12/92 Verlänger.[1] Maßnah. abs.	%	Beschäft. abs.	%
Planung und Management v. Mega-ABM	4	5,6	549	2,2	1	1,1	39	0,2	--	--	--	--	--	--	--	--	2	6,7	222	1,4
Industrieflächen-Recycling	37	52,1	14995	60,7	47	51,1	14750	61,5	7	58,4	1612	69,4	15	50,0	9394	57,6
Planungsarbeiten für Kommunen	2	2,8	300	1,2	--	--	--	--	--	--	--	--	--	--	--	--	--	--	--	--
Stadt- und Dorfverschönerung, Wohnumfeldverbesserung	5	7,0	1362	5,5	11	12,0	1532	6,4	--	--	--	--	--	--	--	--	2	6,7	405	2,5
Schaffung v. Naherholungsgebieten durch Sanierung von Betriebsgelände	4	5,6	4325	17,5	14	15,2	4315	18,0	--	--	--	--	--	--	--	--	7	23,3	5435	33,3
Natur-/Umweltschutz	14	19,7	2340	9,5	6	6,5	1140	4,8	1	8,3	80	3,5	2	6,7	283	1,7
Soziale Dienste	3	4,2	637	2,6	--	--	--	--	--	--	--	--	--	--	--	--	--	--	--	--
Tourist. Infrastruktur	--	--	--	--	--	--	10	10,9	1650	6,9	3	25,0	510	22,0	1	3,3	196	1,2
Sonstige	2	2,8	231	0,9	3	3,3	550	2,3	1	8,3	120	5,2	1	3,3	381	2,3
Summe	71	100,0	24739	100,0	92	100,0	23976	100,0	12	100,0	2322	100,0	30	100,0	16316	100,0

1 Einige Verlängerungsanträge beinhalten mehrere Maßnahmeinhalte. Abkürzungen siehe Tabelle 4

Tabelle 4: Einsatzfelder von Mega-ABM nach Gesamtkosten Dez. 1990 bis Dez. 1992 (DM in Tsd.)

Einsatzfelder	12/90 - 7/91 Maßnah. abs.	%	Beschäft. DM	%	8/91 - 12/91 Maßnah. abs.	%	Beschäft. DM	%	1/92-12/92 Neuanträge Maßnah. abs.	%	Beschäft. DM	%	1/92-12/9 Verlänger.[1] Maßnah. abs.	%	Beschäft. DM	%
Planung und Management v. Mega-ABM	4	5,6	56649	2,2	1	1,1	2681	0,2	--	--	--	--	2	6,7	9015	1,0
Industrieflächen-Recycling	37	52,1	1704271	67,4	47	51,1	1123806	61,4	7	58,3	122999	77,8	15	50,0	524999	59,5
Planungsarbeiten für Kommunen	2	2,8	13286	0,5	--	--	--	--	--	--	--	--	--	--	--	--
Stadt- und Dorfverschönerung, Wohnumfeldverbesserung	5	7,0	144283	5,7	11	12,0	73830	4,0	--	--	--	--	2	6,7	24525	2,8
Schaffung v. Naherholungsgebieten u. Sanierung von Betriebsgelände	4	5,6	395005	15,6	14	15,2	453520	24,8	--	--	--	--	7	23,3	293707	33,3
Natur-/Umweltschutz	14	19,7	119344	4,7	6	6,5	55867	3,1	1	8,3	4703	3,0	2	6,7	10575	1,2
Soziale Dienste	3	4,2	18887	0,8	--	--	--	--	--	--	--	--	--	--	--	--
Tourist. Infrastruktur	--	--	--	--	10	10,9	81402	4,4	3	25,0	18272	11,6	1	3,3	6475	0,7
Sonstige	2	2,8	78284	3,1	3	3,3	40492	2,2	1	8,3	12101	7,7	1	3,3	12753	1,5
Summe	71	100	2530008	100	92	100	1831598	100	12	100	158075	100	30	100	882049	100

1 Einige Verlängerungsanträge beinhalten mehrere Maßnahmeinhalte.
Abkürzungen: Maßnah. = Maßnahmen, Beschäft. = Beschäftigte, Verlänger. = Verlängerung.

verbesserung, dazu zählt neben den Maßnahmen im Natur- und Umweltschutz auch die Schaffung von Naherholungsgebieten durch Rekultivierung und Renaturierung von Industrieflächen (u.a. Braunkohlengebiete), arbeiten zwischen 23 und 27 % der geförderten Arbeitnehmer. Bei den Verlängerungsanträgen liegt der Anteil bei 35%. Wesentlich geringer sind die Beschäftigtenanteile bei den Kommunalaufgaben und bei den Sozialen Diensten. Maßnahmen zur Verbesserung der touristischen Infrastruktur gewannen erst ab dem zweiten Halbjahr 1991 an Bedeutung.

Noch deutlicher zeigen sich die Schwerpunkte der Mega-Maßnahmen bei den Gesamtkosten. Hier entfallen nahezu 70 % auf die Neuerschließung von Betriebsgelände und Gebäuden. Bei den Umwelt-ABM ergeben sich Anteile zwischen 20 und 27 %, bei den Neuanträgen und Verlängerungen 1992 von ca. 34 %. Die anderen Einsatzfelder spielen auch hier nur eine untergeordnete Rolle (Tabelle 4).

Die Zahlen machen deutlich, daß sich die Einsatzfelder der Mega-ABM wesentlich von der Struktur von ABM insgesamt unterscheiden (Spitznagel 1992, 7 ff). So liegt die investive Komponente im engeren Sinn (Maßnahmen zur Neuerschließung, Umwelt-ABM) mit 80-90 % um ca. 40 % höher.

Durch ihren Investivcharakter tragen Mega-ABM in erheblichem Umfang zur Verbesserung der Standortfaktoren in Ostdeutschland bei. So stellte, nicht zuletzt auf Grund der ungeklärten Eigentumsverhältnisse, die Verfügbarkeit von (kostengünstigen) Grundstücks- und Gewerbeflächen auch 1992 ein großes Problem und damit eine Investitionsbarriere für die Unternehmen dar (DIW 1992, 473). Bei Existenzgründungen steht die Beschaffung geeigneter Gewerberäume an erster Stelle der Markteintrittsbarrieren (Hüfner u.a. 1992, 38).

Durch die Sanierung von Betriebsgelände und Gebäuden werden diese Defizite reduziert. Da im Rahmen dieser Arbeiten auch ökologische Altlasten beseitigt werden, die andernfalls der Investor tragen müßte, liefert ABM auch positive Beiträge zur Rentabilitätssteigerung der Investitionen. Dieser Gesichtspunkt ist auch deshalb von Bedeutung, da das Ausmaß ökologischer Altlasten oft schwer abschätzbar ist und deshalb zu Beschränkungen der Zahl potentieller Investoren führen kann (Krakowski u.a. 1992, 531).

Die Rahmenbedingungen für die Ansiedlung neuer Unternehmen werden auch durch ABM im Umweltbereich verbessert. Die Qualität der Umwelt ist heute ein Standortfaktor, nicht nur für die Industrie, sondern auch für die Bevölkerung und deren Lebensqualität. So verwundert es nicht, daß Investoren in Riesa darauf hinweisen, daß sie sich ohne die über ABM geleisteten Vorarbeiten nicht in der Region niedergelassen hätten (Handelsblatt v. 7. Mai 1992). Insofern unterstützen Mega-ABM im Sinne der Brückenfunktion den Strukturwandel in den neuen Bundesländern. Nicht zuletzt auch durch die Anreicherung mit beruflicher Qualifizierung, die nur mit wenigen Ausnahmen in allen Anträgen vorgesehen ist.

4. Kritik an Maßnahmen zur Arbeitsbeschaffung

4.1 Die Contra-Position: ABM behindert die Schaffung regulärer Arbeitsplätze

Der Sachverständigenrat setzte sich bereits in seinem Jahresgutachten 1991/92 kritisch mit den Arbeitsbeschaffungsmaßnahmen in Ostdeutschland auseinander (Sachverständigenrat 1991, 238 ff). Die Kritik richtete sich insbesondere auf die investiven Maßnahmeinhalte, die einen Schwerpunkt der Mega-ABM darstellen. So fordert u.a. Sperling (1992, 146), derartige Maßnahmen überhaupt aus dem Förderkatalog herauszunehmen.

Folgende Argumente werden in der Diskussion um ABM regelmäßig genannt:

- ABM ist lediglich eine Beschäftigungstherapie und nur eine Brücke in sozialpolitischer Hinsicht.
- ABM verzögert den notwendigen Anpassungsprozeß an marktwirtschaftliche Strukturen, da überkommene Strukturen konserviert werden.
- ABM behindert die individuelle Motivation und Initiative der Teilnehmer als wesentliche Elemente der Marktwirtschaft.
- Gute Bezahlung und angenehme Arbeitsbedingungen schwächen die Motivation der Teilnehmer, in einen regulären Arbeitsplatz zu wechseln. Das führt zu Arbeitskräfteknappheit und zur Stabilisierung des sekundären Arbeitsmarktes.
- ABM führt zu Wettbewerbsverzerrungen und zu höheren Markteintrittsbarrieren für private Anbieter, da Lohn- und Sachkosten durch die Bundesanstalt für Arbeit und aus anderen Quellen bezahlt werden. Die Schaffung wettbewerbsfähiger Arbeitsplätze im privaten Sektor wird dadurch behindert, bereits bestehende Arbeitsplätze werden verdrängt.

Tabelle 5: Regie-, Vergabe- und Teilvergabearbeit bei den genehmigten Mega-ABM-Anträgen
Dezember 1990 bis Dezember 1992

Genehmigungszeitraum	ABM-Anträge insg.	Regie	Vergabe	Teilvergabe	Unbedenklichkeitsbeschein.
12/90 - 7/91	71	62	2	7	--
8/91 - 12/91	92	16	2	74	28
1/92 - 12/92 (Neuanträge)	12	1	2	9	8
1/92 - 12/92 (Verlängerungen)	21	4	1	16	1
Summe	196	83	7	106	37

4.2 Die Pro-Position: ABM unterstützt die Schaffung regulärer Arbeitsplätze

Im Hinblick auf die Brückenfunktion der Arbeitsmarktpolitik sind die Kritikpunkte ernst zu nehmen. Das gilt insbesondere in bezug auf die Wettbewerbsverzerrungen. Nach den Bestimmungen des Arbeitsförderungsgesetzes (AFG) sollen derartige Verzerrungen durch die Kriterien der "Zusätzlichkeit" und des "öffentlichen Interesses" vermieden werden. In die gleiche Richtung zielt auch der Steuerungserlaß der Bundesanstalt für Arbeit vom August 1991. Er sieht den Vorrang der Vergabe oder zumindest Teilvergabe von Maßnahmen an Wirtschaftsunternehmen vor. Nach dem Erlaß kann davon nur abgesehen werden, wenn eine Unbedenklichkeitsbescheinigung der zuständigen Handwerkskammer oder Kreishandwerkerschaft vorliegt.

Die Analyse ergab folgendes Bild (Tabelle 5): Die reine Vergabe-ABM ist die Ausnahme. So waren von den insgesamt 196 Anträgen nur sieben als Vergabe konzipiert. Bei den Regie- und Teilvergabearbeiten ist im Zeitverlauf eine deutliche Trendwende zu verzeichnen, die insbesondere auf den Steuerungserlaß zurückzuführen sein dürfte. Während im Genehmigungszeitraum 12/90 bis 7/91 die Regie-ABM dominierte, sieht der weitaus größte Teil der Genehmigungen 8/91 bis 12/92 eine Teilvergabe von Arbeiten vor. In diesem Zeitraum sind Unbedenklichkeitsbescheinigungen die Regel, selbst in den Fällen der Teilvergabe. Eine Reihe der Anträge enthält auch die Auflage, sowohl Volumen als auch die Art der zu vergebenden Arbeiten mit der zuständigen Handwerkskammer abzustimmen.

In diesem Zusammenhang ist auf eine Besonderheit der Teilvergabe bei Mega-ABM hinzuweisen. Vergabe bedeutet normalerweise, daß ein Wirtschaftsunternehmen mit der Durchführung von Arbeiten betraut wird und ihm ABM-Kräfte beigestellt werden. In dieser Form wird Teilvergabe auch bei den Großmaßnahmen praktiziert. Bei der überwiegenden Zahl der Fälle wird jedoch auf die Bereitstellung verzichtet. Das bedeutet, daß ein Teil der u.a. von der Bundesanstalt finanzierten Sachkostenzuschüsse über Werkverträge der privaten Wirtschaft zufließen ohne entsprechende Beschäftigung von ABM-Kräften. Für diese Art der direkten Wirtschaftsförderung sprechen folgende Argumente:
- Werden Sachmittel zur Auftragsvergabe an die private Wirtschaft verwendet, so sind die damit in Ostdeutschland verbundenen Beschäftigungseffekte größer als bei Verwendung der Mittel für die Anschaffung von Ausrüstungsgegenständen, von der in erster Linie die westdeutsche Wirtschaft profitiert. So entfallen nach Angaben des Statistischen Bundesamtes ca. 50 % der Lieferungen Westdeutschlands nach Ostdeutschland auf Investitionsgüter.
- Durch die Auftragsvergabe ohne Beistellung von ABM-Kräften wird eine mögliche Verdrängung des Stammpersonals beim Auftragnehmer vermieden.

Die Höhe der mit den Sachkostenzuschüssen verbundenen Auftragsvolumina wird nur in den Genehmigungen 1/92 bis 12/92 näher spezifiziert. Die Spannbreite bewegt sich zwischen 20 und 80 % der Sachkosten. Dies läßt die vielfach geäußerte Kritik an den hohen Sachkosten der Mega-ABM (Sperling 1992, 147) in einem anderen Licht erscheinen. Folgt man den Ergebnissen einer Unternehmensbefragung, die das DIW von Mai bis August 1992 durchgeführt hat, so sah kaum ein Unternehmen ABM-Projekte als unlautere Konkurrenz an. Auch für das Handwerk war der Einsatz von ABM-Kräften kein Thema mehr (DIW 1992, 476 und 490).

5. Verzahnung der Arbeitsmarktpolitik mit Instrumenten der Wirtschaftsförderung

Nach dem IAB-Westphal Scenario wird es erst ab 1994 zu einem Abbau der registrierten Arbeitslosigkeit in Ostdeutschland kommen, die aber im Jahr 2000 immer noch bei 0,6 Millionen liegen wird (Bogai u.a. 1992, 6 f). Insofern besteht auch noch in den nächsten Jahren ein erheblicher arbeitsmarktpolitischer Handlungsbedarf in den neuen Bundesländern. Dabei gelten die von Buttler (1992, 727) formulierten Grundsätze für die zukünftige Entwicklung der aktiven Arbeitsmarktpolitik analog auch für ABM:
- Qualifizierung und Arbeit statt Arbeitslosigkeit zu finanzieren und dabei
- die investiven Komponenten so weit wie möglich zu betonen, um die Angebotsbedingungen für die private Wirtschaft zu verbessern, sowie
- in größerem Umfang die Aktivitäten der für die Umstrukturierung verantwortlichen Politikbereiche zu unterstützen.

Die beiden ersten Punkte sind im Fall Mega-ABM unstrittig. Was die Unterstützung anderer Politikbereiche anbetrifft, so läßt die Finanzierungsstruktur der Mega-Maßnahmen Rückschlüsse zu, inwieweit es bisher gelungen ist, die Arbeitsmarktpolitik etwa mit der Regional- oder Strukturpolitik zu verknüpfen.

5.1 Finanzierungsstruktur der Mega-ABM

Tabelle 7 gibt einen Überblick über die Entwicklung der Finanzierungsstruktur im Zeitraum 12/90 bis 12/92. Die Gesamtkosten der Neuanträge und Verlängerungen belaufen sich auf 5,4 Milliarden DM. Davon wurden 57 % von der Bundesanstalt für Arbeit finanziert. Im Zeitverlauf hat sich der Finanzierungsanteil um 6 % bzw. 17 % verringert. Der starke Rückgang bei den Neuanträgen 1992 ist darauf zurückzuführen, daß der Beitrag der Maßnahmeträger gegenüber den beiden Vorperioden stark angestiegen ist. Es handelt sich dabei um Treuhand-Unternehmen, die anscheinend über die nötigen Mittel für hohe Eigenleistungen verfügten. Eine ähnlich hohe Finanzkraft kann nicht bei allen Maßnahmeträgern unterstellt werden. Der hohe Anteil dürfte deshalb eher zufallsbedingt sein. Eine gänzlich untergeordnete Rolle spielten in der Kategorie "Maßnahmeträger" die Kommunen.

Tabelle 6: Trägerstruktur der Mega-ABM Dezember 1990 bis Dezember 1992

Träger	12/90-7/91 Maßnah. abs.	%	Teilnehmer[1] abs.	%	8/91-12/91 Maßnah. abs.	%	Teilnehmer[1] abs.	%	1/92-12/92 Neuanträge Maßnah. abs.	%	Teilnehmer[1] abs.	%	1/92-12/92 Verlänger. Maßnah. abs.	%	Teilnehmer[1] abs.	%
THA-Unternehmen	31	43,7	16199	65,5	25	27,2	5834	24,3	4	33,3	1147	49,4	6	28,6	2304	14,1
Wohlfahrtsverbände	18	25,3	3092	12,5	2	2,2	468	2,0	–	–	–	–	–	–	–	–
Kommunen	6	8,5	1526	6,2	11	12,0	1488	6,2	1	8,3	170	7,3	2	9,5	396	2,4
ABS-Gesellschaften	13	18,3	3510	14,2	52	56,5	15801	65,9	5	41,7	805	34,7	12	57,2	13416	82,2
Sonstige[2]	3	4,2	412	1,7	2	2,2	385	1,6	2	16,7	200	8,6	1	4,8	200	1,2
Summe	71	100,0	24739	100,0	92	100,0	23976	100,0	12	100,0	2322	100,0	21	100,0	16316	100,0

1 Vollzeit.
2 Gemeinnützige Unternehmen und Institutionen, Landwirtschaftsbetriebe, Landesumweltbundesamt Brandenburg.
Abkürzungen: Maßnah. = Maßnahmen, Verlänger. = Verlängerung.

Der Bund hat über das Programm "Aufschwung Ost" in 1991 ca. 12 % zur Finanzierung der Mega-Maßnahmen beigetragen. Eventuelle, auf Mega-ABM entfallende Finanzierungsanteile aus der Defizithaftung des Bundes für die Bundesanstalt für Arbeit wären ebenfalls zu berücksichtigen. Sie lassen sich jedoch rechnerisch nicht ermitteln.

Der Anteil der Länder lag bei 20 %. Hier ist bei den Neuanträgen 1992 ebenfalls ein starker Rückgang zu verzeichnen, der sich dann bei den Verlängerungen wieder "normalisierte".

Die Finanzierungsbeiträge der Treuhandanstalt unterlagen im Betrachtungszeitraum großen Schwankungen. Es ist jedoch unverkennbar, daß sich die Treuhand seit August 1991 in zunehmendem Maße finanziell engagiert hat. Das erscheint auch geboten, da die Treuhand, etwa bei der Neuerschließung von Betriebsgelände, von der Wertschöpfung durch ABM profitiert. Offen bleibt die Frage, inwieweit der Finanzierungsanteil der Treuhand als angemessen zu betrachten ist. Bei den Verlängerungen 1992 deutet sich hier zumindest eine Wende an.

5.2 Verbesserung der Brückenfunktion - stärkere Verzahnung mit anderen Politikbereichen

Zieht man aus der Analyse der Finanzierungsstruktur Bilanz, so ist das Ergebnis im Hinblick auf eine Kombination der Arbeitsmarktpolitik mit Instrumenten der Wirtschaftsförderung ernüchternd. Es stellt sich die Frage nach den Gründen, zumal sich eine Reihe von Förderprogrammen für die Einsatzfelder von Mega-ABM anbietet (Emmerich 1991, 4). So werden im Rahmen der Gemeinschaftsaufgabe "Verbesserung der Regionalen Wirtschaftsstruktur" Investitionsvorhaben zum Ausbau der wirtschaftsnahen regionalen Wirtschaftsstruktur gefördert. Dazu gehört u.a. die Erschließung und Wiedernutzbarmachung von Industrie- und Gewerbegelände. Führt eine Kommune, der zuvor Gelände von der Treuhand übereignet worden ist, eine entsprechende Arbeitsbeschaffungsmaßnahme durch, so ist die Sanierung über die Gemeinschaftsaufgabe förderungsfähig. Gesellschaften zur Arbeitsförderung, Beschäftigung und Strukturförderung (ABS-Gesellschaften) als Träger der Maßnahme sind dagegen nicht antragsberechtigt. Für Treuhand-Unternehmen besteht die Möglichkeit erst in jüngster Zeit, sofern im Rahmen einer Einzelfallprüfung festgestellt wird, daß es sich um einen "Industriellen Kern" mit regionalpolitischer Bedeutung handelt.

Das Ergebnis der Analyse wiegt um so schwerer, da die Verzahnung verschiedener Politikbereiche mit der Arbeitsmarktpolitik als Mittel zur Verbesserung der Brückenfunktion angesehen wird. Entsprechende Vorschläge für den kombinierten Instrumenteneinsatz finden sich bei Brinkmann u.a. (1992b). Auch Buttler/Emmerich (1922, 14) tragen diesem Gesichtspunkt Rechnung, wenn sie eine Änderung der Finanzierungsstruktur und eine Erhöhung des Vergabeanteils fordern, um die Effizienz von ABM bei der Schaffung von Arbeitsplätzen am primären Arbeitsmarkt zu erhöhen. Die Forderung würde nicht nur dazu führen, daß die für die Umstrukturierung verantwortlichen Politikbereiche stärker in die ABM-Aktivitäten eingebunden würden, sie hätte auch den schrittweisen Übergang von arbeitsmarktpolitischen zu wirtschaftspolitischen Lösungen zur Folge.

Sowohl die Strukturförderprogramme für die neuen Länder als auch der im Rahmen der 10. Novelle des AFG geschaffene § 249 h bilden hier Ansatzpunkte. Im folgenden wird geprüft, welche Perspektiven sich für Mega-ABM im Rahmen des § 249 h AFG ergeben.

6. Perspektiven für Mega-ABM - § 249 h AFG

6.1 Produktive Beschäftigung statt Lohnersatz

Begrenzt auf die neuen Bundesländer gibt der Paragraph der Bundesanstalt für Arbeit die Möglichkeit, Haushaltsmittel, die andernfalls für Arbeitslosengeld und Arbeitslosenhilfe ausgegeben werden müßten, kostenneutral für produktive Beschäftigung einzusetzen. Insofern wird § 249 h AFG der Forderung gerecht, Arbeit statt Arbeitslosigkeit zu finanzieren. Die Regelung ist allerdings befristet bis zum 31. Dezember 1997.

Der Inhalt des § 249 h AFG in Verbindung mit der Anordnung des Verwaltungsrates der Bundesanstalt für Arbeit zu § 249 h AFG vom 27. Januar 1993 zeigt, daß der Paragraph geradezu auf die Mega-Maßnahmen zugeschnitten ist. Das gilt nicht nur für Neuanträge. Es wurde auch die Möglichkeit geschaffen, Arbeitsbeschaffungsmaßnahmen fortzuführen, die ansonsten infolge der zeitlichen Begrenzung auf maximal zwei Jahre eingestellt worden wären und zu "ABM-Ruinen" geführt hätten (Schmidt 1993, 10). Nach der Anordnung des Verwaltungsrates gilt die Fortführung von Projekten

Tabelle 7: Finanzierungsstruktur der Mega-ABM-Anträge Dezember 1990 bis Dezember 1992

Kapitalgeber	Dez. 90 - Juli 91 DM	%	Aug. 91 - Dez. 91 DM	%	Jan. 92 - Dez. 92 (Neuanträge) DM	%	Jan. 92 - Dez. 92 (Verlängerungen) DM	%
Bundesanstalt für Arbeit (Lohnkostenzuschuß, verstärkte Förderung, Darl.)	1.552.413	61,4	1.005.230	54,9	69.469	44,0	473.682	53,7
Aufschwung Ost (Bund)	374.240	14,8	265.880	14,5	–	–	–	–
Maßnahmeträger[1]	42.782	1,7	53.773	2,9	62.151	39,3	59.746	6,8
Länder	505.968	20,0	381.156	20,8	13.920	8,8	175.135	19,9
Europäischer Sozialfonds	7.983	0,3	7.623	0,4	1.800	1,1	2.000	0,2
Treuhand-Anstalt	4.811	0,2	97.646	5,3	3.209	2,0	163.856	18,6
Gemeinschaftsaufgabe	3.000	0,1	–	–	–	–	–	–
Kreditprogramm Wohnungsmodernisierung u. -instandsetzung	18.512	0,7	–	–	–	–	–	–
Sonstige[2]	20.300	0,8	20.290	1,1	7.525	4,8	7.630	0,9
Summe	2.530.009	100,0	1.831.598	100,0	158.075	100,0	882.049	100,0

1 Kommunen, Treuhand-Unternehmen, sonstige Unternehmen, ABS-Gesellschaften.
2 Bundes- und Landesministerien, Bundesanstalt für Arbeit, Bundesstiftung Umwelt, Kapitalmarktmittel.

zur Sanierung und Beseitigung von Umweltschäden sogar als besonders förderungsfähig (§ 1, DA 1.1.). Die Relevanz zeigt sich bereits. So liefen bei Mega-ABM zum 31. Dezember 1992 Maßnahmen für 29.128 Arbeitnehmer aus. Davon konnten 16.316 über Verlängerungen aufgefangen werden (Tabelle 1).

6.2 Förderungsfähige Arbeiten, förderungsfähige Träger, förderungsfähiger Personenkreis

Gefördert werden Arbeiten im Bereich Umweltsanierung/Umweltverbesserung, soziale Dienste und Jugendhilfe. Wie gezeigt wurde, spielten Mega-Maßnahmen bei den sozialen Diensten nur bei den Genehmigungen 12/90 bis 7/91 eine (geringe) Rolle, im Bereich Jugendhilfe sind sie überhaupt nicht zu finden.

Detaillierte Informationen, was unter Umweltsanierung/Umweltverbesserung zu verstehen ist, finden sich in Anlage 1 ("Verbesserung der Umwelt") der Anordnung des Verwaltungsrates. Der dort aufgeführte Katalog enthält alle wichtigen Einsatzfelder von Mega-ABM wie:
- Sanierung von Altstandorten zur Neuerschließung von Gewerbeflächen,
- Rekultivierung und Renaturierung (Sanierung von Betriebsgelände),
- Wohnumfeldverbesserungen, Stadt- und Dorferneuerung (Kommunalaufgaben),
- Natur- und Umweltschutz allgemein.

Die förderungsfähige Trägerstruktur ist bei den Mega-Maßnahmen ebenfalls vorhanden. So sind neben privatrechtlichen Unternehmen und juristischen Personen des öffentlichen Rechts nach der Anordnung auch Gesellschaften zur Arbeitsförderung, Beschäftigungs- und Strukturentwicklung (ABS) förderungsfähig (§ 3, DA 3.2.(2)). Wie Tabelle 7 zeigt, sind gerade sie neben Treuhand-Unternehmen die wichtigsten Träger von Mega-ABM.

Was den förderungsfähigen Personenkreis anbetrifft, so ist für laufende Großprojekte von Bedeutung, daß die Arbeitsämter neben Arbeitslosengeld- und Arbeitslosenhilfebeziehern sowie Kurzarbeitern nach § 63 Abs. 4 AFG auch Personen zuweisen können, die zuvor in einer Maßnahme zur Arbeitsbeschaffung beschäftigt waren.

6.3 Finanzierung

Im Rahmen der Förderung von Maßnahmen nach § 249 h AFG zahlt die Bundesanstalt für Arbeit einen Zuschuß an die Maßnahmeträger in Form eines pauschalierten Festbetrages für jeden zugewiesenen Arbeitnehmer. Die Gewährung des Zuschusses ist an bestimmte Obergrenzen des vereinbarten Arbeitsentgeltes gekoppelt. Die Höhe des Zuschusses berechnet sich nach den durchschnittlichen monatlichen Aufwendungen an Arbeitslosengeld und Arbeitslosenhilfe (einschl. Kranken- und Rentenversicherungsbeiträge) der Arbeitslosengeld-/Arbeitslosenhilfebezieher des Kalenderjahres. Im Jahre 1993 beträgt der Zuschuß 1.260 DM monatlich bzw. 15.120 DM jährlich. Davon entfallen anteilig auf die Bundesanstalt für Arbeit 76,9 % (Anteil der Arbeitslosengeldbezieher) und 23,1 % auf den Bund (Anteil der Arbeitslosenhilfebezieher).

Für die Finanzierungsstruktur der Mega-ABM wird der § 249 h AFG erhebliche Konsequenzen haben, wie folgende (überschlägige) Rechnung zeigt.

Die Gesamtkosten aller bis Ende 1992 genehmigten Anträge einschließlich Verlängerungen belaufen sich auf 5,4 Milliarden DM für insgesamt 1,06 Millionen Mann/Monate. Das ergibt für alle Maßnahmeinhalte durchschnittliche Kosten pro Arbeitsplatz von jährlich 61.128 DM (Personal- und Sachkosten), die wegen der höheren Sach- und Lohnkosten bei den Rekultivierungsmaßnahmen und bei der Neuerschließung von Betriebsgelände noch höher liegen dürften. Die Bundesanstalt für Arbeit wird an diesen Arbeitsplatzkosten, auf der Basis des auf sie entfallenden Lohnkostenzuschusses (76,9 % von 15.120 DM) einen Finanzierungsanteil von 19 % stellen, eine erhebliche Reduzierung gegenüber der momentanen Finanzierungsstruktur.

Die Zahlen machen deutlich, daß die Hauptfinanzierung der § 249 h AFG Maßnahmen von anderer Seite erfolgen muß. Der Bund und die Länder Ostdeutschlands haben deshalb im Oktober 1992 hinsichtlich der Finanzierung von Umweltmaßnahmen nach § 249 h AFG eine Absprache getroffen, die auch die Treuhandanstalt mit einbezieht. Ohne Lohnkostenzuschüsse stehen für 1993 folgende Mittel zur Verfügung, die jeweils in einem bestimmten Verhältnis von den einzelnen Kapitalgebern aufgebracht werden (Schmidt 1993, 12, FAZ v. 19. Januar 1993):
- für den Chemiebereich 504 Millionen DM,
- für den Bereich Braunkohle 810 Millionen DM,

- für die Beseitigung des Investitionshemmnisses Altlasten 844 Millionen DM und
- für andere Fälle der Umweltsanierung und Umweltverbesserung ebenfalls 844 Millionen DM.

Das ergibt einen Gesamtbetrag von 3 Milliarden DM. An Lohnkostenzuschüssen sind für 1993 770 Millionen DM vorgesehen, davon trägt die Bundesanstalt für Arbeit 600 Millionen und der Bund 170 Millionen DM. Die Verpflichtungsermächtigungen für 1994 und 1995 belaufen sich auf 1.660 Millionen DM. Die Mittel reichen aus, um die Beschäftigung von ca. 50.000 Arbeitnehmern im Jahresdurchschnitt in Maßnahmen nach § 249 h AFG zu fördern. Zusammen mit den Verpflichtungsermächtigungen sind das ca. 70.000 Arbeitnehmer.

7. Schlußbemerkung

Der § 249 h AFG ist eine arbeitsmarktpolitische Innovation und für die zukünftige Entwicklung von ABM in mehrfacher Hinsicht von Bedeutung. Das Instrument wird zunächst der Forderung gerecht, kostenneutral Arbeit statt Arbeitslosigkeit zu finanzieren. Das zugrundeliegende Finanzierungskonzept ermöglicht es der Arbeitsmarktpolitik außerdem, die für die Umstrukturierung verantwortlichen Politikbereiche besser zu unterstützen, da sie stärker in die ABM-Aktivitäten eingebunden werden.

Durch die Neuregelung wird es auch in Zukunft möglich sein, investive Arbeitsbeschaffungsmaßnahmen zur Verbesserung der Angebotsbedingungen von Investoren zu initiieren. Bereits heute steht die aktive Arbeitsmarktpolitik im Spannungsfeld zwischen arbeitsmarktpolitischem Handlungsbedarf auf der einen Seite und finanziellen Restriktionen auf der anderen. Die Bundesanstalt für Arbeit unterliegt dabei einem starken politischen Druck, der sich auf die rein quantitativen Entlastungseffekte von ABM konzentriert. Die Bundesanstalt sieht sich insofern mit einem Zielkonflikt konfrontiert. So sind die kostenintensiven Investiv-ABM bei gleichem finanziellen Mitteleinsatz der Bundesanstalt mit geringeren direkten Beschäftigungseffekten verbunden als beschäftigungsintensive Maßnahmen etwa im Sozialbereich. Die zu erwartenden indirekten Beschäftigungseffekte über die Verbesserung der Angebotsbedingungen und die Finanzierung der Sachkosten sind dagegen bei den investiven Maßnahmen höher. Mit dem § 249 h AFG bietet sich hier eine Lösung an, da der Haushalt der Bundesanstalt für Arbeit durch das verstärkte finanzielle Engagement von Bund, Ländern und Treuhandanstalt entlastet wird.

Die Ausführungen zu § 249 h AFG machten auch deutlich, daß sich über dieses neue Instrument gerade für die Großmaßnahmen Entwicklungsperspektiven ergeben. Eine wesentliche Rolle spielt dabei die Komplementärfinanzierung zu den Lohnkostenzuschüssen, die für die Großprojekte im Braunkohlenbergbau und in der Chemie sichergestellt ist. Schwieriger wird es für Maßnahmen in der Stahlindustrie, für die keine Sondermittel zur Verfügung stehen. Hier müssen sich die Maßnahmeträger um Mittel aus den Titeln "Altlasten" und "Sonstige Fälle" bemühen, wo sie mit einem deutlich größeren Kreis von Antragstellern konkurrieren als etwa im Braunkohlenbergbau.

Inwieweit die zukünftige Entwicklung der Mega-ABM durch Verlängerungen oder durch Neuanträge geprägt wird, bleibt abzuwarten. Zunächst ist davon auszugehen, daß es in erheblichem Umfang zu Verlängerungen bereits laufender Projekte kommen wird, die einen Großteil der vorgesehenen Finanzierungsmittel binden und den Spielraum für Neuanträge nach § 249 h AFG einengen werden. Diesen Spielraum könnte man allerdings erweitern, indem die Bundesanstalt für Arbeit weitere kostenneutrale Umschichtungen von Arbeitslosengeld vornimmt und auch die Komplementärfinanziers bei einer derartigen Strategie mitziehen.

Literatur

Bach, H.U./Bogai, D./Kohler, H./Leikeb, H.P./Magvas, E./Spitznagel, E., 1992: Der Arbeitsmarkt 1992 und 1993 in der Bundesrepublik Deutschland, in: MittAB 4/1992, S. 457 ff

Bogai, D./Buttler, F./Emmerich, K./Klauder, W./Koller, M./Kühlewind, G./Möller,U., 1992: Arbeitsplatzförderung statt Lohnersatz - Ein Plädoyer für investive Beschäftigungs- und Arbeitsmarktpolitik in den neuen Bundesländern (IAB-Werkstattbericht, Nr. 7), Nürnberg

Brinkmann, Ch./Emmerich, K./Gottsleben, V./Müller, K./Völkel, B., 1992a: Arbeitsmarktpolitik in den neuen Bundesländern - braucht der ostdeutsche Arbeitsmarkt Sonderregelungen?, in: WSI-Mitteilungen 7/1992, S. 420 ff

Brinkmann, Ch./Emmerich, K./Gottsleben, V./Koller, M./Kühl, J./Peters, G./Völkel, B, 1992b: Neue Politik für neue Arbeitsplätze - Zur Weiterentwicklung der Arbeitsmarkt- und Beschäftigungspolitik in den neuen Bundesländern (IAB-Werkstattbericht, Nr. 20), Nürnberg

Buttler, F./Emmerich, K., 1992: Can we overcome the Employment Crisis in East Germany by Measures of the Employment Promotion Act? Vortrag auf der internationalen Konferenz "Employment and Productivity for German Integration" des Center for Economic Policy Research und des Ifo-Instituts, München 18./19. Mai 1992

Buttler F., 1992: Wie weit reicht die Brückenfunktion der Arbeitsmarktpolitik in Ostdeutschland, in: WSI-Mitteilungen 11/1992, S. 721 ff

DIW, 1992: Gesamtwirtschaftliche und unternehmerische Anpassungsprozesse in Ostdeutschland, 6. Bericht, in: DIW-Wochenbericht 39/1992, S. 467 ff

Emmerich, K., 1991: Mega-ABM - Finanzierungsstruktur mittelfristig unbefriedigend (IAB-Kurzbericht vom 11. Nov. 1991), Nürnberg

Hüfner, P./May-Strobl, E./Paulini, M., 1992: Mittelstand und Mittelstandspolitik in den neuen Bundesländern. Unternehmensgründungen (Schriften zur Mittelstandsforschung, NF, Nr. 45), Bonn

Krakowski, M./Lau, D./Lux, A., 1992: Die Standortqualität Ostdeutschlands, in: Wirtschaftsdienst 10/1992, S. 530 ff

Lösch D., 1992: Der Weg zur Marktwirtschaft, in: Wirtschaftsdienst 12/1992, S. 656 ff

Sachverständigenrat, 1990: Zur Unterstützung der Wirtschaftsreform in der DDR: Voraussetzungen und Möglichkeiten, Sondergutachten des Sachverständigenrates zur Begutachtung der gesamtwirtschaftlichen Entwicklung, abgedr. im Jahresgutachten 1990/91, Stuttgart

Sachverständigenrat, 1991: Jahresgutachten 1991/92 des Sachverständigenrates zur Begutachtung der gesamtwirtschaftlichen Entwicklung, Bundesdrucksache 12/1618

Schmidt, R., 1993: Produktive Arbeitsförderung Ost, in: Bundesarbeitsblatt 1/1993, S. 10 ff

Sperling, I., 1992: Eine Konsolidierung der Arbeitsmarktpolitik ist nötig, in: Wirtschaftsdienst 3/1992, S. 145 ff

Spitznagel, E., 1992: Allgemeine Maßnahmen zur Arbeitsbeschaffung (ABM) - Neue Forschungsergebnisse (IAB-Werkstattbericht, Nr. 11), Nürnberg

AFG-geförderte Weiterbildung - mehr als eine "Warteschleife"?

Karin Müller

1. Vorbemerkung

Arbeitslose in den neuen Bundesländern empfinden ihre Situation überwiegend noch als "Ausnahmezustand", der zu beenden sein müßte. Wer aber vergeblich einen Arbeitsplatz sucht, zählt sich zu den "Verlierern" der Gesellschaft. Die Spiegelung des Tatbestandes "Arbeitslosigkeit" im Bewußtsein der Betroffenen gerät zur Bedrohung und zum sozialen Dilemma bis hin zu existentiellen Problemen. Die Chancen und Risiken am Arbeitsmarkt sind meist komplexer Art je nach regionalem Bedingungsgefüge und eigenen Leistungsvoraussetzungen im Kontext mit wirtschaftlichem Strukturwandel. Die Hoffnung, durch eigene Aktivität Chancen herbeiführen zu können, ist noch vorhanden, weshalb die Angebote aktiver Arbeitsmarktpolitik genutzt werden. Dennoch wird der Realitätssinn der ostdeutschen Bürger durch vage Hoffnungen nicht verstellt. Sie sehen durchaus z.B. Fortbildung und Umschulung (FuU) als ein Hinauszögern des Falls in die Arbeitslosigkeit an. Aber der Zugewinn an Kommunikation und Bereicherung des Alltags in der Zeit der Qualifizierung wird ebenso bewußt erlebt wie die Verbreiterung des eigenen Spielraums am Arbeitsmarkt.

2. Weiterbildung im Osten - Dimension und Auftrag

Arbeitsmarktpolitik in den neuen Bundesländern ist jetzt wie in den vergangenen zwei Jahren seit Herstellung der staatlichen Einheit Deutschlands - auch in den erreichten quantitativen Dimensionen - unverzichtbar: als Notlösung vor dem Hintergrund von Massenarbeitslosigkeit sowie drohender sozialer Konflikte im Osten und zwischen dem Ost- und Westteil der Republik. Noch ist die Transformationskrise in Ostdeutschland nicht gemeistert, noch ist die Talfahrt der Beschäftigung nicht beendet.

Ein "Ausweg" zur Bewältigung des Beschäftigungsproblems ist die Arbeitsmarktpolitik nicht. Ihre Rolle wird um so problematischer, je länger die Krise dauert, weil sie nicht primär auf die

Schaffung dringend benötigter neuer Arbeitsplätze zielt. Hierfür sind andere Politikbereiche verantwortlich.
Unter den aktiven Arbeitsmarktinstrumenten aber wird Qualifizierung häufig als der "Königsweg" angesehen. Sonderregelungen des Arbeitsförderungsgesetzes (AFG) für die neuen Bundesländer (Brinkmann u.a. 1992) entsprechend dem Einigungsvertrag folgten den Handlungszwängen nach den Umbrüchen der Wirtschafts- und Währungsunion, eine "Trägerlandschaft aufzubauen.

Tabelle 1: Qualifikationsstruktur von FuU-Teilnehmern mit Unterhaltsgeld im Mai 1992 in Ostdeutschland

höchster Berufsabschluß	FuU-Teilnehmer (%)	Arbeitslose (%)	Erwerbstätige (%)
- ohne Abschluß	6	16	6
- Facharbeiterabschluß	67	63	55
- Fachschulabschluß	15	10	18
- Hochschulabschluß	15	6	14

Quelle: Infratest Sozialforschung 1992

Trotz des anfänglich von manchen Seiten beklagten angeblichen Desinteresses an Qualifizierungsmaßnahmen durch die Bürger der neuen Bundesländer waren und sind erhebliche Zuwächse der Zahl der FuU-Teilnehmer hervorzuheben; die Arbeitslosen sind bereit, sich veränderten Anforderungen auf dem Arbeitsmarkt zu stellen.

So lagen die Zahlen für die Teilnehmerbestände an FuU im Jahresdurchschnitt 1991 bei 280.000 und 1992 bei 491.000 (Bundesanstalt für Arbeit 1993).

Pro 100 arbeitslosen Personen sind im Januar 1993 immerhin 35 Personen im Durchschnitt in FuU-Maßnahmen eingebunden. Die Schwankungsbreite dafür liegt in den neuen Bundesländern zwischen 23 (Halberstadt und Gotha) und 54 (Chemnitz; vgl. Bach u.a. 1993).

Die Binnenstruktur der AFG-geförderten Weiterbildung weist nach dem Arbeitsmarkt-Monitor 5/92 (Infratest Sozialforschung 1992) allerdings eindeutig ein qualifikationsabhängiges Gefälle aus:

Mit wachsender Qualifikationshöhe nimmt die Beteiligung an FuU-Maßnahmen im Verhältnis zu den Arbeitslosenzahlen zu (Tab. 1).
AFG-geförderte Weiterbildung mußte in Ostdeutschland zwei Zielen gerecht werden:
1. Möglichkeiten anzubieten für Defizitausgleiche auf dem Weg von der Plan- zur Marktwirtschaft, um schnell den vielfältigen und neuen Anforderungen entsprechen zu können und
2. eine sinnvolle Überbrückung der kritischen Arbeitsmarktsituation zu schaffen und damit der Entlastung des Arbeitsmarktes zu dienen.

Wie kann diesen Zielen entsprochen werden? Die bis heute oft gehörte Frage, wohin umzuschulen oder weiterzubilden sei, steht dabei im Mittelpunkt.

In erster Linie sind solche FuU-Maßnahmen gewünscht, die durch ihre Breite möglichst viele Arbeitsmarktchancen gewähren und in ihrer Ausgestaltung hohen Forderungen nach fachlicher und sozialer Kompetenz gerecht werden. Wünschbar ist die Verzahnung mit Instrumenten der Wirtschaftsförderung und Kommunalpolitik. Eine auf die Wirtschaftsförderung in der Region abgestimmte Qualifizierungsförderung wirkt kurzfristig für den Arbeitsmarkt entlastend und bietet langfristig den Teilnehmern Chancen der Wiederbeschäftigung.

Prinzipiell bleibt es bei der Orientierung
- Umschulung für branchentypische Berufe aus schrumpfenden Branchen und
- Fortbildung für solche aus zukunftsträchtigen Branchen mit der Betonung der Facharbeiterqualifikation in modernem Zuschnitt und in Richtung sekundärer Dienstleistungen. Die ausgemachten Defizitbereiche (Blaschke u.a. 1990) gelten global. Regional können jedoch aufgrund umfangreicher oder völliger Wegbrüche bisheriger Wirtschaft und noch nicht vorhandener Belebung spezifische Problemlagen entstehen.

Deshalb sind Weiterbildungsziele wohl nur sinnvoll ableitbar, wenn die Potenzen einer Region bedacht und ihre Entwicklungsmöglichkeiten gefördert werden. Dafür sind Trägerstrukturen aufzubauen unter Einbeziehung aller örtlichen Akteure (vgl. Krafft/Ulrich 1992).

Nur vor Ort lassen sich Qualifizierungsanstrengungen auf den (wie auch immer mit Unsicherheiten behafteten) Qualifizierungsbedarf hin strukturieren, wohl wissend, daß dies eine "Gemengelage" aus unterschiedlichen Theoriekonzepten, Interessen und Motiven ist

(Faulstich 1992). Für die Ableitung von Qualifizierungsbedarfen müssen alle beschäftigungsrelevanten Akteure Informationen austauschen und kooperieren. Zu ihnen zählen Kommune, Arbeitsamt, Arbeitgeberverbände, Kammern, Gewerkschaften, Wirtschaftsförderungsgesellschaften, Beratungsinstitutionen, auch Vertreter der Landespolitik mit ihren strukturpolitischen und arbeitsmarktpolitischen Vorstellungen und Instrumenten. Hilfreich werden auch vermutlich die sechs Weiterbildungsberatungsstellen sein, die Anfang des Jahres vom Bundesministerium für Bildung und Wissenschaft eröffnet wurden (vgl. Weiterbildung 1993, 15).

Möglicherweise gelingt es, durch kombinierte Wirtschafts- und Qualifizierungspolitik im Umfeld von Großinvestitionen weitere Unternehmen in die Region zu ziehen. Fehlen aber "Großinvestor" und arbeitsplatzschaffende Aktivitäten, kann z.t. immerhin auf strukturpolitische Vorstellungen für eine vage Orientierung zurückgegriffen werden. Solche Vorstellungen existieren allerdings keineswegs überall.

In solchen Fällen ist die Strukturierung von Qualifizierungsmaßnahmen schwierig, und es ist wichtig, das Risiko der Fehlqualifizierung zu minimieren.

Angesichts der Strukturbrüche und des schwierigen wirtschaftlichen Umbaus wurde vielfach vermutet, daß Arbeitslosigkeit nach Abschluß der Qualifizierungsmaßnahmen für die meisten Teilnehmer folgen würde. Das trifft so aber nicht zu: nur 20 % aller Männer, aber doch 37 % aller Frauen, die im III. Quartal 1991 eine Vollzeit-FuU-Maßnahme bzw. betriebliche Einarbeitung nach dem AFG mit Erfolg abgeschlossen haben, bezogen sechs Monate später noch oder wieder Arbeitslosengeld oder Arbeitslosenhilfe (Blaschke/Nagel 1992). Allerdings kann der Verbleib nicht der alleinige Beurteilungsmaßstab für den Erfolg von FuU-Maßnahmen sein. Der Übergang in die Stille Reserve ist daneben genauso denkbar wie die Beachtung der Tatsache, daß massive FuU-Eintritte, aber auch Arbeitsplatzabbau großen Ausmaßes erst in der Folgezeit einsetzten. Und schließlich ist die Dauer der Maßnahmen zu sehen.

Neben zentraler Erfolgsbeobachtung muß künftig auch die Beobachtung auf lokaler Ebene erfolgen. Von Interesse sind regionale Bemühungen und Aktivitäten bei der Implementation von Maßnahmen. An der Vorbereitung des Kenntnisstandes wirkt das Institut für Arbeitsmarkt- und Berufsforschung (IAB) über die Förderung von Regionalanalysen, die Typisierung realer Entwicklungen und die eigenen fallstudienartigen Begleitungen und Beobachtungen "vor Ort" mit.

3. Weiterbildung "vor Ort" - ein Beispiel

3.1 Rahmenbedingungen

Im weiteren soll die Implementation AFG-gestützter Bildung am Beispiel eines Modellprojekts in Mecklenburg-Vorpommern skizziert werden.
Der schwierige Umbau in der Wirtschaft Mecklenburg-Vorpommerns wird u.a. im Programm der Landesregierung so reflektiert:
"In Regionen mit starker Monostruktur der Wirtschaftsbereiche bestehen bei Entlassungen Qualifizierungsbedarfe für Beschäftigung außerhalb der bisher strukturbestimmenden Wirtschaftsbereiche. Das gilt z.B. für die Werftindustrie und die Landwirtschaft" (Arbeit für Mecklenburg-Vorpommern, 1991, 8).

Die Arbeitsmarktinstrumente haben gerade in Mecklenburg-Vorpommern große Bedeutung bei der wirtschaftlichen Umstrukturierung, insbesondere auch zur sozialen Flankierung. In Gegenden, in denen kaum wirtschaftliche bzw. agrarische Förderung zu spüren ist und der Strukturwandel nur schleppend vorankommt, wird auf aktive Arbeitsmarktpolitik gesetzt.

Die Implementation arbeitsmarktpolitischer Maßnahmen ist abhängig von institutionellen, organisatorischen, politischen und "mentalen" Faktoren.

Das zeigte sich von Beginn an in der Entwicklung des "Qualifizierungsprojektes Friedland", das in dieser Stadt Mecklenburg-Vorpommerns (Abb. 1) infolge des Nichtvorhandenseins anderer Bildungsträger entstand. Landesregierung, Arbeitsverwaltung, deutschdänischer Bildungsträger und Kommune bemühten sich gemeinsam um Qualifizierungsmöglichkeiten für die aus den landwirtschaftlichen Produktionsgenossenschaften (LPG) entlassenen Beschäftigten.

Der Rückgang der in der Landwirtschaft Beschäftigten hat drastische Auswirkungen, vor allem auch eingedenk der Tatsache, daß in manchen Dörfern bis zu 43 % der Erwerbstätigen ihren Unterhalt in diesem Bereich verdienten. Ende 1992 sind in Mecklenburg-Vorpommern nur noch ca. 1/5 der ehemals in der Landwirtschaft Beschäftigten tätig (Boje u.a. 1991).

Abbildung 1: Der Arbeitsamtsbezirk Neubrandenburg/ Mecklenburg-Vorpommern

Das trifft prinzipiell auch für Friedland zu mit ehemals drei Landwirtschaftlichen Produktionsgenossenschaften (LPGen), etwas monostrukturierter Industrie, wovon bis auf einen minimalen Rest nichts mehr existiert. Zaghafte Belebung durch Handwerk und Baugewerbe sind noch zu geringe Anzeichen eines Neubeginns, gerade auch für den Arbeitsmarkt. Wirtschaftswachstum wird vom Bau der Verkehrswege und angesichts der recht günstigen Lage zum Oberzentrum Neubrandenburg und einigen Mittelzentren erhofft.

Die Frage ist dringlich, wie z.B. die aus den landwirtschaftlichen Betrieben Entlassenen durch Umschulungen oder Anpassungsqualifizierungen zu neuen Chancen am Arbeitsmarkt kommen.

Qualifizierungsmöglichkeiten sind regional ungleich verteilt. In den Städten (den Ober- und Mittelzentren) sind Bildungsträger en masse zu finden. In attraktiven Städten, die auch wirtschaftliche Ansiedlungen versprechen, sehen manche Bildungsträger ihre gewinnträchtigen Chancen. Dagegen gibt es ländliche Regionen, Problemregionen, in denen - teilweise bis heute - weder Wirtschafts- noch Bildungsaktivitäten zu beobachten sind. Verantwortungsvolle Landes- oder Regionalpolitiker versuchen deshalb, Projekte in solchen Regionen anzusiedeln.

Da der Nachholbedarf im Baugeschehen in den neuen Bundesländern immens ist und außerdem im Friedländer Gebiet die Trasse der Nord-Autobahn geplant ist, lag der Schluß nahe, rechtzeitig die Arbeitskräfte dafür zu qualifizieren. Die inhaltliche Ausrichtung von Bildungsmaßnahmen zunächst auf das Baugewerbe ist aus einem weiteren Grund sinnvoll. Die ehemaligen Beschäftigten der LPGen sind praktische Arbeit an wechselnden Arbeitsplätzen, vorwiegend im Außendienst gewöhnt. Das Anknüpfen an solchen Erfahrungen, teilweise auch auf fachlichem Gebiet, erleichtert den Umstieg in andere Berufsfelder.

Die Frage tauchte auf, welchen Weg der zukunftsträchtigen Qualifizierung gerade jene Arbeitslose gehen können, die über geringe Grundqualifikation verfügen und/oder lange lernentwöhnt sind.

3.2 Implementation des Projekts

Diese Überlegungen spielten eine wichtige Rolle, als Anfang August 1991 das "Qualifizierungsprojekt Friedland e.V." auf Initiative des Sozialministers von Mecklenburg-Vorpommern zusammen mit dem Arbeitsamt Neubrandenburg und dem Bürgermeister von Friedland gegründet wurde. Der wachsenden Arbeitslosigkeit mußte durch den

Aufbau einer Trägerlandschaft für arbeitsmarktpolitische Maßnahmen gegengesteuert werden. Der halbstaatliche dänische Bildungsträger AMU (= Arbeijdsmarkedsuddannelser) (Stiftung unter dem dänischen Arbeitsministerium) hatte der mecklenburgisch-vorpommerischen Landesregierung die Übertragung der Erfahrungen mit den "Specialarbejderskolen" (Spezialarbeiter-Schulen) auf Ostdeutschland angeboten. Gerade der Modulcharakter der Arbeitsmarktausbildungen schien für den aus der Landwirtschaft ausgeschiedenen Personenkreis günstige Lernbedingungen nach Inhalten und zeitlichen Umfängen zu bieten. Hervorhebenswert ist die Offenheit des AMU-Systems für unterschiedliche Leistungsvoraussetzungen, denen mit variabler, psychologisch gestützter didaktischer Gestaltung von Unterricht und Übungen entsprochen wird.

Die jahrzehntelangen Erfahrungen der AMU-Center sollten in einem Modellprojekt in Friedland eingesetzt werden. Die AMA (Arbeitsmarktausbildung) Deutschland-Dänemark GmbH wurde gegründet mit der Zielsetzung, möglichst erfolgreich an der Re-Integration von Arbeitslosen der ländlichen Region in den Arbeitsmarkt mitzuwirken. Sechs dänische Fachlehrer der AMU-Center (begrenzt auf ein halbes Jahr) und ein Betriebsleiter begannen ihre Tätigkeit in Friedland in diesem ersten transnationalen Arbeitsmarktprojekt in Deutschland.

Als "Starthilfe" und Begleitung fungierte eine ABM-Gruppe bei der Kommune, die bald zum Kristallisationspunkt für Weiterbildungs- und Arbeitsmarktfragen in der Kleinregion wurde. Im Zentrum der Arbeit der ABM-Gruppe stand die Unterstützung des dänisch-deutschen Bildungsträgers, der mit seinem pädagogischen und lehrorganisatorischen Know-how und seiner hohen fachlichen und sozialen Kompetenz für die Umschulung der ehemals in den landwirtschaftlichen Betrieben Beschäftigten den richtigen Zuschnitt hat.

Die "Hürden" für das Gelingen des Projekts lagen im wesentlichen in organisatorischen und institutionellen Problemen (Raum- und Eigentumsfragen, ungeklärte Besitzstände, Finanzierungsfragen, vor allem Modalitäten der Mittelbewilligung). Arbeitsmarktpolitische Qualifikationsmaßnahmen werden in Dänemark anders als in Deutschland organisiert und bewilligt, deshalb gab und gibt es zusätzliche Kooperationsnotwendigkeiten mit dem Arbeitsamt.

Um die Lösung der Probleme zu befördern, wurden auf Initiative des Sozialministeriums ein Lenkungsgremium und später ein Projektbeirat gegründet. Das brachte die Akteure regelmäßig an einen Tisch und die Entwicklung des Qualifizierungsvorhabens voran.

Fast gleichzeitig mußten die Konzeption entwickelt, die organisatorischen Regelungen getroffen und die ersten Kurse für die Ausbilder (Multiplikatoren), aber bald auch für die Bau-Kursteilnehmer durchgeführt werden. Dabei tauchten immer wieder neue Probleme auf, die oft schwierig zu lösen waren und nur gemeinsam mit den Beteiligten "vor Ort" geklärt werden konnten. Das bedeutete sozusagen ein iteratives Herangehen an die Lösung der Aufgaben, die sonst üblicherweise nacheinander bzw. mit zeitlichem Vorlauf erfolgt.

Die Abstimmung aller örtlichen Akteure wirkte sich stimulierend auf die Ausführung der Maßnahmen wie auf die Motivation der Teilnehmer und auch der Förderer für ihre Mitwirkung an weiteren Aufgaben aus, und die Aufmerksamkeit der örtlichen Kleinbetriebe sowie auswärtiger (und ausländischer) Unternehmen war geweckt.

Sehr bald zeigte sich, daß zwar das dänische Modulsystem den Bedingungen der Teilnehmer gemäß ist, jedoch die Abschlüsse nicht den Kammerabschlüssen entsprechen können. In dieser Phase kam es zu einer engen Zusammenarbeit zwischen Bildungsträger, Handwerks- sowie Industrie- und Handelskammer und Arbeitsamt. Auf der Grundlage des deutschen Berufsbildungsgesetzes wurden Ausbildungsinhalte und -unterlagen gemeinsam erarbeitet für reguläre Umschulungskurse auf der Basis der zunächst vermittelten Grundlagen. Die Teilnehmer der ersten Baukurse erhielten die Wahlmöglichkeit, entweder nach Abschluß der Grundkurse mit Zertifikat auszuscheiden oder die sich anschließende Umschulungsmaßnahme zu belegen.

Diese zu Beginn nicht vorgesehene Ausweitung ist der Unterschiedlichkeit der deutschen und dänischen Systeme der beruflichen Ausbildung geschuldet. Dennoch wäre das Modulsystem auch künftig für Personen mit niedrigen Leistungsvoraussetzungen zweckmäßig, um arbeitsmarktrelevante Teilqualifikationen (Specialarbejder) zu erreichen und ggf. später zu erweitern.

3.3 Zwischenstand

AMU-Dänemark setzte mit der deutsch-dänischen Dependance AMA in Friedland von Beginn an auf langfristige Tätigkeit und weitgehende Mitwirkung deutscher Lehrer. Letztere wurden zuerst in der Ausbilder-Ausbildung qualifiziert. Von den 23 Lehreraspiranten erhielten 15 eine feste Anstellung nach erfolgreichem Abschluß. Ihre weitere Qualifizierung wird berufsbegleitend von AMA selbst getragen werden.

Die Baukursteilnehmer durchliefen zuerst gemeinsam den Grundkurs. Danach setzte eine Spezialisierung ein. Von 104 Teilnehmern erlangten 73 das Abschlußzertifikat, von denen sich 27 Teilnehmer für ein Weiterlernen in den genannten Umschulungsmaßnahmen entschieden.

Teilnehmerbefragungen in den ersten Kursen gaben Aufschluß über verschiedene Strukturen (vgl. Müller 1993). Informationen über Verbleib und einige andere Aspekte soll eine Nachbefragung erbringen, die im Frühjahr 1993 durchgeführt wurde.

Mit der Implementierung des Qualifizierungsprojektes wurde eine Gruppe aus acht in einer Arbeitsbeschaffungsmaßnahme (ABM) beschäftigten Arbeitslosen gebildet, die zunächst die Vorbereitung, Organisation und Durchführung des Projektes unterstützen sollte. Da bei der Kommune angesiedelt, wurde darüber hinaus die Mitwirkung am weiteren Aufbau der Bildungslandschaft in Friedland vorgesehen.

Gerade in der Anfangsphase hatte diese ABM-Gruppe stabilisierende Funktion für das Projekt und wirkte als Organisations-"Motor". Die Gruppe motivierte, betreute und unterstützte die Lehrgangsteilnehmer auf intensive Art und Weise. Darüber hinaus wurde sie zunehmend zum Ratgeber für Arbeitsmarkt- und Bildungsfragen für die Bevölkerung Friedlands.

Ob bei ähnlich schwierigem Anlauf von arbeitsmarktpolitischen Maßnahmen an anderer Stelle eine so große Gruppe mitwirken müßte, sei dahingestellt. Die Koordinations- und Kommunikationsrolle einer solchen Gruppe ist aber für das Gelingen eines Projektes von großem Wert.

Drei der Mitglieder der ABM-Gruppe haben inzwischen eine feste Anstellung bei AMA Deutschland-Dänemark, während die reduzierte ABM-Gruppe zeitlich befristet weiterhin an der Lösung kommunaler Aufgaben mitwirkt.

Das Modellprojekt Friedland ist in der Tat ein Beispiel für das erfolgreiche Bemühen vieler Akteure, arbeitsmarktlich wirksame Maßnahmen in der durchaus problematischen und bis dahin "vergessenen" Region zu implementieren.

Der Bildungsträger ist inzwischen zu einem beachteten Teil der Infrastruktur von Friedland geworden, und zwar sowohl als Arbeitgeber als auch als Ansprechpartner für die Bevölkerung.

Das Interesse der örtlichen Akteure am Verlauf des Modellprojektes besteht weiterhin, gerade auch unter transnationalem Aspekt.

Man kann durchaus von "europäischer Dimension" im Alltag der ländlichen Region sprechen.

Der Aufbau der Produktionsstätten einiger dänischer Unternehmen im Raum Neubrandenburg ist möglicherweise mit auf die Arbeit des Bildungsträgers zurückzuführen. Das Handwerk und die Betriebe des Bauhaupt- und -nebengewerbes sehen in den AMA-Kursteilnehmern künftige Mitarbeiter. In einem Nachbarkreis ist auf Initiative des Landrates und der Kommune ein weiteres AMA-Zentrum entstanden, das auch hier als Arbeitgeber wirkt, zur Verbesserung der Infrastruktur beiträgt und - in Abstimmung mit Arbeitsverwaltung und Wirtschaftsakteuren - eine zweckmäßige Ausbildung betreibt, deren Qualifikationen vermutlich in der Region verwertet werden können.

Es bleibt abzuwarten, ob der Reflexionsprozeß der örtlichen Akteure in Gang bleibt, also der einzelne mit den jeweiligen Möglichkeiten und Ressourcen zur Gesamtentwicklung der Region beiträgt (Krafft/Ulrich 1992, 73), und sich ändernden Rahmenbedingungen anpaßt. Der regionalpolitische Dialog muß erhalten bleiben.

4. Schlußfolgerungen

Insgesamt sind dies alles recht erfreuliche Ergebnisse, die allerdings mit hohem personellen und finanziellen Aufwand und großem Engagement erreicht wurden. Hier sind durchaus Brücken für den Arbeitsmarkt erkennbar, wenngleich die Wirtschaft dieser Region - ohne Großinvestor - nur in sehr kleinen Schritten vorankommen wird. Qualifizierung allein kann nicht die Arbeitslosigkeit beseitigen. Vielmehr ist es in erster Linie Aufgabe der Wirtschafts-, Finanz- und Arbeitsmarktpolitik, zu dessen Lösung beizutragen. Letztlich sind es die örtlichen Akteure, die kompetent und verantwortungsvoll Einfluß auf eine ausgewogene, vielfältige Bildungslandschaft in ihrem Gebiet nehmen müssen, wohl wissend, daß FuU auch eine Art "aktive Warteschleife" im sozialen Netz sein kann und wird.

Erfolgsbedingungen dafür sind:
1. der solide Aufbau der Bildungseinrichtungen und die Akzeptanz in der Bevölkerung;
2. der Kontakt zu den örtlichen Akteuren, die Kooperations- und Kommunikationsbeziehungen;
3. die Sicherung einer zukunftsorientierten Ausbildung.

Besonders wichtig aber ist die erprobte Zusammenarbeit der verschiedenen Beteiligten auf schwierigem Terrain, in dem es um sinnvolle Verknüpfungen der Wirtschaftsaktivitäten mit Arbeitsmarktpolitik geht. Dabei reicht letztere in den neuen Bundesländern heute wohl über die reine Brückenfunktion hinaus, wie zumindest die genannten globalen Zahlen, aber auch Befunde einer FuU-Teilnehmerbefragung in Rostock durch BÜSTRO (Löser/Warich 1993) und das Beispiel des Modellprojekts Friedland belegen können.

Berufliche Weiterbildung verbessert Chancen auf dem ersten Arbeitsmarkt, soll Brücke sein zur Erwerbstätigkeit - ist aber außerdem durch den Aufbau von Trägerlandschaft infrastruktureller Faktor mit positiver Langzeitwirkung für die Region.

Dennoch sind weiterhin große Anstrengungen vonnöten, um zu verhindern, daß "vordergründige Absorption von Teilnehmern aus den Arbeitslosenzahlen ... zu einem rotierenden Karussell des Eintritts und Ausscheidens in 'Maßnahme'-Karrieren" führt (Faulstich 1992, 266). Ohne Hoffnung auf Beschäftigung nach AFG-geförderter Weiterbildung werden soziale Spannungen wachsen. Die Enttäuschung für den einzelnen, wenn Kraftaufwand und Mühe vergebens waren, dürfte existentielle Ausmaße annehmen.

Deshalb ist öffentliche Verantwortung, erst recht im Lichte der Sparmaßnahmen, für eine angemessene Weiterbildung gefragt, so mühevoll dies Geschäft auch ist - wie z.B. Friedland zeigt. Aber diese Arbeit - gerade auch in einer Problemregion - muß getan werden und zeigt dann auch schrittweise Erfolg.

Weiterbildungsmaßnahmen in Ostdeutschland sollten nicht allein als Regulationsinstrument des Arbeitsmarktes gesehen werden, denn sie haben auch soziale und psychologische Bedeutung. Zur Erhaltung und weiteren Ausprägung der Arbeits- und Gestaltungsfähigkeit von Menschen in einem komplizierten gesellschaftlichen Wandlungsprozeß leisten AFG-geförderte Weiterbildungsmaßnahmen einen unverzichtbaren Beitrag.

Literatur

Arbeit für Mecklenburg-Vorpommern, Richtlinien, April 1991. Der Sozialminister des Landes Mecklenburg-Vorpommern, Schwerin 1991

Bach, H.-U./Jung-Hammon, Th./Otto, M., 1993: Aktuelle Daten vom Arbeitsmarkt. Stand Februar 1993 (IAB Werkstattbericht Nr. 1.2, 15.02.1993) Nürnberg

Blaschke, D. u.a., 1990: Qualifizierung in den neuen Bundesländern (MatAB 7/1990), Nürnberg

Blaschke, D./Nagel, E., 1992: Arbeitslosigkeit nach Maßnahmen der beruflichen Weiterbildung niedriger als erwartet (IAB Werkstattbericht Nr. 14, 21.08.1992), Nürnberg

Boje, J./Dahms, V./Mittelbach, H., 1991: Beschäftigungsperspektiven landwirtschaftlicher Unternehmen des Arbeitsamtsbezirks Neubrandenburg, unveröffentlichter Forschungsbericht, Berlin

Brinkmann, C. u.a., 1991: Arbeitsmarktpolitik in den neuen Bundesländern - braucht der ostdeutsche Arbeitsmarkt arbeitsmarktpolitische Sonderregelungen? In: WSI-Mitteilungen 7/1992, S. 420 - 430.

Bundesanstalt für Arbeit in Zahlen, 1993: Förderung der beruflichen Bildung. Berichtsmonat Februar 1993. Nürnberg

Faulstich, P., 1992: Situation und Perspektiven der Weiterbildung in den "alten" und "neuen" Bundesländern. In: Gewerkschaftliche Bildungspolitik 11/1992, S. 264 f

Infratest Sozialforschung, 1992: Arbeitsmarkt-Monitor für die neuen Bundesländer, Umfrage 5/92 (BeitrAB 148.5), Nürnberg

Krafft, A./Ulrich, G., 1992: Chancen und Risiken regionaler Selbstorganisation. Erfahrungen mit der Regionalisierung der Wirtschaftspolitik in Nordrhein-Westfalen und Niedersachsen, Expertise im Auftrag des Niedersächsischen Ministeriums für Wirtschaft, Technologie und Verkehr. Oldenburg

Löser, H./Warich, B., 1993: Die Wirksamkeit der arbeitsmarktpolitischen Instrumente ABM und FuU zur Überbrückung der Transformationskrise in der Region Rostock, Eine Teilnehmerverbleibsforschung (unveröffentlicht). Rostock

Müller, K., 1993: Chancen durch Qualifizierung? Eine Fallstudie zum beginnenden Aufbau der Bildungslandschaft in einer ländlichen Problemregion (BeitrAB 175), Nürnberg

Weiterbildung ein Schlüssel zur inneren Einheit, in: Informationen Bildung, Wissenschaft 2/1992, S. 15

Plädoyer für Lohnkostensubventionen in den neuen Bundesländern

Lutz Bellmann

1. Einleitung

Der Anstieg der registrierten Arbeitslosigkeit in den neuen Bundesländern konnte in den Jahren 1991 und 1992 durch den massiven Einsatz arbeitsmarktpolitischer Instrumente in Grenzen gehalten werden. Der Abbau von Arbeitsplätzen wird allerdings kaum verhindert und das Entstehen neuer Arbeitsplätze zu wenig gefördert. Im Frühjahr 1991 hat deshalb eine Gruppe unter Leitung von Prof. Akerlof (Berkeley) vorgeschlagen, ein allgemeines Lohnkostensubventionsprogramm für die neuen Bundesländer aufzulegen. Ein solches Programm wäre nach Ansicht dieser Gruppe geeignet gewesen, Massenentlassungen zu vermeiden und neue Arbeitsplätze zu schaffen, weil der Aufwertungseffekt der Wirtschafts-, Währungs- und Sozialunion vom 1. Juli 1991 und die Folgen der Angleichung der Tariflöhne in den neuen und alten Bundesländern für die Wettbewerbsfähigkeit der Unternehmen in den neuen Bundesländern aufgefangen worden wären. Es gibt zwar bis heute kein allgemeines Lohnkostensubventionsprogramm für die neuen Bundesländer, gleichwohl eine Reihe von an bestimmte Bedingungen gebundene Lohnkostensubventionen. Die Liquiditätshilfen der Treuhandanstalt für die zu ihrem Bereich gehörenden Betriebe haben aus der Sicht der OECD (1991) allerdings den Nachteil, daß sie sich auf die Betriebe mit den größten Verlusten konzentrieren und damit die Anreize für die Verbesserung der Effizienz dort vermindern, wo sie am dringendsten wären. Außerdem werden Nicht-Treuhandunternehmen im Wettbewerb benachteiligt. Die Gewährung eines Einarbeitungszuschusses nach § 49 Arbeitsförderungsgesetz (AFG) dient der Qualifizierung von Beschäftigten im Betrieb. Er wird Betrieben gewährt, wenn sie Arbeitslose oder von Arbeitslosigkeit unmittelbar bedrohte Arbeitnehmer beschäftigen und wenn diese Arbeitnehmer erst nach einer Einarbeitungszeit ihre volle Leistungsfähigkeit erreichen. Während der Einarbeitungszeit (mindestens vier Wochen, höchstens ein Jahr) kann ein Zuschuß in Höhe von maximal 30 % und in besonders begründeten Ausnahmefällen von maximal 50 % des Tariflohns gewährt werden.

Weiterhin gibt es noch Maßnahmebündel zur Unterstützung der Integration älterer Arbeitsloser, Langzeitarbeitsloser sowie besonders von Langzeitarbeitslosigkeit Betroffener und anderer schwervermittelbarer Arbeitsloser. Nach der Anordnung des Verwaltungsrats der Bundesanstalt für Arbeit auf Grund von § 99 AFG vom 19. Dezember 1991 können Betriebe, die Arbeitslose einstellen, die 50 Jahre oder älter sind, bei einer bisherigen Dauer der Arbeitslosigkeit von einem Jahr und länger für bis zu drei Jahren (im öffentlichen Bereich) und bis zu fünf Jahren (im privaten Bereich) mit in der Regel 50 % des Tariflohns gefördert werden. Für Arbeitslose mit längerer bisheriger Dauer der Arbeitslosigkeit erhöhen sich Förderungsdauer und Förderungszeitraum. Die Integration von Arbeitslosen, die schon mindestens zwei Jahre arbeitslos waren, kann mit bis zu 75 % des Tariflohns und bis zu acht Jahre lang ohne Kürzung gefördert werden.

Langzeitarbeitslose können darüber hinaus für die Dauer eines Jahres nach § 54 AFG in Verbindung mit der Anordnung des Verwaltungsrats der Bundesanstalt für Arbeit zur Förderung der Arbeitsaufnahme, zuletzt am 27. Januar 1993 geändert, eine Eingliederungsbeihilfe erhalten. Die Höhe der Förderung richtet sich nach der bisherigen Dauer der Arbeitslosigkeit und liegt zwischen 60 und 80% während der ersten 6 Monate und 40 und 60 % für den Rest der Laufzeit der Maßnahme.

In diesem Beitrag werden diese Programme nicht mehr genauer beschrieben und erörtert, sondern es soll deshalb auf die aktuelle Diskussion von Lohnkostensubventionen als arbeitsmarktpolitische Strategie zur Beeinflussung des Einstellungsverhaltens von Betrieben zugunsten von Zielgruppen und als Ko-Finanzierung investiver Leistungen der Gebietskörperschaften diskutiert werden.

2. Lohnkostenzuschüsse für die Einstellung arbeitsloser Frauen mit Vermittlungshemmnissen

In den neuen Bundesländern ist die Rückkehr in die Erwerbstätigkeit vor allem für ältere Frauen (ab etwa 45 Jahre), alleinerziehende Frauen, Frauen mit einer Qualifikation unterhalb des Facharbeiterniveaus und Frauen im ländlichen Raum in besonderer Weise erschwert. Aus dem IAB-Arbeitsmarkt-Monitor für die neuen Bundesländer läßt sich für die im November 1989 Erwerbstätigen der Verbleib in Erwerbstätigkeit (unter Umständen unterbrochen) sowie die Übergänge in Fortbildung und Umschulung, in Arbeitslosigkeit und in Nicht-Erwerbstätigkeit für Männer und Frauen im Mai 1992 gegenüberstellen. Dabei zeigt sich, daß nur 62 % der Frauen wieder oder noch erwerbstätig sind, aber 77 % der Männer. Dagegen sind 6 % der Männer, aber 14 % der Frauen, die im November 1989 erwerbstätig waren, im Mai 1992 arbeitslos gewesen. Der Anteil der Frauen in Fortbildungs- und Umschulungsmaßnahmen ist mit 6 % doppelt so hoch wie der Anteil der Männer. Schließlich sind 18 % der Frauen und 15 % der Männer nicht mehr erwerbstätig.

Vorzuschlagen wäre für die Gruppe der arbeitslosen Frauen mit Vermittlungshemmnissen, die während eines relativ langen Zeitraums Arbeitslosengeld oder -hilfe von der Bundesanstalt für Arbeit erhalten, aufwendungsneutral Lohnkostenzuschüsse in Höhe der eingesparten Lohnersatzleistungen an Betriebe zu bezahlen, die arbeitslose Frauen mit Vermittlungshemmnissen einstellen. Dabei sind enger oder weiter gefaßte Regelungen denkbar:
- Lohnkostenzuschüsse analog § 249 h AFG für die Dauer eines Jahres, wobei auch eine degressive Staffelung oder ein längerer Zeitraum diskutiert werden müßte, und
- Vermeidung von Mitnahme- und Substitutionseffekten durch die Beschränkung auf arbeitslose Frauen, deren bisherige Dauer der Arbeitslosigkeit mindestens drei Monate beträgt.

Die Förderung arbeitsloser Frauen kann weiterhin mit der Förderung bestimmter Betriebe (Beschäftigtenzahl, Wirtschaftszweig) und der Ko-Finanzierung investiver Leistungen der Gebietskörperschaften verbunden werden, indem in Abhängigkeit von betrieblichen Merkmalen bzw. der Art des öffentlichen Förderprogramms unterschiedliche Fördersätze festgelegt werden.

Der § 249 h wurde in das AFG zur Förderung von Arbeiten zur Verbesserung der Umwelt, der sozialen Dienste oder der Jugendhilfe eingeführt. Danach kann die Bundesanstalt für Arbeit - befristet bis zum 31. Dezember 1997 - die Integration von Arbeitslosen (mit mindestens drei Monate bisheriger Dauer der Arbeitslosigkeit), Teilnehmern an Arbeitsbeschaffungsmaßnahmen und Kurzarbeitern (mit maximal 10 % der regelmäßigen Arbeitszeit) mit der Zahlung des Arbeitslosengeldes oder der Arbeitslosenhilfe als Lohnkostenzuschuß an den beschäftigenden Betrieb subventionieren. Wichtig ist dabei weiterhin, daß bei vollem tariflichen Entgelt die Arbeitszeit des geförderten Beschäftigten höchstens 80 % der regelmäßigen betriebsüblichen Arbeitszeit betragen darf. Nach der Anordnung des

Verwaltungsrats der Bundesanstalt für Arbeit vom 27. Januar 1993 darf bei regelmäßiger betrieblicher Arbeitszeit das vereinbarte Arbeitsentgelt eine Höhe von höchstens 90 % des tariflichen Entgelts nicht überschreiten. Die Dauer der Zuweisung soll 36 Monate nicht übersteigen. Mit der Durchführung der Arbeiten im Bereich der Umweltsanierung oder der Verbesserung der Umwelt sollen grundsätzlich private Unternehmen beauftragt werden. Die Zahlung von Lohnkostenzuschüssen an Betriebe, die arbeitslose Frauen mit Vermittlungshemmnissen einstellen, soll unserem Vorschlag zufolge also nicht an bestimmte Aufgaben im Bereich Umwelt, soziale Dienste und Jugendhilfe gebunden sein. Mit der Beschränkung des Lohnkostenzuschusses auf die Höhe des Arbeitslosengeldes bzw. der Arbeitslosenhilfe ist eine Ko-Finanzierung im Fall der öffentlichen Träger der Maßnahme erforderlich.

3. Beteiligung an der Finanzierung strukturpolitischer Aufgaben

Neue Arbeitsplätze entstehen selbst unter günstigeren Bedingungen, als sie heute in den neuen Bundesländern vorliegen, außerordentlich langsam. Bei der Fülle von Problemen in den neuen Bundesländern, wie ungeklärte Eigentumsfragen, Infrastrukturmängel, Umweltlasten, Verwaltungsproblemen und anderen Standortnachteilen, dürfte eher mit einer noch langsameren Entwicklung zu rechnen sein. Übereinstimmend gelangen viele Analysen der ökonomischen Entwicklung in den neuen Bundesländern zu dem Ergebnis, daß die Krise im Verarbeitenden Gewerbe nicht nur ein Kostenproblem ist, sondern mehr noch die Folge der falschen Produkte und veralteter Produktionsverfahren. Der von Akerlof und Mitarbeitern eingebrachte Vorschlag allgemeiner Lohnkostensubventionen zielte deshalb auf Zeitgewinn für die Umstellung auf neue Produkte und Produktionsverfahren. Dieses Ziel kann mit Hilfe von Beschäftigungsgesellschaften und Unternehmen, die sich im öffentlichen Besitz befinden oder die subventioniert werden, ebenfalls erreicht werden. Darüber hinaus sind für die Beseitigung von Infrastrukturmängeln und Umweltlasten öffentliche Investitionen erforderlich. In beiden Fällen sind Bund, Länder und Kommunen als die öffentlichen Träger von Infrastrukturverbesserung und Wirtschaftsförderung die Verantwortlichen. Die Bundesanstalt für Arbeit kann und sollte Maßnahmen mit ihrem Instrumentarium jedoch unterstützen.

Eine Umschichtung der finanziellen Mittel der Bundesanstalt für Arbeit auf die Gebietskörperschaften ist allerdings in der Regel nicht durchführbar, weil die Gebietskörperschaften zumeist mit einem längeren Vorlauf über die Mittel verfügen müßten, während die Bundesanstalt für Arbeit in der gesetzlichen Pflicht ist, Arbeitslosen oder unmittelbar von Arbeitslosigkeit Bedrohten zu helfen. Gleichwohl lassen sich die Beiträge zur Arbeitslosenversicherung leichter erhöhen als allgemeine Steuern. Die Last des Beschäftigungseinbruchs in den neuen Ländern bleibt deshalb zu einem großen Teil auf den Schultern der Beitragszahler liegen. Das Eigeninteresse der Bundesanstalt für Arbeit und ihrer Beitragszahler gebietet es deshalb, Maßnahmen der Strukturentwicklung zu fördern, um die Zahl der Beschäftigten in den neuen Bundesländern dauerhaft zu erhöhen und zu stabilisieren. Insofern ist eine produktive Verwendung der finanziellen Mittel innerhalb des Haushalts der Bundesanstalt für Arbeit soweit wie möglich anzustreben. In erster Linie gelingt dies durch die investive Ausrichtung der aktiven Arbeitsmarktpolitik, die dann aus den geschilderten Gründen komplementär zu den investiven Leistungen der Gebietskörperschaften erfolgen muß.

In der Diskussion sind in diesem Zusammenhang Vorschläge
- der Förderung von Projekten im öffentlichen Interesse zur Strukturverbesserung, insbesondere im Umweltbereich, für die bis zu fünf Jahre Lohn- und Sachkostenzuschüsse in Höhe der voraussichtlichen Arbeitslosenunterstützung als kapitalisierte Leistung vorab oder laufend zu zahlen wären, wenn die betreffende Gebietskörperschaft sich an der Förderung beteiligt;
- der Gewährung von Lohn- und Sachkostenzuschüssen im Umfang eingesparter Arbeitslosengelder an Kommunen, die Aufträge insbesondere im Infrastrukturbereich vorziehen oder zusätzlich an Betriebe vergeben, wenn nachgewiesen werden kann, daß diese Betriebe aufgrund dieser Aufträge die Zahl ihrer Beschäftigten erhöhen und dafür Arbeitslose zusätzlich einstellen;
- die Vielzahl der Existenzgründungsprogramme in den neuen Bundesländern zu ergänzen, wenn der bestehende Anspruch auf Arbeitslosengeld bei der Einstellung von Arbeitslosen in neu gegründeten Betrieben und für den Existenzgründer selbst vom Arbeitsamt sofort und vollständig ausgezahlt wird, aber zunächst als Darlehen, das erst bei erfüllter Beschäftigungsauflage in einen verlorenen Zuschuß übergeht. Indem der Kreis der zu fördernden Unternehmen etwa auf Ausgründungen aus Arbeitsförderungs-, Beschäftigungs- und Strukturentwicklungsgesellschaften (ABS-Gesellschaften) oder sogar alle Klein- und Mittelbetriebe erwei-

tert wird, sind mögliche Wettbewerbsverzerrungen gegenüber nicht oder weniger geförderten Betrieben zu beachten;
- der Stabilisierung der ABS-Gesellschaften durch Verpflichtungsermächtigungen und mehrjährige Haushaltsansätze, z.B. mehrjährige, degressiv auszugestaltende Arbeitsbeschaffungsmaßnahmen, um die Aufgabenerfüllung der ABS-Gesellschaften zu gewährleisten;
- einen Teil der Arbeitsbeschaffungsmaßnahmen im Hinblick auf die häufig notwendige längerfristige Laufzeit strukturverbessernder Maßnahmen längerfristig anzulegen, wobei die Träger bei den Lohn- und Sachkosten wachsende Eigenanteile übernehmen müßten;
- bei den Treuhandbetrieben das Unterhaltsgeld für die Teilnehmer/innen an innerbetrieblichen Qualifizierungsmaßnahmen zu übernehmen, um Humankapitalinvestitionen in den neuen Bundesländern zu fördern. Dabei wäre aber dafür Sorge zu tragen, daß Kenntnisse und Fertigkeiten erworben werden, die zwischenbetrieblich transferierbar sind.

Zusammenfassend lassen sich die Vorschläge dahingehend charakterisieren, daß eine Zahlung von Lohnkostensubventionen über einen mehrjährigen Zeitraum angeraten wird. Damit werden bestimmte Überlegungen aufgenommen, die schon bei der Anordnung des Verwaltungsrats der Bundesanstalt für Arbeit vom 19. Dezember 1991 zur Förderung älterer Langzeitarbeitsloser und anderer Schwervermittelbarer und bei der Novellierung des § 249 h AFG Pate gestanden haben. Dagegen ist die Gewährung von Einarbeitungszuschüssen und Eingliederungsbeihilfen auf einen Förderungszeitraum von maximal einem Jahr beschränkt. Der Aspekt der Ko-Finanzierung ist besonders deutlich in § 249 h AFG angesprochen.

4. Können Lohnkostensubventionen den Prozeß der Deindustrialisierung stoppen helfen?

Industriepolitische Konzepte stehen zur Zeit im Mittelpunkt wirtschaftspolitischer Kontroversen. Das Versagen des Marktes, wie es sich im Ausbleiben des Aufschwungs in den neuen Bundesländern manifestiert, soll die ordnungspolitische Sünde des Griffs in den Subventionstopf rechtfertigen. Die Folgen der Erhaltung langfristig nicht wettbewerbsfähiger Betriebe und eines Subventionswettlaufs sind steigende Produktionskosten und damit die Gefährdung der Wettbewerbsfähigkeit der deutschen Wirtschaft. Es ist deshalb zu fragen, ob die Ursachen dafür, daß die Wirtschaft in den neuen Bundesländern nicht in Schwung kommt, möglicherweise direkt zu beseitigen sind. Gefordert werden in diesem Zusammenhang die zügigere Klärung der Eigentumsfrage, eine Erhöhung der Transparenz bei den Förderprogrammen und eine Konsolidierung der öffentlichen Finanzen, um den Trend zu Zinssenkungen zu unterstützen. Zugespitzt lautet die These also, daß nicht der Markt versagt habe, sondern nur die Rahmenbedingungen verbessert werden müßten.

Allerdings führt die schrittweise Anpassung der Tariflöhne in den neuen Bundesländern an die in den alten Bundesländern zu einer Kostenbelastung der Unternehmen in den neuen Bundesländern, die nur in einigen wenigen Hochtechnologiebereichen zu verkraften ist. Sie wird vorgenommen, um Arbeitskräfte, zumal solche mit den dringend benötigten Qualifikationen, in den neuen Bundesländern zu halten und sogar für eine berufliche Tätigkeit dort zu gewinnen.

Im Grunde genommen verfolgen Lohnkostensubventionen gegenüber einer Lohnpolitik, die "marktgerechte" Anpassungen der Lohnstruktur an sich ändernde Bedingungen auf den Güter- und Arbeitsmärkten vornimmt, den Ansatz, daß der Einkommens- und der Kostenaspekt des Lohnes entkoppelt wird. Damit sollen gleichzeitig sowohl Arbeitsplätze erhalten und zusätzliche Beschäftigung geschaffen werden als auch die Lohnstruktur zur Verhinderung der Abwanderung und zur Steigerung der Produktivität eingesetzt werden. Durch die 1:1-Umstellung Mark/DM und die einkommenspolitisch motivierten Lohnerhöhungen entscheidend geschwächt, erhalten die Unternehmen in den neuen Bundesländern mit einer zeitlich begrenzten Gewährung von Lohnkostensubventionen nach diesem Vorschlag wieder eine Chance, sich am Markt zu behaupten.

Literatur

Akerlof, G.A./Rose, A.K./Yellen, J.L./Hessenius, H., 1991: East Germany in From the Cold. The Economic Aftermath of Currency Union, in: Brookings Papers on Economic Activity, S. 1-87
Autorengemeinschaft, 1992a: Arbeitsplatzförderung statt Lohnersatz (IAB-Werkstattbericht Nr. 7/26.05.1992), Nürnberg
Autorengemeinschaft, 1992b: Neue Politik für neue Arbeitsplätze. Zur Weiterentwicklung der Arbeitsmarkt- und Beschäftigungspolitik in den neuen Bundesländern (IAB-Werkstattbericht Nr. 20/30.10.1992), Nürnberg
Bellmann, L., 1992: Argumente für und gegen ein Lohnkostensubventionsprogramm in den neuen Bundesländern, in: W. Peters (Hrsg.): Zur Arbeitsmarktentwicklung und zum Einsatz arbeitsmarktpolitischer Instrumente in den neuen

Bundesländern (Arbeitspapier aus dem Arbeitskreis SAMF 1992-2), Gelsenkirchen
Bielenski, H./Enderle, J./v. Rosenbladt, B., 1993: Arbeitsmarkt-Monitor für die neuen Bundesländer (Beiträge zur Arbeitsmarkt- und Berufsforschung 148.5), Nürnberg
OECD, 1991: Employment Survey Germany, Paris

Die Umsetzung von Arbeitsmarktpolitik durch die Arbeitsverwaltung

Brigitte Völkel

Zielsetzung und Aufgaben der Arbeitsmarktpolitik haben ihre Grundlage im Arbeitsförderungsgesetz (AFG), ihre Umsetzung und Wirksamkeit setzen eine leistungsfähige Arbeitsverwaltung voraus.

Mit der Schaffung dieser institutionellen Grundlagen und Voraussetzungen wurde bereits vor der Vereinigung begonnen. Der mit der Wirtschafts-, Währungs- und Sozialunion im Juli 1990 erwartete Beschäftigungsabbau und die Notwendigkeit, arbeitsmarktpolitisch aktionsfähig zu sein, ließen keinen Raum für eine längere, auch konzeptionelle Vorbereitung. Es gab letztlich keine Alternative zur schnellen Übernahme bundesdeutscher Regelungen. So wurde ab 1. Juli 1990 das AFG mit einigen Sonderregelungen, die der besonderen Situation Rechnung tragen sollten, als "AFG-DDR" in Kraft gesetzt. Durch Vereinfachung der rechtlichen Bestimmungen und Verfahrensvorschriften sollte außerdem ihre Umsetzung durch die erst im Aufbau befindlichen Arbeitsämter erleichtert werden.

1. Der Aufbau der Arbeitsverwaltung in den neuen Ländern - ein kurzer historischer Exkurs

Die Herausbildung der Arbeitsverwaltung auf dem Gebiet der ehemaligen DDR und ihr Wirken nach der Vereinigung war und ist durch die Tiefe und Dynamik des Transformationsprozesses geprägt.

Für ihre bisherige Entwicklung lassen sich drei Etappen feststellen - wobei die Grenzen zwischen ihnen zum Teil fließend sind und die dritte Etappe gerade erst begonnen hat.

Die *erste Etappe* kann zeitlich von Februar bis Juni 1990 angesetzt und inhaltlich als *Vorbereitungsphase* gekennzeichnet werden. Sie begann mit der Aufgabenerweiterung der ehemaligen Ämter für Arbeit. In der DDR existierten 15 Ämter für Arbeit und Löhne bei den Räten der Bezirke und 227 Ämter für Arbeit bei den Räten der Städte und Kreise. Die Gesamtverantwortung lag beim Staatssekretariat für Arbeit und Löhne, ab März 1990 das Ministerium für Arbeit und Löhne. Von den klassischen Aufgaben einer Arbeitsverwaltung waren jedoch nur wenige Elemente vorhanden. Die Arbeitsvermittlung bestand im wesentlichen in der Erteilung von Bilanzentscheiden sowie Auflagen für Saisonkräfte an die Betriebe und in der Zuweisung der vorgeschriebenen Zahl von Arbeitskräften. Die Berufsberatung oblag den Abteilungen für Berufsbildung und Berufsberatung bei den Räten der Kreise und Bezirke. Eine Arbeitslosenversicherung gab es auf Grund des verfassungsmäßig verankerten Prinzips der Vollbeschäftigung nicht (Franke 1993; Schall 1992). Mit der Einführung marktwirtschaftlicher Elemente in die Wirtschaft verabschiedete der Ministerrat der DDR im Februar 1990 Verordnungen "über die Gewährung staatlicher Unterstützung und betrieblicher Ausgleichszahlung an Bürger während der Zeit der Arbeitsvermittlung", "über die Umschulung von Bürgern zur Sicherung der Berufstätigkeit" und "über die Gewährung von Vorruhestandsgeld". Gleichzeitig beschloß er "Maßnahmen zur Neugestaltung der Aufgaben der Ämter für Arbeit und ihre Unterstellung zur Sicherung des Rechts auf Arbeit unter den Bedingungen des Übergangs zu einer sozialen Marktwirtschaft in der DDR".

Damit begann die Herauslösung der Einrichtungen der Arbeitsvermittlung und Berufsberatung aus der staatlichen Verwaltung und ihre organisatorische Zusammenfassung zu Arbeitsämtern. Neu gebildet wurde die Zentrale Arbeitsverwaltung, die übergangsweise die Aufgaben eines Landesarbeitsamtes übernahm.

Auf Bitten der DDR-Regierung unterstützte die Bundesrepublik den Aufbau der Arbeitsverwaltung von Anfang an, durch umfangreiche sowohl personelle als auch technische Hilfe. Erste Abmachungen mit der Bundesanstalt gab es dazu bereits Ende Februar 1990. Infolge der politischen Entwicklung und absehbaren Vereinigung war es das Ziel, eine zur Bundesanstalt für Arbeit (BA) paßfähige Struktur der Arbeitsverwaltung in Ostdeutschland zu schaffen. Unter aktiver Mitwirkung von Kollegen aus dem Bundesarbeitsministerium wurde in knapp drei Monaten das AFG-DDR erarbeitet.

Mit der Wirtschafts-, Währungs- und Sozialunion und seinem Inkrafttreten am 1. Juli 1990 begann die *zweite Etappe* und die eigentliche *Aufbauphase* der Arbeitsverwaltung in Ostdeutschland. Sie ist gekennzeichnet durch den Abschluß der regionalen Neugliederung der Arbeitsämter (38 Arbeitsämter mit 161 Nebenstellen), den Übergang der Arbeitsverwaltung der DDR in den Verantwortungsbereich der Bundesanstalt für Arbeit im Oktober 1990 und die schrittweise Durchsetzung der bundesdeutschen Aufbau- und Ablauforganisation der Arbeitsverwaltung. In den Grundstrukturen war der Aufbau der Arbeitsämter Ende 1990 abgeschlossen. 1991 wurden die Landesarbeitsämter eingerichtet und die Zentrale Arbeitsverwaltung im Herbst 1991 aufgelöst. Mit der Berufung der Mitglieder der Verwaltungsausschüsse begannen diese zu arbeiten und lösten die Beiräte ab. In der zweiten Jahreshälfte 1991 konstituierten sich auch die Verwaltungsausschüsse der Arbeitsämter.

Das Personal der Arbeitsverwaltung wurde in dieser zweiten Etappe erheblich aufgestockt, die Zahl der Mitarbeiter stieg von ursprünglich 3.600 im Frühjahr 1990 auf rd. 13.000 Ende 1990 und auf rd. 24.000 Mitte 1992. Gleichzeitig erhöhte sich die Zahl der sogenannten Konsulenten aus den alten Bundesländern von rd. 500 1990 auf zeitweise mehr als 2.000. In über zehntausend Schulungsmaßnahmen 1991 und rd. siebzehntausend 1992 wurde sowohl Führungs- als auch Ausführungskräften das erforderliche Grundwissen vermittelt.

So ist diese zweite Entwicklungsetappe der Arbeitsverwaltung vor allem durch extensive, quantitative Ausweitung gekennzeichnet. Dies gilt nicht nur für den organisatorischen Aufbau der Arbeitsverwaltung selbst, sondern auch für die von ihr realisierte Arbeitsmarktpolitik des Gegensteuerns gegen einen katastrophalen Beschäftigungsabbau mit massenhafter Implementation von arbeitsmarktpolitischen Maßnahmen.

Ausgehend vom erreichten Stand der Organisation und der Leistungsfähigkeit der Arbeitsverwaltung geht es in der *dritten Etappe*, deren Beginn etwa Ende 1992 anzusetzen ist, nunmehr vor allem um qualitative Aspekte. Weitere Kennzeichen für das Ende der Aufbau- und den Beginn der *Konsolidierungsphase* sind das Abflachen des Beschäftigungsabbaus im 2. Halbjahr 1992 sowie das Auslaufen weiterer Sonderregelungen (zum Ende des ersten Halbjahrs 1992 die Kurzarbeitergeldgewährung nach § 63 Abs. 5 AFG, zum Jahresende die Vorruhestandsregelung, §§ 249 e, f AFG).

2. Herausforderung und Bewährung

Bereits im Juli 1990, dem ersten Monat nach Einführung der Wirtschafts-, Währungs- und Sozialunion waren 272.000 Arbeitslose bei den Arbeitsämtern gemeldet, im August waren es bereits 361.000, ihre Zahl erhöhte sich bis Jahresende auf rd. 640.000. Bis Ende August 1990 hatten die neu installierten Leistungsabteilungen Anträge für rd. 219.000 Leistungsempfänger zu bearbeiten.

Übersicht 1: Entlastung durch arbeitsmarktpolitische Maßnahmen (Personen in 1.000)

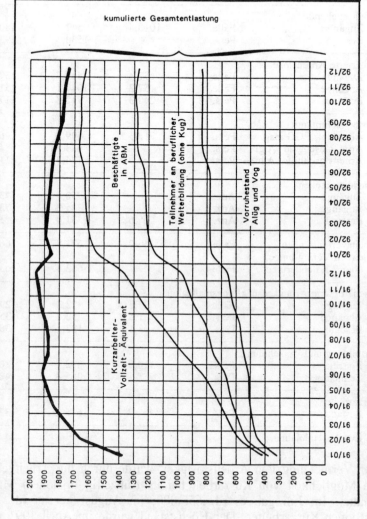

aus: IAB-Werkstattbericht 1.1 (15.1.1993).

Übersicht 2: Eckwerte des Arbeitsmarktes - Belastungsindikatoren der Arbeitsverwaltung in den neuen Bundesländern 1990 bis 1992 (in 1000)

Merkmal		1990	1991	1992
Arbeitsuchende				
- Zugänge	Fälle	1010,4	2542,1	1802,9
- Bestand	Pers.	-	1538,4	1932,9
registrierte Arbeitslose				
- Zugänge	Fälle	657,4	1442,7	1574,0
- Abgänge	Fälle	157,3	1047,1	1511,0
- Bestand	Pers.	240,3	912,8	1170,3
Leistungsempfänger				
- Alg, Alhi, EGG insg.	Pers.	71,9[1]	699,1	961,9
- Arbeitslosengeld (Alg)	Pers.	-	673,3	841,4
- Arbeitslosenhilfe (Alhi)	Pers.	-	24,3	116,8
gemeldete Stellen				
- Zugänge	Anz.	-	758,1	730,0
- Abgänge	Anz.	-	745,3	732,6
- Bestand	Anz.	65,6	31,4	32,7
Arbeitsvermittlungen	Fälle	146,0	671,8	661,9
- davon Vermittlungen über 7 Kalendertage	Fälle	-	662,4	638,4
Beschäftigte in Arbeitsbeschaffungsmaßnahmen				
- Zugänge	Fälle	21,8	422,3	296,0
- Abgänge	Pers.	1,5	52,8	351,1
- Bestand	Pers.	3,1	183,1	388,1
Fortbildung und Umschulung				
- Eintritte	Pers.	114,0	892,1	887,6
- Teilnehmer	Pers.	-	265,4	489,3
Kurzarbeiter				
- Bestand	Pers.	757,7	1616,2	370,0

1 Zweites Halbjahr.

Zur Vermeidung von Arbeitslosigkeit wurde durch die Arbeitgeber die Möglichkeit von Kurzarbeit bereits frühzeitig in hohem Maße genutzt. Im Juli gab es rd. 656.000, im August bereits rd. 1,5 Millionen Kurzarbeiter. Der Höchststand wurde im April 1991 mit mehr als 2 Millionen Empfängern von Kurzarbeitergeld erreicht. Abgesehen von der sozialen Wirkung durch zeitliche Streckung des notwendigen Beschäftigungsabbaus haben auch die Arbeitsämter dadurch Zeit für die Initiierung von Weiterbildungs- und Arbeitsbeschaffungsmaßnahmen gewonnen. Dabei haben sie sich insbesondere um berufliche Fördermaßnahmen frühzeitig bemüht, unterstützt durch Bildungsangebote vor allem westlicher Bildungsträger: von durchschnittlich 8.000 Eintritten erhöhte sich die Zahl auf rd. 30.000 monatlich bis Ende 1990. Arbeitsbeschaffungsmaßnahmen (ABM) liefen zögerlicher an: am Jahresende 1990 gab es rd. 20.000 beschäftigte geförderte Arbeitnehmer. Durch Information und Werbung haben die Arbeitsämter unmittelbar auch zur Entwicklung einer Trägerstruktur beigetragen. Insbesondere nach den Kommunalwahlen im Oktober 1990 konnten ABM dann relativ schnell ausgeweitet werden. Auch Mega-Maßnahmen haben zu einer umfangreichen Entlastung des Arbeitsmarktes beigetragen, zugleich aber auch den Bearbeitungsaufwand in den Arbeitsämtern reduziert. Die Ausweitung und relative Stabilisierung einer Trägerlandschaft war die Voraussetzung, daß in den letzten beiden Jahren der aktive Teil der Arbeitsmarktpolitik im erreichten Maß ausgeweitet werden konnte.

Die Arbeitsmarktentlastung 1991 und 1992 und die Verlagerung der Schwerpunkte zwischen den verschiedenen Instrumenten der Arbeitsmarktpolitik zeigt Übersicht 1 mit der bekannten Entlastungsgrafik der BA. Übersicht 2 soll anhand einiger ausgewählter Indikatoren den bewältigten Arbeitsaufwand der Arbeitsämter deutlich machen.

Daß die Arbeitsämter ihre Aufgaben gemeistert haben, ist allgemein unbestritten, auch wenn die Implementation von Maßnahmen nicht immer durchgängig optimal war (Brinkmann/Völkel 1992) und zeitweise auch Rückstände bei Leistungsgewährung und anderen Zahlungen aufgetreten sind.

Dazu kommt, daß den Arbeitsämtern in den neuen Bundesländern angesichts der gesellschaftspolitischen, wirtschaftlichen und sozialen Problemlagen im Transformationsprozeß eine umfassendere, aktivere Rolle zukommt als bisher in den alten Bundesländern zu verzeichnen war. Ihre Akzeptanz als arbeitsmarktpolitischer Informations- und Kompetenzträger, als Katalysator von Entwicklungen auf dem regionalen Arbeitsmarkt sowie als Ansprechpartner und Berater der Arbeitsuchenden mußten bzw. müssen die Arbeitsämter erst gewinnen, und sie müssen sie ständig erneut unter Beweis stellen.

Wenn insbesondere in der ersten Zeit Engagement und zusätzliche Arbeitseinsätze fehlende Kenntnisse ausgleichen mußten, haben die Mitarbeiter der Arbeitsämter zwischenzeitlich doch erheblich an Erfahrung und Kompetenz gewonnen. Dazu haben auch die durchgeführten Weiterbildungsmaßnahmen der Hauptstelle beigetragen. Auch weiterhin besteht noch erheblicher Schulungsbedarf. Die anfängliche Vermittlung von Grundwissen zum Arbeitsförderungsgesetz und seinen Umsetzungsregelungen ist zu erweitern um solide Kenntnisse, insbesondere auf solchen Gebieten wie Berufskunde, Verwaltungswissen, soziales Handlungswissen (psychologische Grundkenntnisse für Publikumsverkehr, Aquirieren im Außendienst), Rechtswissen und -anwendung, moderne Arbeitstechniken (Computernutzung), aufgabenübergreifende Inhalte wie Verfassungs- und allgemeines Verwaltungsrecht, Grundzüge der Volkswirtschaftslehre u.a.

3. Probleme und Handlungsbedarf

Wenn es gegenwärtig auch den Anschein hat, daß der Beschäftigungsabbau weiter abflacht und der Anteil der Vermittlung in originäre Arbeitsverhältnisse steigt, ist daraus noch nicht auf eine Wende am Arbeitsmarkt zu schließen. Der leichte Rückgang der Bestandszahlen der Arbeitslosen im zweiten Halbjahr 1992 darf nicht darüber hinwegtäuschen, daß nach wie vor hohe Zugänge in Arbeitslosigkeit zu verzeichnen und auch weiterhin zu erwarten sind. (Z.B. will die Treuhandanstalt auch weiterhin noch Arbeitsplätze abbauen, die Zahl der Insolvenzen von Unternehmen steigt, weniger neue Gewerbe wurden angemeldet.) Im zweiten Halbjahr 1992 überwogen die Abgänge aus Arbeitslosigkeit zwar die Zugänge, die Differenz war aber zu geringfügig, um die zunehmende Langzeitarbeitslosigkeit aufzuhalten.

Nach wie vor ist eine aktive Arbeitsmarktpolitik gefordert, und die Belastungen für die Arbeitsämter werden nicht kleiner. Auch im Januar 1993 entfielen auf 100 Arbeitslose noch 142 Teilnehmer arbeitsmarktpolitischer Maßnahmen, wenn auch dieses Verhältnis sich seit dem vierten Quartal 1992 leicht rückläufig entwickelt.

Die Arbeitsverwaltung steht im Spannungsfeld zwischen ökonomisch Notwendigem, sozialpolitisch Wünschenswertem und finanzpolitisch Möglichem. Hierbei verschieben sich die Gewichte immer wieder - mit Konsequenzen für Ziele und Umsetzungsstrategien bis hin zu den Arbeitsämtern.

Immerhin lag der Ausgabenanteil für Maßnahmen der aktiven Arbeitsmarktpolitik im Sinne zukunftsorientierter Beschäftigungsförderung (Fortbildung und Umschulung [FuU], ABM und Förderung der

Übersicht 3: Ausgaben für Arbeitsmarktpolitik in den neuen Bundesländern (Beiträge in Millionen DM)

Maßnahmeart	1991	1992	1993[1]
1. Zukunftsorientierte Maßnahmen der aktiven Arbeitsmarktpolitik	7863,4	19215,8	17059,1
- Arbeitsbeschaffungsmaßnahmen	3075,7	7803,4	8639,3
- Fortbildung und Umschulung	4267,3	10717,0	7594,7
- Einarbeitungszuschuß	467,9	564,5	609,9
- Förderung der Arbeitsaufnahme	52,5	130,9	215,2
Anteil an den Gesamtausgaben (%)	26,1	40,5	37,0
2. Beschäftigungsstabilisierende Maßnahmen (Kurzarbeitergeld)	10005,9	2652,5	661,7
Anteil an den Gesamtausgaben (%)	33,2	5,6	1,4
3. Auf den Arbeitsmarkt vorbereitende Maßnahmen	494,1	1116,0	2161,6
- Ausbildung	352,0	680,2	1367,9
- Berufliche Rehabilitation	100,9	324,8	734,5
- Aussiedlerintegration	41,2	111,0	59,2
Anteil an den Gesamtausgaben (%)	1,7	2,4	4,7
4. Lohnersatzleistungen	7877,9	12032,8	11162,0
- Arbeitslosengeld	7810,0	11809,2	10954,0
- Konkursausfallgeld	67,9	223,6	208,0
Anteil an den Gesamtausgaben (%)	26,2	25,3	24,2
1.-4. Summe	26241,3	35017,8	31044,4
Anteil an den Gesamtausgaben (%)	87,2	73,7	67,3
5. Sonstiges	933,4	1685,4	2722,9
- nicht zuordenbar (Schlechtwettergeld u.a.)	74,6	359,3	572,2
- Fachaufgaben der Bundesanstalt	858,8	1326,1	2150,7
Anteil an den Gesamtausgaben (%)	3,1	3,5	5,9
6. weitere Lohnersatzleistungen	2931,2	10800,2	12390,8
- Altersübergangsgeld	2699,9	9311,6	9590,8
- Arbeitslosenhilfe	231,3	1488,6	2800,0[2]
Anteil an den Gesamtausgaben (%)	9,7	22,7	26,8
Gesamtausgaben	30105,9	47502,7	46158,1

1 Haushaltssoll.
2 Geschätzte Zahl des IAB.

Arbeitsaufnahme einschließlich Einarbeitungszuschüssen und Leistungen an Selbständige) an den Ausgaben der BA in den neuen Bundesländern 1992 bei 42 %, an den Gesamtausgaben für Arbeitsmarktpolitik bei 40,5 % (vgl. Übersicht 3).

Arbeitsmarktpolitik stößt gegenwärtig zunehmend an finanzielle Grenzen: 1992 haben sich die Ausgaben der BA für die neuen Bundesländer insgesamt von 29,9 auf 46,0 Milliarden DM erhöht, demgegenüber sind die Einnahmen um 1,2 Milliarden DM gesunken (geringeres Beitragsaufkommen zur Arbeitslosenversicherung infolge sinkender Beschäftigung und damit geringerer Einkommen). Da nur 7,8 % der Ausgaben durch Einkommen in den neuen Bundesländern gedeckt waren, betrug der Transfer aus den alten Bundesländern allein 1992 42,7 Milliarden.

Vor allem aus fiskalischen Gesichtspunkten wurden zugleich mit der 10. Novelle des AFG ("Gesetz zur Änderung von Förderungsvoraussetzungen im Arbeitsförderungsgesetz und anderen Gesetzen") und dem von der Bundesregierung gegen weitergehende Vorstellungen der BA verfügten Haushalt 1993 wesentliche finanzielle Restriktionen eingeführt. Das betrifft u.a. die Förderhöhe bei ABM und die Finanzausstattung von ABM und FuU. Die daraus insgesamt zu erwartende Reduzierung der Entlastung durch arbeitsmarktpolitische Maßnahmen im Jahre 1993 (auf etwa 1,5 Millionen Personen) (Autorengemeinschaft 1993) wird auch nicht annähernd durch das mit der 10. Novelle neu geschaffene Instrument "Förderung der Beschäftigung in Maßnahmen zur Verbesserung der Umwelt, der sozialen Dienste oder der Jugendhilfe" (§ 249 h AFG) kompensiert, denn Finanzmittel wurden lediglich für eine Größenordnung von 50.000 Förderfällen (1993) bewilligt (Brinkmann/Völkel 1993).

Auch in den neuen Bundesländern beginnt also der bekannte Mechanismus zu wirken, wonach bei finanziellen Restriktionen die Mittel gerade für aktive Arbeitsmarktpolitik eingeschränkt werden (siehe Übersicht 4).

Zur Lösung des zunehmenden Widerspruchs zwischen Aufgaben und Mittelverknappung kann und muß die Arbeitsmarktpolitik selbst beitragen durch
- Sicherung einer hohen Effizienz beim Einsatz der ihr zur Verfügung stehenden Mittel,
- Konzentration ihrer Maßnahmen und Mittel auf Schwerpunkte,
- Verzahnung arbeitsmarktpolitischer Maßnahmen mit Maßnahmen der Wirtschafts-, Struktur- und Regionalpolitik und damit Ausweitung der Finanzierungsmöglichkeiten.

Das hat Konsequenzen sowohl hinsichtlich der Implementation von Maßnahmen selbst als auch der Weiterentwicklung der arbeitsmarktpolitischen Infrastruktur.

Übersicht 4: Verhältnis von Ausgaben 1991 - 1993 für aktive und passive Arbeitsmarktpolitik

Jahr	Lohnersatzleistungen (Pos. 4. + 6 Übersicht 3)	:	Maßnahmen aktiver Arbeitsmarktpolitik (1. - 3. Übersicht 3)
1991	1	:	0,73
1992	1	:	0,84
1993[1]	1	:	0,72

Jahr	Lohnersatzleistungen (Pos. 4. + 6. Übersicht 3)	:	zukunftsorientierte Maßnahmen aktiver Arbeitsmarktpolitik (Pos. 1. Übersicht 3)
1991	1	:	1,70
1992	1	:	1
1993[1]	1	:	0,84

[1] Haushaltsansatz.

Bei der *Beschäftigungsförderung* (durch Arbeitsbeschaffungsmaßnahmen oder Lohnkostenzuschüsse zur Förderung der Arbeitsaufnahme) sind vorrangig solche Maßnahmen zu finanzieren, die die Ausgangsbedingungen für Investitionen und Innovationen verbessern. Stärkeres Augenmaß ist auf Wege und Methoden zu richten, die subventionierte Beschäftigung des zweiten Arbeitsmarktes in reguläre Arbeitsverhältnisse des ersten Arbeitsmarktes überführen (Bogai u.a. 1992, 17). Nur so kann auch Akzeptanz für das erreichte hohe Niveau der aktiven Arbeitsmarktpolitik hergestellt werden.

Um trotz Mittelverknappung Einschränkungen bei der aktiven Arbeitsmarktpolitik zu verhindern, sie im Gegenteil möglichst noch auszuweiten, sind Möglichkeiten von Komplementärfinanzierungen zu erschließen. Ein Schritt in diese Richtung sind Maßnahmen nach § 249 h der 10. AFG-Novelle.

Diese neuen Maßnahmen sehen eine (pauschalierte) Ko-Finanzierung mit Mitteln der BA bzw. des Bundes in Höhe der eingesparten Lohnersatzleistungen bei Arbeitslosen vor, sofern (niedrigere) Sondertarife vereinbart werden oder die Arbeitszeit 80 % der üblichen nicht überschreitet. Die restlichen Kosten sind von Bund, Ländern, Treuhandanstalt oder anderen Institutionen zu übernehmen. Angesichts der hohen Sachkosten (vor allem in den im Vordergrund stehenden Wirtschaftsbereichen Chemie und Braunkohle) reduziert sich der Finanzierungsbeitrag nach dem AFG erheblich, u.U. auf ein Drittel oder noch weniger der Gesamtkosten. Einerseits resultieren daraus vermehrte Koordinationsprobleme. Andererseits sind damit aber auch die für Strukturpolitik verantwortlichen Gebietskörperschaften zur Mitwirkung herausgefordert. Durch diesen Ansatz, der im wesentlichen dem zuvor von mehreren ostdeutschen Ländern vorgeschlagenen "Strukturförderprogramm" (Land Brandenburg 1992) - wenn auch nur eingeschränkt - folgt, läßt sich durchaus die mit zunehmender Dauer der Transformationskrise immer deutlicher zutage tretende Überforderung der Arbeitsmarktpolitik abbauen. Voraussetzung wären eine Ausweitung auf weitere, für den Neuaufbau strategisch wichtige Bereiche (öffentliche Infrastruktur) und eine hinreichende Finanzausstattung.

Nach wie vor gehört berufliche Qualifizierung zu den wichtigsten Instrumenten zur Bewältigung des wirtschaftlichen Umbruchs.

Fortbildung und Umschulung sind mehr als bisher am zukünftigen Bedarf auszurichten, um Dequalifizierung und Demotivation und damit letztlich Vergeudung von Mitteln zu vermeiden. Im Zusammenwirken mit Unternehmen, Bildungseinrichtungen sowie Qualifizierungs- und Beschäftigungsgesellschaften sind erfolgversprechende Grundlinien zu bestimmen. Grundsätzliche Schwierigkeiten der Prognose eines künftigen regionalen Qualifikationsbedarfs und die aus dem Strukturbruch resultierenden besonderen Unsicherheiten setzen allerdings hier Grenzen. Um so dringlicher sind langfristig angelegte, zukunftsorientierte Abstimmungen mit Wirtschaftsförderungs- und Strukturkonzepten der regional verantwortlichen Politikträger. In diesem Prozeß sollten sich die Arbeitsämter verstärkt auf die *Verwaltungsausschüsse* stützen. Als "runde Tische" der Arbeitsmarktpolitik vor Ort sollten ihre Gestaltungs- und Entscheidungskompetenzen voll ausgeschöpft werden.

Die Mitglieder der Verwaltungsausschüsse sind sowohl "Kenner" als auch "Multiplikatoren" und Meinungsbildner in der jeweils von ihnen vertretenen gesellschaftlichen Gruppe. Außerdem sind die Verwaltungsausschüsse das einzige Gremium, in dem auch die Arbeitnehmer über ihre Interessenvertreter wirksam werden können.

Eine Qualitätsverbesserung bei FuU schließt neben verstärkten Beratungsaktivitäten, wie sie bereits der zweite Qualitätserlaß vom

Juli 1992 vorsieht, auch eine stärkere Einflußnahme auf die Bildungsträger ein. Wie Huebner/Krafft u.a. bei ihren Untersuchungen im Arbeitsamtsbezirk Wilhelmshaven herausgearbeitet haben, ist Arbeitsmarktpolitik der Arbeitsämter in großem Umfang Trägerpolitik (Huebner/Krafft, u.a. 1990, 238, 249 f). Art und Umfang der Zusammenarbeit der Arbeitsämter mit den Bildungsträgern weichen erkennbar voneinander ab: Teils ist eine distanzierte Zusammenarbeit festzustellen, die sich insbesondere in intensiven Qualitätskontrollen äußert, teils gibt es eine enge vertrauensvolle Zusammenarbeit, bis hin zu speziellen Beratungen und Abstimmungen in Vorbereitung von Antragsmaßnahmen. Ein Problem sind die, insbesondere bei länger dauernden Maßnahmen sich häufenden, hohen Abbrecherquoten. Eine Ursache dafür dürften, wie Überprüfungen zur Aufgabenerledigung in Arbeitsämtern der neuen Bundesländer durch die BA 1992 ergaben, unzureichende Beratung und Auswahl der Maßnahmeteilnehmer sein, so daß z.B. Vorkenntnisse der Ratsuchenden nicht denen für die Teilnahme an der Maßnahme entsprechen.

Für die Arbeitsämter erhöhen sich künftig Verantwortung und Aufwand für die Auswahl der Maßnahmen und Maßnahmeteilnehmer nach Inhalt, Dauer, Qualität und Wiedereingliederungschancen für die Teilnehmer. Wobei allerdings der Wiedereingliederungserfolg in starkem Maße von der allgemeinen und regionalen Arbeitsmarktsituation abhängt. Aus neueren Verbleibsuntersuchungen des Büros für Strukturforschung Rostock im Arbeitsamt Rostock ergibt sich beispielsweise, daß 57,7 % der Absolventen von beruflichen Bildungsmaßnahmen rd. sieben Monate nach Beendigung der Maßnahme wieder erwerbstätig waren (Löser/Warich 1993, 8).

Die Arbeit mit den Arbeitsmarktinstrumenten, insbesondere ABM und FuU, dominiert gegenwärtig noch immer in den Abteilungen Arbeitsvermittlung und Arbeitsberatung der Arbeitsämter. Ihre eigentliche Hauptaufgabe, die originäre *Arbeitsvermittlung*, hat wegen fehlender offener Stellen infolge der zu geringen wirtschaftlichen Aktivitäten noch einen unzureichenden Stellenwert. Rd. 40 % der Arbeitsvermittlungen sind Vermittlungen in ABM. Eine große Zahl offener Stellenangebote auf dem ersten Arbeitsmarkt und dementsprechend höhere Vermittlungschancen für Arbeitsuchende würden auch die *Akzeptanz der Arbeitsämter* in der Region weiter erhöhen.

In die gleiche Richtung zielen auch weitere notwendige Aktivitäten, wie die Ausdehnung des Außendienstes und das Bemühen um mehr Transparenz am lokalen Arbeitsmarkt. Als Stichworte seien hier nur der Aufbau der Vermittlungssysteme SIS und AIS sowie die Durchführung von Arbeitsmarktkonferenzen bzw. -gesprächen und aktivierende Mitarbeit der Arbeitsämter in regionalen/lokalen beschäftigungsfördernden Gremien (Aufbaustäben, Fördergesellschaften usw.) genannt. Bei SIS handelt es sich um den Stellen-Informations-Service mit dem das täglich aktualisierte Angebot an offenen Stellen über Computer für jeden Arbeitsuchenden im Arbeitsamt frei zugänglich ist. Jeder Arbeitsuchende kann sich unmittelbar Stellenangebote seiner Wahl - mit Angabe des Namens, der Anschrift und Telefonnummer des Arbeitgebers - ausdrucken lassen und sofort kostenlos telefonischen Kontakt aufnehmen. Die Einführung erfolgt in den neuen Bundesländern nach Schaffung der (insbesondere baulichen) Voraussetzungen. Bei AIS geht es um ein ähnliches, für Arbeitgeber gedachtes Informations-System. Das Projekt dazu soll Mitte 1993 abgeschlossen sein.

Gegenwärtig lösen die Arbeitsämter in den neuen Bundesländern mit großem Engagement und hohem zeitlichen Einsatz der Mitarbeiter die operativen Aufgaben. Über den bisherigen Umfang hinausgehende zusätzliche qualitätssichernde sowie konzeptionelle und analytische Aktivitäten scheitern am bestehenden Kapazitätsdefizit. Nach den Ergebnissen vorliegender Recherchen ist eine Personalaufstockung in den Arbeitsämtern in den neuen Bundesländern unerläßlich, soll die Qualität der Aufgabenerledigung nachhaltig sichergestellt und die seit Monaten anhaltende hohe Beanspruchung der Führungs- und Fachkräfte auf ein normaleres Maß zurückgeführt werden (regelmäßig werden teils angeordnete teils freiwillige Überstunden geleistet).

Es ist ein ganzes Bündel von Maßnahmen nötig, um die Arbeitsämter in den neuen Bundesländern weiter zu stabilisieren. Neben der personellen Aufstockung und der weiteren Erhöhung der Fachkompetenz durch systematische Qualifizierung und Schulung gehören dazu die Verbesserung der technischen Ausstattung und die Überwindung der derzeit häufig noch vorherrschenden räumlichen Zersplitterung sowie die Verbesserung der Ablauforganisation. Zu letzterem wurden in der BA eine ganze Reihe von Vorschlägen und Projekten entwickelt und zum Teil laufen Erprobungen in sogenannten Modellarbeitsämtern in den alten und den neuen Bundesländern. Rationalisierung macht auch um die Arbeitsverwaltung keinen Bogen. Immerhin entfallen rd. 5 % der Haushaltplanmittel der Bundesanstalt 1993 auf die Fachaufgaben der BA selbst. Umfang und Qualifikation des zum Einsatz kommenden Personals, die Rationalisierung der Aufbau- und Ablauforganisation und die zur Verfügung stehenden finanziellen und technischen Mittel werden den weiteren Verlauf und das Tempo der Konsolidierung der Arbeitsverwaltung in den neuen Bundesländern wesentlich bestimmen.

Literatur

Autorengemeinschaft (Bach, H.-U. u.a.), 1993: Der Arbeitsmarkt 1992 und 1993 in der Bundesrepublik Deutschland, in: MittAB Nr. 4/1992, S. 457-482
Bogai, D. u.a., 1992: Arbeitsplatzförderung statt Lohnersatz (IAB-Werkstattbericht Nr. 7/26.5.1992), Nürnberg
Brinkmann, Ch./Völkel, B., 1992: Zur Implementation arbeitsmarktpolitischer Maßnahmen in den neuen Bundesländern, in: MittAB Nr. 3/1992, S. 260-276
Brinkmann, Ch./Völkel, B., 1993: Arbeitsmarkt und Arbeitsmarktpolitik in Ostdeutschland. Bestandsaufnahme und zukünftige Entwicklung, in: Arbeitsmarktpolitik kontrovers - Konzepte im Zusammenhang mit der hohen Unterbeschäftigung in den neuen Bundesländern, Darmstadt (im Erscheinen)
Franke, H., 1993: Arbeitsverwaltung. Aufbau in den neuen Ländern, in: Bundesarbeitsblatt 1/1993, S. 5-9
Huebner, M./Krafft, A./Thormeyer, H./Ulrich, G./Zelder, U., 1990: ABM in der lokalen Politikarena, Berlin
Land Brandenburg, Ministerium für Arbeit, Soziales, Gesundheit und Frauen, 1992: Strukturförderprogramm - Arbeit statt Arbeitslosigkeit, 24. März 1992
Löser, H./Warich, B.G., 1993: Die Wirksamkeit der arbeitsmarktpolitischen Instrumente Arbeitsbeschaffungsmaßnahmen (ABM) und berufliche Fortbildung und Umschulung (FuU) zur Überbrückung der Transformationskrise in der Region Rostock - Eine Teilnehmerverbleibsforschung, Rostock
Schall, K., 1992: Aufbau der Arbeitsverwaltung, in: Personal 3/1992, S. 9-13

ABS-Gesellschaften als dezentrale Akteure der Arbeitsmarkt- und Strukturpolitik: Problemlösung "vor Ort"?

Matthias Knuth

Die Arbeitsmarktpolitik hat bisher versucht, die Transformationskrise der neuen Bundesländer durch beispiellose Ausweitung und leichte Modifikation der traditionellen Instrumente zu bewältigen. Zu Innovationen auf der Instrumentenebene ist es erst durch die 10. Novelle des Arbeitsförderungsgesetzes (AFG) mit dem "Lohnkostenzuschuß Ost" (§ 249 h) gekommen. Das in diesem neuen Instrument steckende konzeptionelle Potential wird aber derzeit von den Finanzengpässen und Sparzwängen, die zu seiner Erfindung geführt haben, eher überdedeckt. Es liegt daher nahe, der Frage nachzugehen, ob es denn in Ostdeutschland wenigstens zu Innovationen auf der Ebene der Maßnahmeträger gekommen ist und ob sich aus diesen Erfahrungen ggf. Anregungen für die künftige Arbeitsmarktpolitik in der Bundesrepublik insgesamt gewinnen lassen.

Auf der Trägerebene war die Ausgangssituation im Osten durch Mangel gekennzeichnet: Das vielfältige Netz von Wohlfahrtsverbänden, gemeinnützigen Vereinen und sozialen und kulturellen Initiativen aller Art, das in Westdeutschland einen relevanten Teil der ABM-Szene bestimmt, existierte im Osten nicht. Auch die Kirchen waren nicht darauf vorbereitet, aus ihrer Nischenexistenz herauszutreten und soziale Verantwortung in der lokalen Politikarena zu übernehmen. Dieser Mangel schuf Raum für die m.E. bisher bemerkenswerteste Innovation, die aus der Arbeitsmarktpolitik in und für Ostdeutschland hervorgegangen ist: Der Entstehung von "Gesellschaften zur Arbeitsförderung, Beschäftigung und Strukturentwicklung", kurz ABS-Gesellschaften. Ich benutze bewußt diesen aus der politischen Auseinandersetzung in den neuen Bundesländern hervorgegangenen Begriff, weil ich der Ansicht bin, daß diese Gesellschaften im Vergleich zu westdeutschen Konzepten und Vorbildern einen eigenständigen Typus darstellen (Knuth 1992a) und daher bei aller internen Differenzierung auch einen eigenen Gattungsnamen verdient haben.

In Anlehnung an die Definition des Instituts für Arbeitsmarkt- und Berufsforschung (Kaiser/Otto 1992) verstehe ich unter ABS-Gesellschaften
- juristische Personen (GmbH, e.V., in Einzelfällen Stiftung)
- mit einem primären Beschäftigungs- und/oder beruflichen Qualifizierungsziel und ggf. weiteren arbeitsmarktrelevanten Aktivitäten,
- die öffentlich geförderte und befristete Arbeit und/oder berufliche Qualifizierung durchführen.

Reine Bildungsträger, die nicht aus einer Initiative der oder zugunsten der von der Arbeitsmarktkrise Betroffenen entstanden sind, sondern als Dienstleistungsunternehmen im Qualifizierungsmarkt fungieren, sind nach dieser Definition keine ABS-Gesellschaften.

ABS-Gesellschaften wurden nicht von Gesetzgeber, Exekutive oder Administration erfunden, sondern von diesen lediglich allmählich, widerstrebend und nach manchen Auseinandersetzungen akzeptiert, bis die Bezeichnung "ABS" seit dem 1. Januar 1993 erstmals im Arbeitsförderungsgesetz erscheint. ABS wurden in erster Linie von Gewerkschaften propagiert und in Auseinandersetzung mit der Treuhandanstalt durch eine Rahmenvereinbarung abgesichert. Diese Vereinbarung betrifft nur diejenigen ABS-Gesellschaften, die mehr oder weniger unmittelbar aus Treuhand-Unternehmen hervorgegangen sind und von diesen im Rahmen von Kooperationsverträgen unterstützt werden. Dieses ist für mich aber kein Abgrenzungskriterium, da sich die Funktionen "kommunaler" und "betrieblicher" ABS-Gesellschaften nicht wesentlich voneinander unterscheiden und da der "betriebliche" Bezug in aller Regel nur vorübergehender Natur ist (vgl. ausführlicher Knuth 1993).

Das massenhafte Entstehen von ABS-Gesellschaften (geschätzte derzeitige Anzahl etwa 400) wäre undenkbar gewesen ohne vielfältige Aktivitäten von Betriebsräten, Gewerkschaftssekretären, Geschäftsleitungen, Kommunalpolitikern und Einzelpersonen vor Ort. Zwar postuliert die sog. Treuhand-Rahmenvereinbarung vom 17. Juli 1991 eine Struktur von sog. Trägergesellschaften auf Landes-, sektoraler und regionaler Ebene, die auf dem Papier aussieht wie ein von oben nach unten zu schaffender ABS-Konzern. Tatsächlich aber wurde dieser Überbau in den einzelnen neuen Bundesländern in sehr unterschiedlicher Weise so spät geschaffen, daß die überwiegende Mehrzahl der ABS-Gesellschaften bereits existierte, als die Trägergesellschaften wirksam werden konnten. Faktisch haben diese daher, sofern sie überhaupt eine Funktion haben, die Rolle von Service-

Einrichtungen. Soweit zu diesen Dienstleistungen auch die Weitergabe von Fördermitteln an die ABS gehört, nehmen sie natürlich Einfluß auf die ABS wie andere Förderungsgeber auch. Von einer zentralen Steuerung der Unternehmenspolitik der einzelnen ABS kann aber keine Rede sein. ABS sind insofern dezentral tätige und gesteuerte politisch-wirtschaftliche Akteure, die freilich bei ihrer finanziellen Existenzsicherung mit den Vorgaben mehr oder weniger zentralistischer Politik (Bundesanstalt für Arbeit, Länder) zurechtkommen müssen.

ABS-Gesellschaften haben ihre konzeptionellen Wurzeln in den insbesondere von der IG Metall bei regionalen Beschäftigungskrisen propagierten und in einigen Fällen verwirklichten Beschäftigungsgesellschaften (Bosch 1990, Bosch/Neumann 1991). Diese konnten jedoch im Westen wegen der dortigen Praxis der ABM-Bewilligung keine unmittelbar an den Arbeitsplatzverlust anschließende Beschäftigung, sondern allenfalls Qualifizierung bieten. Im Gegensatz dazu dominiert bei den ABS in Ostdeutschland eindeutig ABM als Maßnahmeform, weshalb sich die folgende Darstellung auch auf Beschäftigungsprojekte konzentriert. Instrumentell steht also bei ABS die Organisierung von Beschäftigungsbrücken im Vordergrund, was durch die Öffnung des "AFG-Nadelöhrs" für den nahtlosen Übergang aus betrieblicher Beschäftigung in ABM ermöglicht wurde. Letzteres gilt natürlich nicht nur für ABS.

Bemerkenswert ist der Funktionswandel des Instruments ABM in ABS. Generell gilt für ABM in den neuen Bundesländern, daß sie in weit höherem Maße als in den alten Bundesländern in Tätigkeitsfeldern stattfinden, die als "investiv" gekennzeichnet werden können: Mehr als die Hälfte der geschaffenen Arbeitsplätze betreffen die Umweltverbesserung, die wirtschaftsnahe Infrastruktur und die bauliche Instandsetzung und Planung (Spitznagel 1992). Als "investiv" würde ich solche ABM bezeichnen, die ein materielles oder ideelles Produkt hinterlassen, das potentiell für die wirtschaftliche Rekonstruktion der neuen Bundesländer relevant ist. Ob dieses Produkt dann auch genutzt wird bzw. entsprechende wirtschaftliche Aktivitäten anlockt, entzieht sich meistens vollständig dem Einfluß der ABM-Träger und kann insofern kein Bewertungskriterium sein.

Leider gibt es keine repräsentativen Daten, die es erlauben würden, die Projekt- und Beschäftigungsstruktur von ABS mit der anderer Träger zu vergleichen. Aufgrund zahlreicher inzwischen vorliegender Fallstudien (u.a. Fischer 1992, Hagen et al. 1992, Knuth 1992b, Zukunft im Zentrum 1992) erscheint jedoch die Vermutung

gerechtfertigt, daß das "investive" Element bei den von ABS-Gesellschaften durchgeführten ABM mindestens so ausgeprägt ist wie im Durchschnitt der Trägerlandschaft. Insbesondere ist hervorzuheben, daß ABS-Gesellschaften von ihren "Stammbetrieben" Planungskapazitäten und innovatives Potential geerbt haben und entsprechend einzusetzen versuchen. Sicherlich nicht bezogen auf die Beschäftigtenzahl, wohl aber bezogen auf Potentiale einer endogenen Regionalentwicklung haben deshalb ABM-Projekte informatorischer, konzeptioneller und planerischer Art eine große Bedeutung. Ich konzentriere mich auf diese Projekte, da die Groß-ABM im Bereich von Industriedemontage, Altlastenbeseitigung und Landschaftsgestaltung, an denen auch ABS beteiligt sind, ohnehin bekannt sein dürften. Folgende Projektbeispiele sind hervorzuheben:
- Erfassungsarbeiten in Bereichen wie Energie, Abfall, Luft, Wasser, industrielle Altlasten, Bauzustand kommunaler Gebäude, Gewerbeflächen, Verkehr;
- Unterhaltung von Labordiensten;
- Aufbau von Beratungseinrichtungen in Bereichen wie Energieeinsparung, Abfallvermeidung;
- Projektierungsarbeiten für Gewerbe- und Technologieparks;
- Planungsarbeiten in Bereichen wie Verkehr, Stadt- und Dorferneuerung;
- Beratungsleistungen und Kontaktvermittlung im Bereich der Wirtschaftsförderung;
- Konzepte zur touristischen Erschließung und Projektierung touristischer Objekte;
- Entwicklung von Recyclingverfahren für verschiedene Arten von Gebrauchsgütern (Automobile, Kühlschränke, elektronische Geräte und Komponenten, Textilien);
- in Einzelfällen: Produktentwicklung, meistens in Fortführung von "Schubladenprojekten" der Altbetriebe; teilweise im Zusammenhang mit Erfassungs- und Datenermittlungsarbeiten auch Software-Entwicklung: Entwicklung problemspezifischer Datenbank-Anwendungen.

Es entspricht dem durch die Treuhand-Rahmenvereinbarung formulierten Auftrag, wenn sich ABS-Gesellschaften in der regionalen Strukturentwicklung engagieren. Umfragen bei ABS-Gesellschaften, bei denen u.a. das Selbstverständnis von ABS ermittelt wurde, ergaben eine mehrheitliche Übereinstimmung mit dieser Zielsetzung (Grass 1992). Dieses kann nicht allein an der Existenz einer Rahmenvereinbarung liegen, die für einen großen Teil der ABS - näm-

lich diejenigen, die keine Kooperationsverträge mit Unternehmen der Treuhandanstalt (THA) haben - nicht einmal formale Geltung hat. Vielmehr ist es so, daß die Akteure von ABS-Gesellschaften eine andere Orientierung haben als die Akteure von ABM-Trägern im Westen. Das liegt an der andersartigen Arbeitsmarktsituation, an einer anderen Herkunft und beruflichen Prägung der Akteure und schließlich an der besonderen Konstruktion "ABS-Gesellschaft":
- Die "Macher" von ABS-Gesellschaften, zumindest soweit sie Ostdeutsche sind, sind nicht Profis der Arbeitsmarktpolitik pädagogischer oder sozialpädagogischer Provenienz wie im Westen, sondern ehemalige mittlere Führungskräfte der Altunternehmen mit meistens technischer oder wirtschaftswissenschaftlicher Ausrichtung. Die Tätigkeit als ABS-Manager ist auch für sie selbst nur eine Übergangsphase, und sie hoffen, selbst den Übergang in eine ausbildungsadäquate Tätigkeit in einem normalen Unternehmen zu finden oder mit Hilfe der ABS ein solches Unternehmen ins Leben zu rufen. Dieses führt zu vielfältigen Illusionen, aber auch zu einer viel stärkeren Orientierung auf wirtschafts- und strukturpolitische Fragen.
- Die Situation der Maßnahmeteilnehmer ist grundsätzlich ähnlich. Bei unzureichendem Angebot "regulärer" Arbeitsplätze einerseits und andererseits einer Teilnehmerschaft, die zumindest in der ersten Projektgeneration gut qualifiziert und noch nicht durch längere Phasen der Arbeitslosigkeit demotiviert war, machte die im Westen vorherrschende ABM-Konzeption keinen Sinn: Es ging nicht darum, individuelle Vermittlungshemmnisse der Teilnehmer zu überwinden, um sie in einen einigermaßen funktionierenden Arbeitsmarkt wieder einzuschleusen, sondern darum, durchschnittlich qualifizierte, leistungsfähige und motivierte Arbeitnehmer aktiv zu halten und weiterzuqualifizieren, bis das Beschäftigungstal überwunden sein sollte. In dem Maße, wie offensichtlich wurde, daß das Beschäftigungstal unübersehbar breit ist und daß die berühmte arbeitsmarktpolitische "Brücke" für viele ins Nichts führt, drängte sich die Notwendigkeit auf, durch die Tätigkeit in ABM selbst etwas für die wirtschaftliche Rekonstruktion zu tun.
- ABS-Gesellschaften sind Unternehmen, die allein zum Zweck der Durchführung arbeitsmarktpolitischer Maßnahmen geschaffen wurden. Im Gegensatz zu anderen Maßnahmeträgern können sie ihre ABM nicht für ihre sonstigen kommunalpolitischen, sozialpolitischen, karitativen oder kulturellen Zwecke instrumentalisieren, weil sie solche Zwecke außerhalb von ABM nicht haben.

Ebensowenig können Teilnehmer oder Führungskräfte darauf hoffen, auf Dauer beim Träger zu bleiben, es sei denn, die ABS entwickelt selbst oder über spin-offs wirtschaftliche Aktivitäten, die sich am Markt tragen. Auch hier gibt es wieder illusionäre Hoffnungen zuhauf - zunächst geht es mir aber um eine Erklärung, wie die starke Orientierung von ABS auf die Regionalentwicklung zustandekommt.
- Da das Personal von ABS-Gesellschaften ganz überwiegend aus ABM-Teilnehmern besteht und da ABS keinen anderen Unternehmenszweck oder Legitimationshintergrund aufzuweisen haben als eben den der Arbeitsförderung und Strukturentwicklung, stehen sie stärker als andere Maßnahmeträger unter dem Legitimationsdruck, für die berufliche Zukunft der Teilnehmer irgend etwas zu tun. Dabei läßt sich zwischen Teilnehmern und Management nicht trennen, weil die mittleren Führungspositionen meistens selbst mit ABM-Teilnehmern besetzt sind. Daher verfolgen die aktiven Kräfte in den Projekten bei deren Entwicklung und beim Aufbau ihrer Kooperationsnetzwerke berufliche Eigeninteressen. Die erheblichen Organisations- und Führungsprobleme, die daraus für die ABS selbst entstehen, sind hier nicht unser Thema. Entfallen aber diese Eigeninteressen und die daraus resultierende Eigeninitiative - und die beginnende Veränderung der Teilnehmerstruktur wird zu ihrer Schwächung führen - dann werden ABS einen erheblichen Teil ihrer Dynamik verlieren.

ABS-Gesellschaften sind also ohne Zweifel dezentrale Akteure, die idealtypisch von folgenden Interessen getrieben werden:
- Immer wieder neue ABM-Projekte zu starten, um ihre Existenz und damit die Erwerbsgrundlage ihrer wenigen Stammkräfte zu sichern;
- als Voraussetzung dazu die Kooperation derjenigen zu gewinnen, die Verfügungs- und Definitionsmacht über die ABM-fähigen Objekte und Tätigkeitsfelder haben, also vor allem die Kooperation der Gebietskörperschaften, aber auch aller Akteure, die auf die politischen Entscheidungen vor Ort Einfluß nehmen;
- an der Entwicklung von Perspektiven für neue Dauerarbeitsplätze zumindest mitzuwirken, um den Beschäftigungsinteressen der Teilnehmer gerecht zu werden, ihre Motivation zu erhalten und für qualifizierte neue Teilnehmer, ohne die anspruchsvolle Projekte nicht möglich sind, attraktiv zu bleiben.

Sind ABS-Gesellschaften also ohne Zweifel dezentrale Akteure, die im Rahmen der Bewilligungspraxis der Bundesanstalt und anderer

Geldgeber eine gewisse Autonomie in der Bestimmung ihrer Unternehmenspolitik besitzen, so ist damit natürlich nichts darüber gesagt, ob sie auch zur Problemlösung geeignet und in der Lage sind. Je nachdem, was man als das zu lösende Problem definiert, wird die Antwort unterschiedlich ausfallen.

- ABS-Gesellschaften haben zweifellos zur Lösung des Problems beigetragen, daß die aktive Arbeitsmarktpolitik in den neuen Bundesländern sich zunächst einem Mangel an Trägern gegenübersah.
- ABS-Gesellschaften haben einen ganz erheblichen Beitrag dazu geleistet, den Personalabbau in Treuhand-Unternehmen sozialfriedlich (ich sage bewußt nicht "sozialverträglich") abzuwickeln. In dem Maße, wie dieser Personalabbau für die Umstrukturierung der Wirtschaft unumgänglich ist, war dieses sicherlich ein positiver Beitrag zur Lösung des Transformationsproblems. Daß die ABS über den unumgänglichen Personalabbau hinaus eine verhängnisvolle Deindustrialisierung begleiten mußten, ist nicht ihnen anzulasten.
- Definieren wir als Problem, sinnvolle ABM zu konzipieren und dann auch effizient durchzuführen, so haben ABS die gleichen Schwierigkeiten wie andere Träger mit Zeitrestriktionen, diskontinuierlichen Förderbedingungen, unzureichender materieller Ausstattung und mangelhafter Führungsstruktur. Ich habe nicht den Eindruck, daß ABS mit diesen Problemen schlechter fertiggeworden sind als andere Träger. Ich wage sogar die Hypothese, daß ABS als auf die Durchführung von Maßnahmen der Arbeitsförderung spezialisierte Unternehmen besser als andere Maßnahmeträger geeignet sind, diese Probleme zu bewältigen, kann es aber mangels Vergleichsuntersuchungen nicht beweisen.
- Zum Problem der Überführung von Maßnahmeteilnehmern in den allgemeinen regulären Arbeitsmarkt ist auf die nicht sehr überraschende Tatsache zu verweisen, daß auch in den neuen Bundesländern ABM-Teilnehmer und -Absolventen bessere Arbeitsmarktchancen haben als andere. Ob dieses für ABS-Gesellschaften in höherem Maße gilt als für andere Träger, läßt sich mangels differenzierter Verbleibsuntersuchungen nicht sagen. Auch hier habe ich deshalb nur Plausibilitätsüberlegungen anzubieten: ABS-Gesellschaften sind Quasi-Unternehmen mit öffentlich geförderten Arbeitsplätzen, in denen - im Gegensatz etwa zur ABM-Brigade einer Kommune oder eines Großunternehmens - wesentliche Unternehmensfunktionen im Kern vorhanden sind.

ABS-Gesellschaften können deshalb als "Übungsfirmen" betrachtet werden, in denen einem Teil der ABM-Teilnehmer kaufmännische und rechtliche Kenntnisse und möglicherweise auch neue Arbeitsorientierungen und Verhaltensweisen vermittelt werden (Knuth 1992c). ABM-Absolventen aus den Zentralbereichen der ABS und aus Führungsfunktionen müßten deshalb auch anderweitig vielseitig einsetzbar sein. Außerdem sind ABS-Gesellschaften stärker als andere Träger darauf angewiesen, sich in der jeweiligen Region zu vernetzen, und haben daher ein Interesse, Absolventen in benachbarten Unternehmen und Verwaltungen "unterzubringen" und mit ihnen weiter zu kooperieren. Inwieweit sie dieses Interesse auch verwirklichen können, ist jenseits der anekdotischen Ebene nicht belegt.

- Entsprechend der Vorgabe der Treuhand-Rahmenvereinbarung, wonach aus ABS Neugründungen von Unternehmen hervorgehen sollen, könnte man auch die direkte Schaffung von regulären Arbeitsplätzen aus ABM heraus als das zu lösende Problem betrachten. Die Diskussion über Existenzgründungen einzelner ABM-Teilnehmer oder über die Ausgründung von Unternehmen mit Unterstützung oder Beteiligung der ABS hat im Jahre 1992 die "ABS-Szene" beherrscht. Dennoch sind derartige Aktivitäten bisher offensichtlich von wenig Erfolg gekrönt. Die aktuellste Umfrage (Grass 1993) fand bei 148 antwortenden ABS 41 aus diesen ABS hervorgegangene Unternehmensgründungen mit 460 Arbeitsplätzen vor, das sind weniger als 1 % der in den befragten ABS Beschäftigten. Der Arbeitsmarkt-Monitor ermittelte unter ABM-Absolventen (allgemein, nicht nur aus ABS) im Mai 1992 3 % Existenzgründer (hochgerechnet 7.500 Personen). Erfassungs- und Bezugsgrößen beider Erhebungen sind nicht vergleichbar (selbständig Gewordene vs. Arbeitsplätze, Absolventen vs. noch Beschäftigte), jedoch vermitteln beide einen Eindruck über die Größenordnungen, um die es geht: Mit Sicherheit wird man sagen können, daß Unternehmensneugründungen nach ABM im Hinblick auf den Entlastungseffekt am Arbeitsmarkt zu vernachlässigen sind. Für den Wiederaufbau regionaler Wirtschaftskreisläufe sind sie gleichwohl interessant. Deshalb sind die Bemühungen von ABS in dieser Richtung zu unterstützen, ohne aber dieses zur Hauptaufgabe oder gar zum Erfolgskriterium von ABS zu erklären. Auch hier wieder eine empirisch nicht belegbare Hypothese: Aus ABS werden mehr Neugründungen hervorgehen als aus den ABM anderer Maßnahmeträger, weil ABS über mehr marktnahe Projekte verfügen und weil sie mehr als andere Träger an der Förderung solcher Aktivitäten interessiert sind. Aus den bereits unter dem Stichwort "Übungsfirmen" genannten Gründen lassen sich in einer ABS auch eher als in einem kameralistischen Teilhaushalt z.B. einer Kommune Erfahrungen sammeln, die für die Führung eines Unternehmens relevant sind.

- Was schließlich die indirekte Förderung der Schaffung von Dauerarbeitsplätzen durch ABM-Projekte angeht, die für die regionale Wirtschaftsentwicklung relevant sind, so wird sich der den ABS zurechenbare Effekt sicherlich niemals quantifizieren lassen. Darüberhinaus bin ich aber auch skeptisch, welche Effekte die mir bekannten Projekte letztlich haben werden. Wie eine Wiederholung der bereits zitierten Umfrage gezeigt hat, setzt sich diese Skepsis auch in den ABS selbst durch: Erheblich weniger ABS als vor einem Jahr sehen heute ihre primäre Aufgabe in der Förderung des Strukturwandels (Grass 1993). Daß die ursprünglichen Ziele zurückgeschraubt werden müssen, liegt gar nicht so sehr an den ABS-Gesellschaften selbst. Viele Projekte sind nicht nur gut gemeint, sondern auch erstaunlich gut gemacht, aber nicht gut vernetzt. Bei der Konzipierung der Projekte konnten die ABS in der Regel nicht auf in der Region akzeptierte regionale Entwicklungskonzepte zurückgreifen, weil es diese nicht gab. Sie mußten nach eigenem Gutdünken entscheiden, was sie für regionalpolitisch relevant hielten. Wie ungeliebte Geschenke mußten diese Projekte meistens den Gebietskörperschaften aufgenötigt werden. Sind die Projekte erfolgreich, werden sie von den Partnern angeeignet; gibt es Probleme, distanziert man sich davon. Eine Regionalanalyse, die ein westdeutsches Institut für viel Geld aus allgemein zugänglichen Daten zusammenschreibt, gilt allemal mehr als eine eigene Erhebung, die eine ABS-Gesellschaft kostenlos erstellt. Den Analysen eines ABS-Umweltlabors, das aus einem Kombinat hervorgegangen ist, traut man nicht und verschafft der ABS auch nicht die Mittel, ihr Labor technisch aufzurüsten. Die nur widerwillige Akzeptanz der ABS-Gesellschaften durch die "große Politik" schlägt vor Ort als Isolierung zurück.

Die viel geforderte Verzahnung von Arbeitsmarkt- und Strukturpolitik ist von seiten der Arbeitsmarktpolitik nie so weit getrieben worden wie gerade in den ABM-Projekten solcher ABS-Gesellschaften, die sich als "Regionale Entwicklungsgesellschaften" oder "Strukturfördergesellschaften" verstehen. Neben den oben aufgezeigten Gründen bei den ABS-Gesellschaften hat hierzu auch die großzügige

ABM-Bewilligungspraxis der arbeitsmarktpolitischen "Pionierzeit" in den neuen Bundesländern in der ersten Jahreshälfte 1991 beigetragen. Insofern kann man die Projekte der ersten Generation als ein großangelegtes Experiment betrachten, was man mit ABM alles machen kann, wenn in einer Notstandssituation nahezu jegliche sinnvolle Aktivität als im "öffentlichen Interesse" liegend und "zusätzlich" qualifizierbar ist.

Wenn es dennoch mit der Verzahnung von Arbeitsmarkt- und Strukturpolitik nicht weit her ist, so liegt das schlicht daran, daß eine regionale Strukturpolitik in den neuen Bundesländern auf der lokalen Ebene vielfach nicht existiert. Als Erben der industriellen Konkursmasse der DDR sind ABS-Gesellschaften in besonderer Weise vom Syndrom der lokalpolitischen Paralyse in den neuen Bundesländern betroffen. Die Ursache dieser Paralyse besteht - wegen fehlender Erfahrung - darin, daß die Schlüsselpersonen der früher ortsbeherrschenden Großbetriebe durch den "Großen Knall" über alle lokalen Institutionen einschließlich der ABS-Gesellschaften verteilt wurden und nun ihr Verhältnis zueinander nicht aufgrund der Aufgaben und Interessen der Organisationen bestimmen, die sie heute vertreten, sondern aufgrund ihrer Beziehungen oder Nicht-Beziehungen in der Vergangenheit. Alles redet von "alten Seilschaften"; doch "alte Feindschaften", die mit den heute zu bewältigenden Aufgaben nichts zu tun haben, sind mindestens ebenso bedeutsam. Wo es zu keiner Konsensbildung über die Einschätzung der wirtschaftlichen Lage einer Region, über regionalpolitische Prioritäten und Strategien kommt, bewegen sich noch so qualifizierte Bemühungen einer ABS-Gesellschaft im luftleeren Raum.

Es fehlt also an funktionsfähigen Akteursnetzwerken, die zu Trägern einer Strukturpolitik vor Ort werden könnten, und es fehlt an realitätstauglichen Leitbildern. Solange die Bonner Politik den Strukturbruch, den die deutsche Einigung hervorgerufen hat, als zu verharmlosenden Betriebsunfall behandelt und Handlungsbedarf nur bei der Verlagerung seiner Kosten zu sehen scheint, kann man von den lokalen Akteuren keine großen Visionen erwarten. Die Erfahrungen mit dem Versuch, durch ABS-Gesellschaften regionale Strukturpolitik zu betreiben, lassen sich wie folgt zusammenfassen:
- Strukturrelevante aktive Arbeitsmarktpolitik ist möglich, wenn eine regionale oder großräumige Beschäftigungskrise dazu führt, daß qualifizierte Arbeitnehmer(innen) zu Maßnahmeteilnehmer(-innen) werden, und wenn die ABM-Förderkriterien so ausgelegt (oder bei einer künftigen AFG-Novellierung geändert) werden,

daß ABM-Projekte nicht zwischen der Skylla des öffentlichen Interesses und der Charybdis der Zusätzlichkeit auf Felder abgedrängt werden, für die kein wirklicher Bedarf besteht (vgl. ausführlicher Bosch/Knuth 1992).
- Strukturwirksame Arbeitsmarktpolitik setzt aber zusätzlich voraus, daß die Wirtschaftspolitik strukturrelevante Aktivitäten der Arbeitsmarktpolitik "abholt" und in ihre Aktivitäten integriert. Dieses ist in den neuen Bundesländern überwiegend nicht geschehen, da die Wirtschaftspolitik die Arbeitsmarktpolitik nicht ernst nimmt bzw. die Schnittstelle beider Politikfelder ausschließlich darin sieht, daß die Arbeitsmarktpolitik verwertbare Arbeitskräftepotentiale zu produzieren und bereitzuhalten habe. Arbeitsmarktpolitik kann Strukturpolitik nicht ersetzen, und sie würde auch ihren Zielgruppenauftrag und damit ihre sozialpolitische Funktion verlieren, wenn man sie insgesamt unter einen strukturpolitischen Primat setzen und ihre Legitimation an der Erfüllung eines solchen Auftrags messen würde. Der in den neuen Bundesländern gemachte Fehler ist jedoch umgekehrter Art: Aufgrund tradierter Arbeitsteilung der beiden Politikfelder wurden die in einer Ausnahmesituation erheblich wachsenden strukturpolitischen Potentiale aktiver Arbeitsmarktpolitik nicht erkannt und daher nicht genutzt.

Aktuell steht durch den ABM-Bewilligungsstop die nackte Existenz vieler ABS-Gesellschaften auf dem Spiel. ABS-Gesellschaften werden durch Unterbrechungen der ABM-Neubewilligung besonders hart getroffen, weil sie nicht wie z.B. eine Kommune das ABM-Geschäft beliebig zurückfahren und wieder aufleben lassen können, ohne daß dadurch die Existenz des Trägers in Frage gestellt wäre. Nimmt man den ABS-Gesellschaften die Möglichkeit, bei kontinuierlicher Fluktuation der in ihnen befristet Beschäftigten Organisationsstrukturen zu erhalten und Erfahrungen wenigstens teilweise weiterzugeben, wirft man sie vollständig auf ihren Nullpunkt zurück, wobei ein zweiter Anfang jedoch kaum möglich sein dürfte. Dadurch würde ein innovatives Potential nicht nur der Arbeitsmarktpolitik zerstört. Wie stark die einzelne ABS-Gesellschaft durch den Bewilligungsstop betroffen ist, hängt in erster Linie von der zufälligen Laufzeitstruktur der bereits bewilligten Maßnahmen ab.

Nachdem die Existenz von ABS-Gesellschaften gesetzlich anerkannt ist, sollte man nicht anschließend das Todesurteil über sie fällen, sondern adäquate Förderungsinstrumente für sie schaffen. Deren Kontinuität und Verläßlichkeit ist wichtiger als ihre Großzügigkeit. Auch mit knappen Mitteln läßt sich eine sinnvolle Arbeitsmarktpolitik betreiben, wenn man sie strategisch einsetzt und nicht mit einer Gießkanne verteilt, die mal verschwenderisch sprudelt und dann wieder leer ist.

Inzwischen jedoch dürfte die Zeit, als die regional- und strukturpolitischen Potentiale von ABS-Gesellschaften am größten waren, bereits vorüber sein, auch wenn man den aktuellen Neubewilligungsstopp für ABM als vorübergehend betrachtet. Den ABS fällt es zunehmend schwerer, qualifiziertes Personal für anspruchsvolle Projekte zu rekrutieren, weil diese Personen wieder Arbeit gefunden haben, in den Westen abgewandert sind oder ihre ABM-Förderungsfähigkeit zunächst verbraucht haben. Zur Ausschöpfung der innovativen Potentiale von ABS wäre ein Förderinstrument notwendig, mit dem qualifizierte und leistungsfähige Personen, die aufgrund von Alter oder Geschlecht geringe Vermittlungschancen am ostdeutschen Arbeitsmarkt haben, über längere Zeiträume produktiv eingesetzt werden können. Bei der Bewilligung und Besetzung derartiger Projekte wären individuelle Arbeitsmarktprognose der Teilnehmer, regionalpolitische Zielsetzungen der Projekte und die in der Vergangenheit unter Beweis gestellte Professionalität einer ABS gleichgewichtig zu berücksichtigen. Der § 249 h weist in die richtige Richtung, ist aber inhaltlich trotz weitgefaßter Definition der "Umwelt" nur auf einen kleinen Teil regionalpolitischer Aufgaben anwendbar. Darüber hinaus wird die Mobilisierung der erheblichen durch die Bundesanstalt nicht abgedeckten Finanzierungsanteile nur für Großprojekte mit entsprechendem Gewicht und politischer Lobby möglich sein. Der "Kleinteiligkeit" regionaler Strukturpolitik vor Ort könnte nur dadurch Rechnung getragen werden, daß die Bündelung der nicht von der Bundesanstalt für Arbeit getragenen Finanzierungsanteile vorab erfolgt, so daß die örtlichen Träger sie bei der Arbeitsverwaltung oder anderen regionalen Förderungsinstitutionen "abholen" könnten. Jetzt aber sieht es so aus, daß ohne definierte Förderstrukturen und -kriterien der politische Konsens von Treuhandanstalt, Ländern und Gebietskörperschaften über die Ergänzungsfinanzierung jedes einzelnen Projekts durch den potentiellen Träger hergestellt werden muß. Dieses wird der Mehrzahl der ABS nicht gelingen.

Literatur

Bosch, G., 1990: Qualifizieren statt Entlassen. Beschäftigungspläne in der Praxis, Opladen

Bosch, G./Knuth, M., 1992: Beschäftigungsgesellschaften in den alten und neuen Bundesländern in: WSI-Mitteilungen 7/92, S. 431-439.

Bosch, G./Neumann, H. (Hrsg.), 1991: Beschäftigungsplan und Beschäftigungsgesellschaft. Neue Konzepte und Initiativen in der Arbeitsmarkt- und Strukturpolitik, Köln

Fischer, U., 1992: Rahmenbedingungen und ausgewählte Projektbeispiele dreier Qualifizierungs- und Beschäftigungsgesellschaften (Hans-Böckler-Stiftung, Manuskripte 76), Düsseldorf

Grass, B., 1992: Qualifizierungs- und Beschäftigungsinitiativen. Bericht über eine Umfrage in den neuen Bundesländern (Hans-Böckler-Stiftung Manuskripte 77), Düsseldorf

Grass, B., 1993: Beschäftigungs- und Qualifizierungsgesellschaften in den neuen Ländern. Zwischenbericht der zweiten Erhebung, unveröffentlichtes Ms. (vorgelegt der Hans-Böckler-Stiftung im Januar 1993)

Hagen, K./Meinhardt, V./Scheremet, W./Scherzinger, A., 1992: Wirkungen der arbeitsmarktpolitischen Instrumente auf die wirtschaftliche Entwicklung in Ostdeutschland. Gutachten im Auftrag des Bundesministers für Arbeit und Sozialordnung. Endbericht. Berlin

Kaiser, M./Otto, M., 1992: ABS in den neuen Bundesländern. Bestand, Maßnahmeschwerpunkte, Teilnehmer (IAB-Kurzbericht Nr. 7 vom 21.2.92), Nürnberg

Knuth, M., 1992a: ABS-Gesellschaften. Agenturen des sozial begleiteten externen Strukturwandels, in: H. Schmitthenner (Hrsg.): Zwischen Krise und Solidarität, Hamburg, S.59-74

Knuth, M., 1992b: Arbeitsmarktpolitische Potentiale und Perspektiven von Gesellschaften zur Arbeitsförderung, Beschäftigung und Strukturentwicklung. Acht Fallstudien von ABS-Gesellschaften (Bundesminister für Arbeit und Sozialordnung, Forschungsbericht 219), Bonn

Knuth, M., 1992c: ABS-Gesellschaften als Übungsfirmen. Anforderungen an die Personal- und Organisationsentwicklung, Beitrag zur 7. Fachtagung des IPWS, Berlin, 11./12.12.92

Knuth, M., 1993: ABS-Gesellschaften. Arbeitsmarktpolitik als Transformationspolitik? in: R. Neubäumer (Hrsg.): Arbeitsmarktpolitik kontrovers. Darmstadt (im Erscheinen)

Spitznagel, E., 1992: Allgemeine Maßnahmen zur Arbeitsbeschaffung (ABM) - Neue Forschungsergebnisse (IAB-Werkstattbericht Nr. 11 vom 6.8.92), Nürnberg

Zukunft im Zentrum, Service-Gesellschaft (Hrsg.), 1992: Arbeitsmarktpolitische Potentiale und Perspektiven von Beschäftigungs- und Qualifizierungsgesellschaften im Ostteil Berlins. 6 Fallstudien, Berlin

Trägerstrukturen im ökonomischen Strukturbruch Ostdeutschlands

Die Trägergesellschaft Schiffbau in der Werftindustrie Mecklenburg-Vorpommerns

Bernd-Georg Spies

1. Zur Ausgangssituation

In der ostdeutschen Werftindustrie ist die Zahl der Arbeitsplätze seit der Wirtschafts- und Währungsunion vom 1. Juli 1990 um nahezu 45.000 zurückgegangen. Waren zu jenem Zeitpunkt noch rund 56.000 Arbeitnehmer bei den Unternehmen der Deutschen Maschinen- und Schiffbau AG (DMS AG) beschäftigt, so ist diese Zahl seitdem auf rund 12.000 gesunken. Der Privatisierungsprozeß der ostdeutschen Schiffbauindustrie ist damit weitgehend abgeschlossen, wenngleich für einige kleinere Werften bzw. Werftzulieferer - mit für ihre jeweilige Region zum Teil bedeutsamer Position - eine Lösung nach wie vor noch aussteht.

Wurde der personelle Abbau in den ersten 12 Monaten nach der Wirtschafts- und Währungsunion weitgehend mit "sanften" Optionen wie etwa betrieblichen Ausgliederungen, Eigenkündigungen sowie Vorruhestand und Altersübergang bewältigt, so standen zum Jahresende 1991 nahezu 10.000 Entlassungen an. Im Rahmen kollektiver Vereinbarungen zwischen Treuhandanstalt, DMS-Vorstand, IG-Metall Bezirksleitung Küste und dem Konzernbetriebsrat wurde allen Betroffenen - sofern diese nicht über anderweitige Alternativen verfügten - die Möglichkeit eingeräumt, in eine Arbeitsförderungs-, Beschäftigungs- und Strukturentwicklungsgesellschaft (ABS) überzugehen. In den Monaten zuvor waren an allen Standorten der DMS AG unter tätiger Mithilfe der Betriebsräte, der örtlichen IG Metall, aber auch der Unternehmensleitungen insgesamt 15 ABS entstanden.

Ab Januar 1992 - also mit dem Wirksamwerden der Massenkündigungen - nahm auch die Trägergesellschaft Schiffbau, (Gesellschaft zur Beschäftigungsförderung des Sektors Maschinen- und Schiffbau [TGS-DMS]), als Holding und Beratungsgesellschaft ihre Arbeit auf.

Tabelle: Arbeitnehmer (AN) in BQG/ABS (Stand: 31. Mai 1993)

BQG/ABS	AN in ABM gesamt	dav. m. FuU	Teiln. Vollzeit-FuU externe Träger	Vollzeit-FuU eigene ABS	Stammkräfte	AN in Ausgründungsprojekten	AN in bereits ausgegründ. Unternehm.	Anzahl betreuter Personen	Zahl der AN im Betreuungs u. Vertragsver. Summe Sp. 2+4+5+6+8+9
1	2	3	4	5	6	7	8	9	10
ABG Stralsund	392		87	23	17	37	59	191	769
ABS Schiffbau	135	33	21	16	4	15		116	292
AFQG Halberstadt	233							40	273
BQBZ Barth	187	123						148	335
BQG Neptun	337		4		5	46	6		352
BQG Schwerin-Nord	46	20	28		2			28	104
BQG Torgelow	75				2	27			77
GBB Boizenburg	66	48		53	1	20		32	152
GGB Wolgast	150	51			5	16	40	153	348
INGTECH	40	11	6		2	30	2	40	90
LIFT mbH	200	130			28	29	29	24	281
NL Parchim	109				1				110
QEG Wismar	188	24			4	21	6	90	288
RD-AFG	150	49	128	41	5			165	489
UEQ Rechlin	172	30			5	4	11	321	509
	2.480	519	146	133	71	245	153	1.348	4.331

Quelle: TGS.

2. Die Gesellschaft zur Beschäftigungsförderung des Sektors Maschinen- und Schiffbau (TGS-DMS)

Der Beschäftigungsstand der von der TGS betreuten 15 ABS lag Anfang 1992 bei knapp 10.000 Personen, davon entfielen rund 50 % auf "Kurzarbeit Null", der Rest verteilte sich auf ABM- und Qualifizierungsmaßnahmen.

Insbesondere wegen des Auslaufens der speziellen Regelungen über die Ergänzungsfinanzierung bei "Kurzarbeit Null" durch die Treuhandanstalt ist die "Bindungswirkung" der 15 ABS mittlerweile auf weniger als 5.000 zurückgegangen (Stand Ende Mai 1993, siehe Tabelle).

Zu den rund 2.500 Beschäftigten in ABM kommen knapp 300 Teilnehmer an Qualifizierungsmaßnahmen. Bemerkenswert ist dabei, daß binnen Jahresfrist die Zahl der ABM-Beschäftigten in Mecklenburg-Vorpommern um knapp 40 % gesunken ist, wogegen die ABS der TGS ihre ABM-Zahlen um ca. 20 % steigern konnten. Hier schlagen sich der deutlich gewachsene Professionalisierungsgrad der ABS, ihre beträchtlichen Akquisitionserfahrungen ebenso nieder wie besondere Finanzierungsspielräume im Bereich der TGS, über die an anderer Stelle noch zu berichten sein wird. Nach wie vor stehen immerhin knapp 1.400 Arbeitnehmer in einem Betreuungsverhältnis zu den ABS, d.h. sie werden durch Qualifizierungsberatung, aber auch Miet- und Sozialrechtsberatung etwa durch lokale Arbeitslosenzentren erfaßt.

3. Eine vorläufige Zwischenbilanz

Insgesamt rund 1.600 Arbeitnehmer haben bislang aus den 15 ABS wieder in den ersten, regulären Arbeitsmarkt übergehen können. Die Gesellschaften haben somit in durchaus nennenswertem Umfang die ihnen zugedachte Rolle eines arbeitsmarktlichen "Rückhaltebeckens" spielen können. Differenzierte Befunde über die unterschiedlichen Verbleibswege liegen bislang noch nicht vor, insbesondere die im strukturschwachen Mecklenburg-Vorpommern evidente Frage nach möglicher "Westwanderung" läßt sich nicht verläßlich beantworten. Zu diesem Zweck plant die TGS im Herbst 1993 eine Verbleibsuntersuchung aller seit Juli 1992 aus den ABS Ausgeschiedenen.

In Mecklenburg-Vorpommern insgesamt, aber auch in den ABS der TGS fehlen "Mega-ABM". Vielmehr verteilt sich das oben bezifferte Beschäftigungspotential auf rund 180 unterschiedliche AB-

Maßnahmen. Dabei dominieren (Anteil rund 2/3) investive strukturverbessernde und innovative Projekte. Dies schließt Vorhaben der Umprofilierung einer Werft zum Tourismusstandort ebenso ein wie den Bau einer Pilotanlage zur Entschlammung von Seen oder aber die Wiedernutzbarmachung von Werftbrachen.

Die breite Diversifizierung von Maßnahmen hat unzweifelhaft die "Netzwerkfähigkeit" der ABS gestärkt, sind sie doch bei der Maßnahmeakquisition auf die politische Unterstützung und praktische Kooperation einer Vielzahl von Gruppen und Institutionen angewiesen. Damit ist es ihnen vielerorts gelungen, in Verbünden örtlicher Träger, aber auch in Foren der unterschiedlichen gesellschaftlichen Gruppen und Institutionen - etwa in der Wirtschaftsförderung - Eingang zu finden.

Bisher sind sieben Unternehmen mit mehr als 150 Beschäftigten aus ABS ausgegründet worden, wobei die von uns in diesem Fall gewählte Definition "klassische" Ausgründungen ebenso einschließt wie wirtschaftliche Geschäftsbetriebe innerhalb einer ABS, aber auch Zugründungen zu bereits existierenden Unternehmen. Definitionskriterium ist hier, daß Erlöse aus dem Verkauf von Produkten oder Dienstleistungen (also Leistungsaustausch am Markt) die hauptsächlichen Finanzierungsquellen der geschaffenen Arbeitsplätze darstellen. Davon begrifflich und praktisch zu unterscheiden sind die rund 250 Arbeitsplätze in Projekten, die erst mittelfristig auf erwerbswirtschaftliche Perspektiven hin angelegt sind. Insgesamt geht die TGS von einem Ausgründungspotential von knapp 400 Arbeitsplätzen aus, ein Wert der deutlich über den bisherigen Annahmen über die Ausgründungspotentiale aus ABS läge. Das Institut für Arbeitsmarkt- und Berufsforschung (IAB) bezifferten das Ausgründungspotential mit lediglich 5 bis 10 % der in ABM gebundenen Arbeitnehmer.

Es ist gelungen, mit dem Instrument von "Kurzarbeit Null", Qualifizierung und ABM die rapide Erosion der lokalen Arbeitsmärkte in Mecklenburg-Vorpommern zu verlangsamen und gleichzeitig strukturverbessernde, innovative Impulse auszulösen. Anders formuliert: Die ABS binden qualifizierte Arbeitskräfte in der Region und wirken gleichzeitig mit, die wirtschaftsnahe Infrastruktur zu verbessern. Darüber hinaus gehen von ihnen - mittlerweile auch deutlich dokumentiert - Initiativen zur wirtschaftlichen Belebung der Region aus.

Dort, wo die aus Westdeutschland bekannten ökonomischen Strukturen fehlen, etwa eine nennenswerte Zahl von Unternehmen noch nicht privatisiert ist, die Privatisierung erst vor kurzem abgeschlossen wurde und neugegründete Unternehmen noch ihre Anfangsphase durchlaufen, fehlen die traditionellen Bezugssysteme für staatliches Handeln im Bereich der Wirtschafts-, Technologie- und Strukturpolitik. Neue Systeme von Akteuren bilden sich heraus. So organisieren einzelne ABS Regionalkonferenzen und Foren, koordinieren somit örtliche Abstimmungsprozesse in der Wirtschafts- und Beschäftigungspolitik.

Andere führen Sanierungsprojekte von Gewerbebrachen mit der Perpektive durch, im Wege einer Verwaltungsvereinbarung mit der Kommune auch die Vermarktung der Liegenschaften zu übernehmen. Privatisierungskonzepte der Treuhandanstalt sehen mittlerweile durchaus auch vor, mit der ABS nicht nur über die Übernahmen von Arbeitnehmern, sondern auch von ganzen Betriebsteilen zu verhandeln. Die TGS hat unlängst mit einer Fachhochschule in Vorpommern gemeinsam ein Programm konzipiert, die ABS auch als Anbieter von Praktika für Studenten der Ingenieurwissenschaften und Betriebswirtschaft vorzusehen; erste Erfahrungen bei der Umsetzung sind durchaus vielversprechend. Diese positiven Kooperationserfahrungen finden nun ihre Fortsetzung in einem Projekt, die Lücke zwischen Grundlagenforschung und praktischer Anwendung von Wasserstofftechnologie durch den Bau von Pilotanlagen durch ABS zu schließen.

Was vielerorts zu Beginn des Lebenszyklus der ABS für Utopie gehalten wurde, beginnt sich jetzt deutlicher abzuzeichnen: Die ABS können neben arbeitsmarkt- und strukturpolitischen Impulsen auch mithelfen, die technologische Basis einer Region zu stärken.

Zusammenfassend läßt sich konstatieren, daß die ABS der TGS weit aus ihrer ursprünglich sehr begrenzten arbeitsmarktpolitischen "Auffangfunktion" herausgetreten sind und zunehmend zu facettenreichen "Agenturen für regionalen Strukturwandel" mutieren. Diesem faktischen Funktionserweiterungsprozeß wird in der öffentlichen Debatte um Leistungskraft von und Erfahrungen mit ABS noch zu wenig Aufmerksamkeit geschenkt, hier dominiert in der Wahrnehmung noch weitgehend das aus Westdeutschland geprägte Bild des klassischen Beschäftigungsträgers mit überwiegend sozialpolitisch geprägten Aufgaben.

4. Zur Verzahnung von Instrumenten der Arbeitsmarkt- und Wirtschaftsförderung

Nach drei Jahren des ökonomischen Transformationsprozesses in Ostdeutschland setzt sich mittlerweile die Erkenntnis durch, daß angesichts des dramatischen Struktur- und Beschäftigungsbruchs die Instrumente herkömmlicher Wirtschaftsförderung unzureichend sind, wie auch massive Investitionen aus Westdeutschland sich zumindest kurzfristig nicht werden realisieren lassen. Ein neues Leitmotiv der Beschäftigungspolitik beginnt sich zu entwickeln: Alle Instrumente der Beschäftigungs-, Wirtschafts- und Arbeitsmarktförderung in einer Region müssen in einem integrierten Konzept zusammengeführt werden, einen instrumentellen "Königsweg" in der regionalen Beschäftigungsförderung gibt es nicht.

Neu an dieser Entwicklung in Ostdeutschland ist, daß die "Verknüpfungsdebatte" ihren appellatorischen Charakter verliert und vielmehr an praktischen Beispielen gezeigt werden kann, wie eine derartige Integration beider Politikfelder aussieht.

Dabei werden natürlich auch Träger und Institutionen von Interesse, die de facto an der Nahtstelle von unterschiedlichen Politikbereichen operieren. Dazu gehören ABS. Unzweideutig rankten sich um ihre Gründung und Tätigkeit in der Anfangsphase vorwiegend ordnungspolitisch begründete Zweifel, sie haben inzwischen - dies belegen unter anderem die Erfahrungen der TGS - eindeutig unter Beweis gestellt, daß sich bei der regionalen Strukturerneuerung und der Anbahnung von Dauerarbeitsplätzen wichtige regionalwirtschaftliche Beiträge liefern können.

Gleichwohl zeigen sich in der Arbeit der ABS wie im Brennglas deutliche Koordinations- und Abstimmungsdefizite unterschiedlicher Politikbereiche. So schließen die herkömmlichen Instrumente der Wirtschaftsförderung (Gemeinschaftsaufgabe zur Förderung der regionalen Wirtschaftsstruktur, Eigenkapital-Hilfe-Programm aber auch die Mittel aus dem ERP-Programm) "unkonventionelle" Existenzgründer von der Förderung aus. Die Mittelvergabe konzentriert sich auf "typenreine" erwerbswirtschaftliche Unternehmen und kann - so die Konsequenz - erst einsetzen, wenn der formale Gründungsakt eines Unternehmens vollzogen ist. Gleitende Übergänge aus Projekten, die mit Mitteln der Arbeitsmarktpolitik "anfinanziert" werden und anschließend - mit entsprechendem technischen Projektfortschritt und zunehmender Marktkenntnis - sukzessive in erwerbs- und eigenwirtschaftliche Formen hinüberwachsen, sind als Förderfall für die Wirtschaftsförderung derzeit nicht vorgesehen.

ABS per Definition als "nicht-erwerbswirtschaftliche" Unternehmen vorzusehen entbehrt jedoch nicht einer gewissen Ironie: Mit Erlaß des Bundesfinanzministers vom März 1992 wurde den ABS der Status der Gemeinnützigkeit verwehrt - unter anderem auch mit Hinweis auf ihre häufig anzutreffende erwerbswirtschaftliche Orientierung. Daraus ergibt sich ein Dilemma: Steuerrechtlich unter Verweis auf ihre Erwerbsorientierung nicht mehr gemeinnützig, wird den Gesellschaften durch die Wirtschaftsförderung unter Verweis auf ihre zu geringe Erwerbsorientierung der Mittelzugang verwehrt. ABS finden sich somit im "förderpolitischen Niemandsland".

Mit der Einbeziehung der fünf neuen Bundesländer in die Ziel 1-Förderkulisse der Strukturfonds der EG und der damit verbundenen Bereitstellung von insgesamt rund 27 Milliarden DM ergibt sich eine besondere Chance der Verknüpfung von beschäftigungs- und strukturpolitischen Ansätzen. Bisher wurden die Mittel des Europäischen Fonds für Regionale Entwicklung (EFRE) etwa in Mecklenburg-Vorpommern in erster Linie zur Ergänzung der Gemeinschaftsaufgabe zur Verbesserung der regionalen Wirtschaftsstruktur genutzt, die Mittel des Europäischen Sozialfonds jedoch davon völlig unabhängig verwandt. Diese Situation muß im Zuge der Reform der Strukturfonds und der jetzt auf fünf Jahre planbaren Mittelsituation überwunden werden, die TGS plant hierzu ein Initiative, um in Mecklenburg-Vorpommern mit dem Wirtschafts- und dem Sozialministerium zu einer gemeinschaftlichen und integrierten Konzeption zu gelangen.

5. Finanzierungsmix und Experimentierfonds als Bestandteile von ABS-Innovation

Die vergangenen zwei Jahre der Arbeitsmarktpolitik in Ostdeutschland waren von immer enger werdenden Handlungs- und Finanzierungsspielräumen gekennzeichnet, bei ABM wurden etwa Fördersätze im Personal- und Sachkostenbereich deutlich zurückgefahren, die Eigenbeteiligung der Träger in der Maßnahmefinanzierung verankert. Ohne eigene materielle Basis hätten sich daraus für die Gesellschaften rasch existenzbedrohende Finanzengpässe ergeben können, zudem wäre die Initiierung innovativer Projekte mit Ausgründungspotential, aber auch erhöhtem Sachmittelbedarf, auf diesem Weg nahezu unmöglich geworden. Angesichts dieser Situation sind die Gesellschaften in den vergangenen Monaten zunehmend breiter in ihrer Finanzakquisition geworden, bei innovativen Projekten im Bereich der TGS beträgt der Finanzierungsanteil der Bundesanstalt für Arbeit mittlerweile nur noch 25 %, der Rest speist sich aus Mitteln der Treuhandanstalt, europäischer Fonds sowie Mitteln der jeweiligen Landesregierung, aber zunehmend auch selbst erwirtschafteten Mitteln. Auffallend ist, daß die Wirtschaftsministerien der Länder bislang als Finanziers von Arbeitsförderungs-, Beschäftigungs- und Entwicklungsgesellschaften weitgehend ausfallen.

ABS beginnen ein spezifisches "unternehmerisches" Stärkeprofil zu entwickeln. Dies liegt darin, die unterschiedlichsten Finanzierungsquellen in Projekten zusammenzubinden, um damit schrittweise die Abhängigkeit von einzelnen Finanziers zu überwinden.

In diesem Zusammenhang ist besonders die positive Wirkung von sogenannten Experimentalfonds erwähnenswert, wie sie im Bereich der TGS etwa in einem von der IG Metall mit der Treuhandanstalt vereinbarten 25-Millionen-DM-Fonds zur Projektfinanzierung besteht. Dieser Fonds speist sich aus bereitgestellten, aber nicht verbrauchten Sozialplanmitteln für ausscheidende Arbeitnehmer aus Werftunternehmen und soll zur Spitzenfinanzierung von innovativen, aber insbesondere auf die Schaffung von Dauerarbeitsplätzen ausgerichteten, Projekten dienen.

Die Vergaberegeln sind relativ offen, sehen jedoch in jedem Fall die Komplementarität der Mittel vor. Die Fondsfinanzierung darf im Mittel aller Projekte deshalb 20 % Finanzierungsanteil nicht überschreiten, kann aber im Einzelfall bis zu 50 % betragen. Die TGS hat das Fondsmanagement übernommen; bringt vorgelegte Projektanträge zur Entscheidungsreife und versieht diese mit Entscheidungsvoten; nach der Ausreichung der Mittel obliegt der TGS das Fondscontrolling. Einem Beirat aus den unmittelbar beteiligten Institutionen (IG Metall, Konzernbetriebsrat, Treuhandanstalt und einer die Sozialplanmittel treuhänderisch verwaltenden Rechtsanwaltssozietät) obliegt die Mittelvergabe. Die Mittel selbst dienen zur Vorfinanzierung arbeitsmarktlicher Maßnahmen (bisher rund 13 Millionen DM, die nach erfolgter Zahlung durch die Arbeitsämter wieder zurückfließen/revolvierender Fonds), zur Finanzierung von Projekten mit Ausgründungs- und/oder Innovationscharakter (bisher rund 9 Millionen DM) und zur Sicherung der Arbeit der Geschäftsführungen (rund 1 Millionen DM). Der Fonds hat bislang entscheidend mitgeholfen, Finanzierungsspitzen bei Vorhaben mit technischem Innovationsgehalt und Ausgründungscharakter zu sichern. Bemerkenswert ist auch der durch diesen Experimentalfonds ausgelöste Multiplikatoreffekt: Die rund 9 Millionen DM Projektmittel haben insgesamt rund 50 Millionen DM Gesamtfinanzierungsvolumen der Projekte mobilisiert. Unter Beschäftigungsaspekten sind folgende Resultate zu verzeichnen: Mit den Fondsmitteln konnten Projekte mit einem Arbeitsplatzvolumen von mehr als 750 realisiert werden, mittelfristig wird diese Zahl auf knapp 900 Dauerarbeitsplätze steigen.

6. Einige Schlußfolgerungen und Forderungen

Die Arbeit der Trägergesellschaft Schiffbau war neben der organisatorischen und unternehmenspolitischen Stabilisierung der ABS sowie der Rolle als politischer Interessenvertreter im Schwerpunkt darauf gerichtet, den ABS bei derartiger Kombinationsfinanzierung zur Seite zu stehen. Der gewachsene Professionalisierungsgrad der ABS dürfte nicht zuletzt auch auf die kontinuierliche Beratungsarbeit der TGS zurückzuführen sein. Insofern, dies läßt sich als generelle Schlußfolgerung vorläufig formulieren, kommt sogenannten intermediären Organisationen eine besondere Scharnierfunktion beim Zusammenführen unterschiedlicher Instrumente und Finanzierungsquellen in der regionalen Wirtschafts- und Beschäftigungspolitik zu.

Aus dem Problem, unterschiedliche Politikbereiche zur Beschäftigungsförderung miteinander zu verzahnen, lassen sich vier politische Schlußfolgerungen und Forderungen ableiten:

a) Wirtschaftsförderungsprogramme und Existenzgründungshilfen müssen auch für "unkonventionelle" Existenzgründer geöffnet werden.

b) Es scheint dringend notwendig, die Förderprogramme, aber auch die politischen Konzeptionen der Ressorts "Arbeit" und "Wirtschaft" stärker aufeinander zuzubewegen. Dies kann im ersten Schritt den Charakter eines konzeptionellen Abstimmungsprozesses einnehmen, bei denen etwa die Wirtschaftsressorts der Länder ihre Förderprogramme auf bestehende Förderhemmnisse für unkonventionelle Existenzgründer, also auch ABS, überprüfen. In einem zweiten Schritt scheint jedoch unabdingbar, die institutionelle Trennung zwischen den Ressorts aufzuheben. An dieser Stelle wären insbesondere die sächsischen Erfahrungen mit der Erfahrung eines integrierten Ressorts "Arbeit und Wirtschaft" auszuwerten.

c) Die Einrichtung von förderinhaltlich offenen und verfahrensmäßig auf Konsensprinzipien unter Einbeziehung relevanter ge-

sellschaftlicher Gruppen basierenden Experimentalfonds muß eine weitere Innovation in der Förderpolitik darstellen.
d) Die Erfahrungen der TGS zeigen, daß die Arbeit von regionalen und sektoralen Trägergesellschaften sich schrittweise dem Charakter von regionalen Entwicklungsagenturen annähert: Neben Funktionen, die mit dem spezifischen Charakter von ABS zusammenhängen (institutionelle Stabilisierung, politische Lobbyfunktion), können sie in regionalen Dialogen örtliche und regionale Entwicklungsschwerpunkte und in diesem Rahmen praktische Vorhaben definieren helfen und entsprechende Finanzierungs- und Instrumentenschritte zur Umsetzung erarbeiten. Des weiteren ist darauf zu verweisen, daß insbesondere sektorale Trägergesellschaften durch ihre Tätigkeit an der Nahtstelle von personalabgebenden Betrieben und die Beschäftigungsabbaufolgen bewältigenden Regionen die Kluft zwischen betrieblicher Beschäftigungspolitik und öffentlicher Arbeitsmarkt- und Wirtschaftspolitik reduzieren helfen. Hier wird durch die Erfahrungen in Ostdeutschland mit ABS und den Trägergesellschaften ein Feld institutioneller und instrumenteller Reformen und Innovationen beschrieben.

7. Der Beratungsansatz der TGS: Kontinuität und regionale Schwerpunktsetzung

Die Aufgaben der Trägergesellschaft Schiffbau lassen sich in sieben Funktionen beschreiben:
- Projektberatung,
- Unternehmensberatung,
- Holdingfunktion (Ausübung der Gesellschafterrechte in ABS),
- Weiterbildungsfunktionen,
- Lobbyfunktion/Interessenvertretung für die ABS,
- Hilfestellung bei innovativen Projekten und innovativen Finanzierungskonzepten,
- Konversionsagentur (Mithilfe bei der Umgestaltung des Sektors Schiff- und Maschinenbau sowie der Erarbeitung neuer regionalwirtschaftlicher Profile im von der Schiffbauindustrie dominierten Land Mecklenburg-Vorpommern).

Das Beratungskonzept der TGS basiert auf zwei Eckpfeilern, der "Fachlichkeit" und der "Projektzuständigkeit". In der Praxis hat sich dieses in einer doppelten Zuständigkeit der TGS-Berater sowohl für ein bestimmtes Fachgebiet (unterschiedliche Instrumente des AFG, Wirtschaftsförderungsinstrumente, EG-Programme, Controlling,

Unternehmensrevision, Beteiligungsverwaltung sowie Presse- und Öffentlichkeitsarbeit) und in der Zuständigkeit der Berater für jeweils eine Gruppe von ABS niedergeschlagen. Diese Doppelfunktion der Berater hat aus unserer Sicht zwei entscheidende Vorteile: Sie erhalten und bauen ihre fachliche Kompetenz aus, andererseits zerfällt der Kontakt der jeweiligen ABS mit der Trägergesellschaft nicht in viele Einzelpersonen. Die ABS hat einen festen Partner in der Organisation, der federführend sowohl für die unternehmenspolitische wie auch die fachliche Unterstützung steht. Es versteht sich von selbst, daß diese Arbeitsweise TGS-interne Teamarbeit und eine enge Abstimmung und Konsultation mit den Experten der anderen Fachgebiete erfordert. Daneben erwerben so alle TGS-Berater Erfahrungen in der Unternehmenssteuerung und -anleitung, was wiederum das Gesamtpotential der Erfahrungen und Fachkenntnisse in der TGS anreichert.

Der TGS Beratungsansatz unterscheidet sich von dem herkömmlicher Unternehmensberatungen nicht darin, daß er unentgeltlich, sondern vor allem langfristig angelegt ist. Nur so wird es möglich, ein Vertrauensverhältnis zwischen ABS und TGS aufzubauen, ein notwendiges Maß an Ergebnisverantwortung für die Beratung bei der TGS herzustellen und durch die Kenntnis des regionalen Umfelds auch entsprechende regionale Überzeugungs- und "Verankerungsarbeit" zu leisten.

Auf ein beratungsstrategisch besonderes Problem soll hier gesondert hingewiesen werden. Es handelt sich dabei um den grundsätzlichen Berater/Klientenkonflikt über das Verhältnis zu Projekten und Innovationen, die durch Berater initiiert werden, bzw. - um erfolgreich umgesetzt zu werden - von den Beteiligten vor Ort getragen werden müssen. Hier gibt es aus unserer, nunmehr 1 1/2-jährigen Erfahrung, keine Ideallösung: Grundsätzlich muß das Prinzip gelten, daß die Berater die unternehmensrechtliche aber auch die politische Verantwortung der lokalen ABS für ihre Handlungen nicht ersetzen können. Daraus folgt, daß alle Vorschläge, Aktionen, Innovationen und Ideen von den lokalen Betroffenen und lokalen Umsetzern getragen und akzeptiert werden müssen. Erfahrungen aus der Arbeit der TGS zeigen jedoch, daß in gewissen Situationen und zu gewissen Zeitpunkten auch eine vorauseilende Funktion der Berater durchaus denkbar ist. Erst durch ein solches "Schneisenschlagen" der TGS ist es vielerorts überhaupt gelungen, innovative Projekte zu entwickeln und in den Regionen zu implantieren. Unseres Erachtens kann ein solches vorauseilendes Agieren von Beratern allerdings nur in der oben geschilderten Atmosphäre von Kontinuität und Vertrauen möglich sein. "Kurzfristberatung" mit überwiegend kommerzieller Motivation würde hier an unüberwindbare Grenzen stoßen. Es muß jedoch an dieser Stelle deutlich darauf hingewiesen werden, daß ein solches vorauseilendes Beratungsverhalten nur in einer Projektentwicklungs- und Anschubphase denkbar ist, es muß dann anschließend wiederum von einem Prozeß der regionalen und lokalen Implantation und Inbesitznahme des Projektes abgelöst werden.

Die Faktoren "Kontinuität" und "Vertrauen" verschaffen einer Beratungsagentur wie der TGS noch einen weiteren Vorteil: Da ihr kurzfristige eigenwirtschaftliche und kommerzielle Interessen nicht unterstellt werden können, ist sie auch in besonderer Weise prädestiniert, die Prozesse bei der Verzahnung von unterschiedlichen Förderinstrumenten aber auch bei der Herstellung von regionalen Dialogen und Konsensen in der Wirtschafts- und Strukturpolitk herzustellen. Das Vertrauen, daß der TGS entgegengebracht wird, setzt sie in die Lage, regionale, konsensuale Entwicklungsprozesse mit in Gang zu setzen, in einem Feld, daß über das eigentliche Aufgabengebiet einer ABS weit hinausreicht. Mit den ABS-Strukturen, aber auch mit dem Konzept der Trägergesellschaft ist in Ostdeutschland ein neuer Trägertypus an der Nahtstelle von Arbeitsmarkt-, Wirtschafts- und Strukturpolitik entstanden. Eine Auswertung dieses institutionellen aber auch instrumentellen Reformansatzes für die entsprechende Debatte in Westdeutschland scheint überfällig.

Betriebliche Weiterbildung als Element regionaler Arbeitsmarktpolitik in den neuen Bundesländern?

Erfahrungen aus der ersten Phase (1990/91) nach der Vereinigung auf Basis von ausgewählten Ergebnissen aus Branchenstudien

Rolf Dobischat/Rudolf Husemann

1. Problemstellung

In der traditionellen Begriffsdefinition wird die betriebliche Weiterbildung dadurch gekennzeichnet, daß sie betrieblich veranlaßt und finanziert, auf den betrieblichen bzw. arbeitsplatzbezogenen Qualifikationsbedarf zugeschnitten ist und in der Regel während der regulären Arbeitszeit stattfindet. Sie grenzt sich damit zur öffentlich geförderten Weiterbildung nach dem Arbeitsförderungsgesetz (AFG) mit primär arbeitsmarktbezogenen Funktionen und von der individuellen Weiterbildung, die mit persönlichen und zumeist beruflichen Aufstiegsinteressen verbunden ist, ab (vgl. Sauter 1989, 1992). Diesem übergreifenden Strukturprinzip der beruflichen Weiterbildung folgend, ist die betriebliche Weiterbildung im Kern kein Instrument der Arbeitsmarktpolitik.

Die Arbeitsmarktpolitik verfügt jedoch über eine Reihe von Instrumenten, um auf betriebliche Weiterbildung Einfluß zu nehmen. Wenn gleichzeitig von den Betrieben Akzeptanz gegenüber solchen Instrumenten signalisiert wird, sind Verknüpfungen zwischen öffentlicher Arbeitsmarktpolitik und privater betrieblicher Weiterbildung möglich. Die Erfahrungen in den alten Ländern mit der betrieblichen Weiterbildung als ein Instrument der Arbeitsmarktpolitik sind eher gering und desillusionierend hinsichtlich Qualität und Umfang (vgl. Bosch 1987, Dobischat/Neumann 1987 a/b). Für die neuen Bundesländer gilt, daß die betriebliche Weiterbildung bisher nur einen vergleichsweise geringen quantitativen Anteil im Verhältnis zur AFG-finanzierten Weiterbildung besitzt. Ihr Gewicht zu erhöhen könnte unter arbeitsmarktpolitischen Aspekten sinnvoll sein.

Durch die wirtschaftlichen und damit betrieblichen Umstrukturierungsprozesse sind die ehemaligen Strukturen der beruflichen Weiterbildung in den neuen Ländern zerbrochen. Die im wesentlichen auf betrieblicher Ebene organisierte Weiterbildung in der ehemaligen DDR wurde im Verlauf des Transformationsprozesses vom "Plan zum Markt" von einer umfassenden Qualifizierungs- und Weiterbildungsoffensive abgelöst, die durch massive finanzielle Unterstützung durch Mittel der Bundesanstalt für Arbeit (BA) die außerbetriebliche Weiterbildung in unterschiedlichen institutionell-organisatorischen Formen forcierte. Gegenwärtig wird diskutiert, eine Rückverlagerung der beruflichen Weiterbildung in die Betriebe vorzunehmen und ihre Förderung verstärkt aus AFG-Mitteln abzusichern (vgl. Schmidt 1992). Diese Argumentation wird mit der plausiblen Annahme begründet, daß von einer engeren Kopplung der Förderung der beruflichen Weiterbildung an den betrieblichen Bedarf größere Transfereffekte für den betrieblichen und wirtschaftlichen Wandel in den neuen Ländern erwartet werden können. Nach dieser Logik könnte sich eine Neuakzentuierung des Verhältnisses der unterschiedlichen Strukturelemente der beruflichen Weiterbildung andeuten, in dem AFG-geförderte Weiterbildung und betriebliche Weiterbildung näher aneinanderrücken, die bisher auszumachenden Überschneidungsbereiche breiter werden und die gängigen Definitionskriterien von Strukturelementen der beruflichen Weiterbildung an Trennschärfe verlieren.

Warum interessiert dieser Strukturwandel der Weiterbildung im Zusammenhang mit der Frage nach einer effektiven regionalen Arbeitsmarktpolitik? Damit erhöht sich die Erwartung an arbeitsmarktpolitische Funktionen betrieblicher Weiterbildung. Dies ist ein Anspruch, der auch in den alten Bundesländern schon Ende der 70er Jahre von Vertretern einer aktiven und vorausschauenden Arbeitsmarktpolitik eingefordert wurde, der aber bis heute auf wenige Konzepte - wie z.B. von Beschäftigungs- und Qualifizierungsplänen - beschränkt blieb. Wie hoch kann man vor diesem Hintergrund die Erwartungen in den neuen Ländern stecken?

Bekannt ist, daß mit beruflicher und betrieblicher Weiterbildung Segmentationsprozesse in den Beschäftigungschancen in mehreren Ebenen eingezogen und in ihrer Tendenz auch gestützt werden (vgl. Sengenberger 1978, 1987). Dies gilt zum einen im Verhältnis von Betrieb und Umwelt, also zwischen Beschäftigten und Arbeitslosen, zum anderen auch betriebsintern jeweils für unterschiedliche Belegschaftsgruppen. Betriebsintern soll die betriebliche Weiterbildung zunächst einmal die Arbeitnehmer in ihren Arbeitskompetenzen stärken, so daß sie auf neue betriebliche Aufgaben vorbereitet werden. Als personalpolitisches Instrument ist sie eine Alternative zu externer Personalrekrutierung und dient damit der Stabilisierung von leistungsfähigen Belegschaften. Die außerbetriebliche (AFG-geförderte) berufliche Weiterbildung zeichnet sich demgegenüber dadurch aus, daß sie für neue Aufgaben im Arbeitsleben - und zwar unabhängig vom konkreten Betriebsbezug - qualifizieren soll. Ausgehend von einer personellen Mobilität ist diese Weiterbildung bereits als Bestandteil eines qualifikatorischen Recycling-Prozesses bezeichnet worden (vgl. Sauter 1989). Dieser Ansatz setzt allerdings die Wiederaufnahme eines Beschäftigungsverhältnisses nach Abschluß von Weiterbildungsmaßnahmen voraus. Daß über außerbetriebliche Weiterbildung vor allem auch Entzugseffekte auf dem Arbeitsmarkt erzeugt werden, ist bekannt und darf als ein Segmentationsmoment angesehen werden.

Im innerbetrieblichen Arbeitsmarkt läßt sich die segmentative Funktion der Weiterbildung in Anlehnung an den sog. "Matthäus-Effekt" beschreiben, der nichts anderes besagt, als daß "... dem der hat, gegeben wird". Es läßt sich nachhaltig empirisch belegen, daß die betriebliche Weiterbildung sich überwiegend an die Beschäftigten mit höherer Qualifikation, in höheren Positionen und in zukunftsträchtigeren Arbeitstätigkeiten (z.B. Technikanwender) richtet. Darüber hinaus steigen die Teilnahmechancen ganz allgemein mit der Betriebsgröße und mit der Zugehörigkeit zu Branchen mit starker Wirtschaftskraft (chemische Industrie, Finanzdienstleistungen u.a.). Dies gilt grundsätzlich sowohl für das Volumen an Weiterbildung als auch für die aufgewendeten Mittel.

Mithin ist einige Skepsis angebracht, daß die betriebliche Weiterbildung umstandslos - auch unter der Perspektive verstärkter Förderung durch Mittel nach dem AFG - einen, den Erwartungen entsprechenden, Beitrag zur regionalen (überbetrieblichen) Arbeitsmarktpolitik leistet, indem sie dazu verhilft, auf dem Arbeitsmarkt benachteiligte Gruppen zu integrieren. Andererseits ist aber auch klar, daß ohne die Bereitschaft der Betriebe zur Öffnung für mehr Weiterbildung der Weg aus der beschäftigungspolitischen Misere in den neuen Bundesländern länger und schwerer sein wird.

Bei Berichten über die betriebliche Weiterbildung in den neuen Ländern muß auf die empirische Basis hingewiesen werden. Bekanntlich ist auch in den alten Bundesländern die Datenlage über die betriebliche Weiterbildung äußerst defizitär. Dafür sind eine Reihe von Gründen zu erkennen. In der betrieblichen Planung zählt die Weiterbildung zu den nachgeordneten Feldern. Die Parameter ihrer Planung und Steuerung und vor allen Dingen ihr Gegenstand und der Transfer in den Arbeitsprozeß sind kaum so zu erfassen, daß darüber eine einfach dokumentierbare (quantifizierbare) Datenbasis erstellt werden könnte. Dies gilt insbesondere auch für die Finanzierung, die in der Diskussion um ihren arbeitsmarktpolitischen Beitrag dann von Bedeutung werden kann, wenn eine Förderung der betrieblichen Weiterbildung über AFG-Mittel oder andere öffentliche Mittel in Rede steht. Darüber hinaus existiert kein einheitliches Raster für die Erhebung von Weiterbildungsdaten für den überbetrieblichen Vergleich oder für eine überbetriebliche Aggregation. Das heißt nicht mehr und nicht weniger, als daß von einer Analyse in den neuen Ländern nicht viel mehr erwartet werden kann als von einer in den alten Ländern.

Zusätzlich erschwerend bei der Darstellung von betrieblichen Weiterbildungsaktivitäten in den neuen Ländern erweist sich, daß sie nicht unbedingt an der ersten Stelle der Prioritätenliste in den betrieblichen Reorganisationsstrategien steht. Als sehr viel dringlicher werden die Sicherung bzw. der Bestandserhalt von Märkten, die Entwicklung der Produktion und der Erhalt des Unternehmensmanagements bei sich verändernden Eigentumsverhältnissen eingeschätzt. Auch die Ungewißheit der betrieblichen Zukunft dürfte als ein Hemmnis bei der Planung von betrieblicher Weiterbildung zu Buche schlagen. Besonders relevant ist dies in der Differenzierung zwischen (noch) Treuhandbetrieben und bereits privatisierten Betrieben bzw. Neugründungen.

Damit sind die Rahmenbedingungen genannt, unter denen Ergebnisse aus ersten Untersuchungen zur betrieblichen Weiterbildung in den neuen Ländern bewertet werden müssen. Nicht wie üblich kann eine Identifikation von Strukturmustern an den bekannten Kategorien wie Betriebsgröße, Branche oder Fertigungsstrukturen abgearbeitet werden, sondern hinzuzuziehen ist auch der Stand im Privatisierungsverfahren oder andere rechtliche Merkmale von Betrieben. So könnten Typenbildungen über Strukturmuster betrieblicher Weiterbildung, oder genauer gesagt über die Requalifizierung von Belegschaften über interne und externe personalpolitische Maßnahmen unter Einschluß von Weiterbildung, auch an den Bedingungen, unter denen Betriebe im Umstrukturierungsprozeß weitergeführt werden, abgebildet werden. Denkbare Unterschiede dürften z.B. zwischen Betrieben unter Treuhandverwaltung und anschließendem Status (Privatisierung, Sanierung) und auch zu neuangesiedelten Betrieben auszumachen sein. In dieser Überlegung wird zudem die zeitliche Dimension von Typenbildungen über Strukturmuster deutlich. Soweit solche Typologien schon entwickelt sind, liegen detaillierte empirische Ergebnisse über Requalifizierungsprozesse von Belegschaften noch nicht vor.

Allen diesen Unsicherheiten Rechnung tragend wird im folgenden auf ein erstes Untersuchungsprogramm eingegangen, welches Muster betrieblicher Weiterbildung - insbesondere Anpassungsqualifizierung unmittelbar nach der Wende - nach ausgewählten Branchen (Maschinenbau, Finanzdienstleistungen, Handel, Bauwesen, Chemische Industrie, Automobilindustrie) zu erfassen sucht.

Bei der betrieblichen Anpassungsqualifizierung in verschiedenen Branchen lassen sich einige bemerkenswerte Muster unterscheiden. Uneinheitlich verlaufen beispielsweise die Anpassungsqualifizierungen in verschiedenen Branchen in *zeitlicher* Hinsicht, d.h. während in einigen Branchen bereits (fast) "alles gelaufen" ist, sind in anderen Branchen solche Anpassungsmaßnahmen noch im Gange. Interessant ist, daß auch *innerhalb* einzelner Branchen unterschiedliche Zeitstrukturen zu beobachten sind. Hier wirken branchenübergreifende Momente, die mit der politischen Steuerung des wirtschaftlichen Umstrukturierungsprozesses verbunden sind (vgl. Kühl 1991, Kühl u.a. 1991). Daß sich der branchenspezifische Bedarf an Anpassungsqualifizierung, sowohl nach den *Zielgruppen* als auch nach den *Inhalten* und in der *Maßnahmenkonzeption und -durchführung* differenziert darstellt, überrascht nicht. Später wird darauf und auf damit zusammenhängende beschäftigungspolitische Aspekte eingegangen werden.

2. Zeitliche Aspekte

Die Bedeutung der zeitlichen Perspektive soll an dieser Stelle anhand von einigen Informationen zum wirtschaftssektoralen Wandel unterstrichen werden (vgl. Hübner 1993). Der Arbeitsplatzabbau erfolgte in einem unvergleichlich hohen Tempo und Ausmaß:
- Die Land- und Forstwirtschaft setzte bis Ende 1992 gut zwei Drittel ihrer Beschäftigten frei.
- Im Produzierenden Gewerbe sank die Zahl der Beschäftigten um 2,3 Millionen Personen auf 46 % des Standes von 1989.
- Im Baugewerbe betrug der Rückgang der Beschäftigung knapp 10 %.
- Im Verarbeitenden Gewerbe betrug die Reduktion 2,1 Millionen Arbeitsplätze auf 38 % des ehemaligen Bestandes.

- Trotz Beschäftigungsanstieg im Bereich der Finanzdienstleistungen verlor der tertiäre Sektor insgesamt knapp eine Million Beschäftigte seit 1989.

Die Veränderungen in den Wirtschaftssektoren, also die Reduktion in der Landwirtschaft um 5 %, die Reduktion im Produzierenden Gewerbe um mehr als 9 % und der Beschäftigungsanstieg im Tertiären Sektor um etwa 14 % erfolgten in der alten Bundesrepublik in einem Zeitraum von etwa 20 Jahren, die Veränderungen in den neuen Ländern innerhalb von nur 3 Jahren.

Schon eine erste Beobachtung verdeutlicht, daß die wirtschaftliche und soziale Umstrukturierung nicht zeitlich synchron, sondern in erheblichen Dissonanzen zwischen einzelnen Branchen verläuft. Bekannt ist beispielsweise, daß sich das Baugewerbe - angesichts reichlicher öffentlicher Aufträge - positiver entwickelt als die Industrie (vgl. WSI-Projektgruppe 1991). Zwei Extrembeispiele mögen etwa mit dem Geldverkehr und mit der Landwirtschaft genannt sein. Während im ersten Fall unmittelbar mit der Wirtschafts- und Währungsunion ein funktionsfähiges System mit neuen Anforderungen gefragt war, ist im zweiten Fall eine schrittweise Reduktion und ein allmählicher Übergang in den Produktions- und Vertriebsstrukturen durchaus vorstellbar. Daß dies unmittelbar die Dynamik des Veränderungsprozesses in den Qualifikationsanforderungen betrifft, bedarf keines besonderen Belegs. Im folgenden werden dazu einige Ergebnisse aus explorativen Studien in ausgewählten Branchen skizziert.

Im Handel begann unmittelbar nach der Grenzöffnung der Aufbau von Einzelhandelsbetrieben durch westliche Handelsketten. Mit dem Begrüßungsgeld und dem Umtausch 1:1 wurde massive Kaufkraft erzeugt. Die Währungsunion brachte den Privatisierungsprozeß rasch voran, und mit dem Anschluß zum 3. Oktober 1990 war im Bereich des Einzelhandels die Einführung der Marktwirtschaft weiter vorangeschritten als in den meisten anderen Branchen. Die Privatisierung wurde im Jahre 1991 weitgehend abgeschlossen. Dieser rasche Wandel bedeutete für die in den Einzelhandelsunternehmen Tätigen die Notwendigkeit einer unmittelbaren Qualifikationsanpassung, die sich aus dem Prozeß des Wirtschaftens im marktwirtschaftlichen System mit seinen neuartigen Formen der Personalführung, der Betriebsorganisation, des Marketings, der Materialdispositionen und mit neuartigen Produkten ergab. Defizite konnten sowohl durch direkt arbeitsprozeßorientiertes Lernen als auch durch begleitende Fortbildungsmaßnahmen abgebaut werden (vgl. Pogodda u.a. 1992).

So wie im Einzelhandel stellte sich auch im Bereich der Finanzdienstleistungen (Sparkassen, Banken und Versicherungen) unmittelbar mit der Aufnahme eines gemeinsamen Geldverkehrs die Notwendigkeit nach umfassender Anpassungsqualifizierung (vgl. Lötsch/ Grundmann 1992). Als Sofortmaßnahmen wurden die Konzepte und Bildungsinhalte aus den alten in die neuen Länder übernommen. Von ausgewählten Bildungsträgern (z.b. Bankakademie) wurden umgehend Seminare in den ehemaligen Bezirksstädten durchgeführt. Im Bereich der Banken und Sparkassen wurden solche Sofortprogramme durch eine berufsbegleitende, teils direkt arbeitsplatzbezogene Weiterbildung flankiert. Damit waren gute Bedingungen für eine interne Requalifizierung gegeben, was die Personalfluktuation und den Neurekrutierungsbedarf (aus qualifikatorischen Gründen) vergleichsweise gering ausfallen ließ. Mit einem solchen Weiterbildungsprogramm erscheinen die Voraussetzungen günstig, daß im Finanzdienstleistungssektor als einem Kernbestandteil des Dienstleistungssektors der Arbeitskräfte- und Qualifikationsbedarf zeitnah gedeckt werden kann (vgl. Jansen 1991). Hier bestehen perspektivisch Beschäftigungschancen auch für Absolventen von einschlägigen fachbezogenen externen Weiterbildungsmaßnahmen.

Demgegenüber geht in der gewerblichen Wirtschaft der Prozeß der wirtschaftlichen Umstrukturierung insgesamt sehr viel langsamer voran. Bei näherer Betrachtung zeigt sich allerdings eine deutliche Differenzierung auch innerhalb von Branchen, die sich im Zusammenhang mit den Privatisierungsstrategien der Treuhandanstalt ergibt. Als Beispiel sei auf den Maschinenbau als eine der ehemals exportkräftigsten Branchen der DDR verwiesen. Hier deutet sich an, daß sich hinsichtlich der betrieblichen Maßnahmen zur Anpassungsqualifizierung zwischen den noch unter Treuhandverwaltung stehenden Betrieben und den bereits privatisierten Unternehmen eine Schere öffnet: Während jene Betriebe, die mit westlichen Partnern kooperieren oder anderweitig privatisiert sind, sofort von einem funktionsfähigen Weiterbildungsangebot der westlichen "Stammbetriebe" profitieren oder Mittel für eigene Qualifizierungsmaßnahmen bereitstellen können, steht bei den noch unter Treuhandverwaltung stehenden Unternehmen die Sanierung im Hintergrund. Unsicherheiten über die betriebliche Zukunft und damit fehlende Investitionsbereitschaft lassen dann dort auch zeitnahe Qualifizierungsmaßnahmen als nachrangig oder überflüssig erscheinen (vgl. Hübner 1992).

3. Zielgruppen

Den ersten Erfahrungsberichten aus verschiedenen Branchen läßt sich entnehmen, daß der Anpassungsbedarf von Qualifikationen nach Zielgruppen höchst unterschiedlich und vielfältig ist. Für den Bereich der berufsfachlichen Qualifikationen überrascht kaum, daß gewerblich-technische Qualifikationen auf allen Niveauebenen bruchloser auf Tätigkeiten im neuen Wirtschaftssystem übertragbar sind als etwa kaufmännisch-verwaltende oder marktbezogene. Bemerkenswerte Veränderungen zeigen sich allerdings in den betrieblichen Belegschaftsstrukturen, geschlüsselt nach Qualifikationsstufen. Im marktwirtschaftlichen Anpassungsprozeß verschieben sich die Relationen zwischen den Gruppen: Teils werden vorhandene Qualifikationen entwertet, teils finden Qualifikationsanpassungen "nach oben" statt.

Bei der Gruppe der *Hoch- und Fachschulabsolventen* finden sich in den Befunden der untersuchten Branchen zwei bemerkenswerte Trends: Im Maschinenbau setzt sich ein Prozeß der Reduzierung dieses Personalsegments, in der Chemischen Industrie (vgl. Schroeder u.a. 1991) mindestens eine Stagnation durch. Im alten System, das mit einem hohen Anteil an Hochschulabsolventen ausgestattet war, können nunmehr Kostendruck, Konzentration von Betriebsstrukturen auf die "Kernbereiche" und Abwanderungen (in den Westen, Betriebsgründungen) dafür die Ursachen sein. Für die technischen Aufgaben durchweg gut qualifiziert, richtet sich die betriebliche Weiterbildung für diese Gruppe eher auf kundenbezogene oder kaufmännisch-verwaltende Funktionen. Die Ausdünnung im Segment der hochqualifizierten Beschäftigten im technisch-wissenschaftlichen Bereich kann zur Folge haben, daß in den Betrieben kaum noch eigenständige Forschung und Entwicklung durchgeführt wird. Dadurch wird die Gefahr gestärkt, daß die Betriebe in eine (technologische) Abwärtsspirale gelangen und damit in ihrer Überlebensfähigkeit gefährdet sind (vgl. Voskamp/Wittke 1990).

Ein Bereich, in dem eine starke Zunahme an Hochschulabsolventen zu verzeichnen ist, sind die Finanzdienstleistungen. Nach Ansicht von Personalchefs wurden aus alten Beschäftigungsverhältnissen keine "Banker", sondern "Angestellte und Geldzähler" übernommen. Dies gilt als Hinweis darauf, daß für alle Belegschaftsgruppen ein hoher Qualifizierungsbedarf gesehen wird (vgl. Lötsch/Grundmann 1992). Da sich der Bereich der Finanzdienstleistungen in den neuen Bundesländern in einer Phase kräftigen Aufschwungs befindet, drängen Hochqualifizierte in diesen Sektor. Mit einer Quote von mehr als 50 % in der betrieblichen Weiterbildung stellen Fach- und Hochschulabsolventen dort die relevanten Gruppen dar. Bemerkenswert ist, daß dieser Anteil bei den Banken, einem Bereich mit hoher Übernahmequote von Beschäftigten aus dem alten System, niedriger liegt als bei den Versicherungen, die in hohem Maße neues Personal rekrutieren. Hier liegt der Anteil der Hoch- und Fachschulabsolventen - bei aussichtsreichen beruflichen Perspektiven - in der betrieblichen Weiterbildung bei über 60 %.

An dieser Stelle sei auch ein Hinweis auf geschlechtsspezifische Muster der Beschäftigungsentwicklung in diesen Bereichen gegeben. Während der Bankenbereich mit seinen hohen Übernahmequoten der alten Belegschaften eine Frauendomäne war und vorerst wohl auch bleibt, entwickelt sich der Versicherungsbereich zu einem Rekrutierungsfeld für männliche Hochschulabsolventen (vgl. Lötsch/Grundmann 1992). Im Maschinenbau verläuft der Abbau von hochqualifizierten Arbeitskräften vor allem zu Lasten der Frauen, die häufig in den nunmehr ausgegliederten Betriebsfunktionen wie Bildung, Soziales, Gesundheit, Kultur tätig waren und jetzt auch bei Teilnahme an Weiterbildung geringe Chancen auf Beschäftigungsmöglichkeiten haben.

Ein hoher Bedarf an Anpassungsqualifizierung wird auch bei den Berufsgruppen unterhalb des Hochschulniveaus und den betrieblichen Funktionen gesehen, die in zunehmendem Maße *Dispositions- und Entscheidungstätigkeiten* beinhalten. Dazu zählen im Handel z.B. Geschäftsführer von Einzelhandelsgeschäften, im Bauwesen Poliere. Dieser Bedarf ergibt sich im Handel beispielsweise aus der Notwendigkeit eines eng terminierten Warenumschlags, geringerer Lagerhaltung und der eigenverantwortlichen Leitung gegenüber den übergeordneten Geschäftsbereichen. Im Bauwesen erzeugt die ständige Verfügbarkeit von Baustoffen und Werkzeugen Arbeitsbedingungen, die nicht mehr durch Materialknappheit geprägt sind, sondern den koordinierten effektiven Einsatz der verfügbaren Sach- und Personalmittel verlangen. Entsprechende Qualifikationsanforderungen ergeben sich auch aus höheren Anforderungen an Terminkoordination und Verantwortlichkeiten gegenüber den Auftraggebern. Darüber hinaus besteht seitens der Arbeitgeber eine hohe Erwartung an Personalführungskompetenzen, die kaum im Rahmen des alten Systems erworben werden konnten. Gerade für solche verhaltensbezogenen Qualifikationsmerkmale ist charakteristisch, daß sie nur schwerlich durch Seminare und durch kognitives Lernen erworben werden können, sondern im Prozeß der Arbeit als Erfahrungswissen angeeignet und durch begleitende Maßnahmen vertieft werden müssen und damit ein genuines Feld der betrieblichen Weiterbildung darstellen.

Für die *Arbeitnehmer in den ausführenden Funktionen* konnte im Einzelhandel und im Bereich der Finanzdienstleistungen innerhalb der Unternehmen nach der Wirtschafts- und Währungsunion ohne große Verzögerungen ein umfangreiches Kursangebot entwickelt und umgesetzt werden. Im Einzelhandel bezogen sich die Maßnahmen auf die Vermittlung von Produktkenntnissen und auf Verkaufstraining, im Bereich der Sparkassen und Banken wurde im Verfahren der "Beistellweiterbildung" auf Seminaren vermitteltes Wissen über den Geldverkehr unmittelbar in der beruflichen Tätigkeit geübt und angewendet. Im technisch-gewerblichen Bereich wurde - zumindest im Bereich des Maschinenbaus und auch im Bauwesen, also im klein- und mittelbetrieblichen Bereich - auf betrieblicher Ebene offenbar kein erheblicher Qualifizierungsbedarf gesehen. In der Automobilindustrie werden dagegen systematische Anpassungsqualifizierungen durchgeführt, ähnliches ist allerdings auch aus den alten Bundesländern, z.B. bei der Einführung neuer Produktionsverfahren bekannt. Die Automobilindustrie als Branche mit ambitioniertem Innovationsverständnis kann die betrieblichen Neugründungen in den neuen Bundesländern dafür nutzen, neueste Produktionsformen weitgehend losgelöst von den in den alten Werken bestehenden stofflichen, organisatorischen und sozialen Gegebenheiten auszutesten. Die in diesem Zusammenhang erforderlichen Qualifizierungsmaßnahmen dürfen in diesem Sinne sicherlich ebenfalls als Pilotprojekte angesehen werden. Unter dem Stichwort "lean production" dürfte mit diesen Veränderungsprozessen ein erheblicher Rationalisierungsschub verbunden sein. Wenn allerseits von einem Re-Transfer von Modellen (von Produktionskonzepten und dazugehöriger Weiterbildung) aus den neuen Bundesländern in die alten die Rede ist, wird zu überprüfen sein, wie weit damit in weiteren und schnelleren Sprüngen als bisher Rationalisierungsmaßnahmen - vielleicht verbunden mit qualifikatorisch anspruchsvollerer Arbeit - durchgesetzt werden können (vgl. Schumann u.a. 1992).

4. Organisation und Inhalte

Ebenso wie für Zielgruppen sind auch für die Weiterbildungsorganisation und -inhalte große Disparitäten zwischen den Branchen festzustellen. Im Hinblick auf beschäftigungspolitische Aspekte lassen sich folgende Befunde skizzieren.

Obwohl im Bereich der Sparkassen und Banken die Auffassung vertreten wird, daß mit dem marktwirtschaftlichen System nahezu auf allen Beschäftigungsebenen ein erheblicher Bedarf an Qualifikationsanpassung besteht und viele Tätigkeiten und Arbeitsaufgaben im planwirtschaftlichen Geldverkehr gar nicht vorhanden waren (vgl. Blötz 1991), kann diese Branche ohne größere Umstände ein leistungsfähiges Dienstleistungsangebot anbieten. Sie kann dabei auf ein elaboriertes und ausdifferenziertes internes Weiterbildungssystem zurückgreifen, welches eine anforderungsorientierte Anpassungsqualifizierung der vorhandenen Belegschaften ermöglicht und damit auch in hohem Maße beschäftigungssichernd wirkt. Als aus Arbeitnehmersicht attraktive Branche (hohes Berufsprestige, hohe Einkommen, sicherer Arbeitsplatz) kann sie darüber hinaus bei der Neurekrutierung von Personal auf hochqualifizierte Bewerber zurückgreifen und diese mit einem anspruchsvollen Weiterbildungsangebot auf die neuen beruflichen Tätigkeiten vorbereiten.

Anders gelagert ist die Situation im Bereich der Bauindustrie. Weder für die Managementfunktionen auf der Baustelle selbst (Poliere) noch für die Tätigkeiten in der Bauplanung - hier insbesondere diejenigen Tätigkeiten in den Bauverwaltungen betreffend, in denen rechtliche Regelungen zu beachten sind - läßt sich problemlos an vorhandene Qualifikationen anknüpfen, noch kann dafür auf ausgearbeitete Weiterbildungskonzepte und Maßnahmen zurückgegriffen werden. In solchen Konstellationen lassen sich zwar Möglichkeiten erkennen, über externe Weiterbildung einen zu erwartenden Qualifikationsbedarf zu decken. In der Praxis wird jedoch durchweg ein Personaltransfer aus den alten Bundesländern - zumindest auf Zeit - vorgezogen. Dies dürfte damit zusammenhängen, daß bei erwartetem Bauboom kein Verzug in der Bereitstellung von entsprechenden Leistungen hingenommen wird (vgl. Bloy 1992).

In den Industriebranchen Chemische Industrie und Maschinenbau konzentriert sich die betriebliche Weiterbildung nach vorläufigen Befunden auf die kaufmännische Weiterbildung und die Nutzung der modernen Informations- und Kommunikationstechnik, erst dahinter rangiert die Erweiterung betriebswirtschaftlicher Kenntnisse. Nach Arbeitsbereichen aufgeschlüsselt liegt der Qualifizierungsbedarf insbesondere in den Bereichen Finanzen/Einkauf, Management und Vertrieb (vgl. Hübner 1992, Schroeder u.a. 1991). Die Chemische Industrie sieht ihre Prioritäten in der Führungskräfteschulung (vgl.

Schroeder u.a. 1991). Ohne daß dazu bisher differenzierte Befunde vorlägen, läßt sich annehmen, daß gegenwärtig - aufgrund eines reichlichen Angebots von mit öffentlichen Mitteln geförderten Maßnahmen einerseits und reduzierten internen Ressourcen andererseits - ein großer Teil dieser Weiterbildungsinhalte extern vermittelt wird, die Umsetzung des Wissens aber sehr eng an spezifische betriebliche Kenntnisse und Erfahrungen gebunden ist. Daher erscheint es nicht problemlos möglich, daß ein solcher Qualifikationsbedarf etwa durch Außenrekrutierungen gedeckt werden kann. Über die Nutzung externer Weiterbildungsangebote als berufsbegleitende Maßnahmen liegen bisher aber auch nur wenige und eher negative Erfahrungen vor (vgl. Schroeder u.a. 1991). Charakteristisch, zumindest für die Anfangsphase der Qualifizierungsoffensive "Ost" dürfte sein, daß häufig betriebliche Interessen mit denen kommerzieller Weiterbildungsanbieter kollidierten. Mangelnde Erfahrungen mit privaten Anbietern auf der einen Seite und häufig anzutreffende ungenügende Qualität der Leistungen neu profilierter Bildungsträger auf der anderen Seite kennzeichneten die Situation.

5. Finanzierung

Im Zusammenhang mit regionaler Arbeitsmarktpolitik ist die Finanzierung der betrieblichen Weiterbildung in den neuen Bundesländern insoweit von Interesse, als darüber ermittelt werden kann, in welchem Maße Betriebe externe Mittel für ihre Qualifizierungsvorhaben nutzen. Die Befunde über die Weiterbildungspraxis in den verschiedenen Branchen und die verschiedenen Formen betrieblicher Qualifizierung lassen erwarten, daß darin erhebliche Unterschiede auszumachen sein dürften. So ist für die Weiterbildung im Bereich der Finanzdienstleistungen von hohen betrieblichen Eigenanteilen auszugehen, wenn hier brancheninterne Weiterbildungsprogramme genutzt werden. Andererseits gilt für alle arbeitsnahen Qualifizierungsformen, also (auch) für den Bereich der Banken und für den Handel, daß die entstehenden Kosten von den Betrieben zu tragen sind. In der gewerblichen Wirtschaft dürften im Zusammenhang mit Kurzarbeit in nicht geringem Umfang auch Mittel nach dem AFG für die betriebliche Weiterbildung in Anspruch genommen werden. Auch aus den betrieblichen Qualifizierungsprogrammen mit Modellcharakter, wie sie in der Automobilindustrie durchgeführt werden, ist bekannt, daß Verbindungen zur AFG-geförderten Weiterbildung bestehen. Dies hat seine Berechtigung darin, daß über solche Qualifizierungsprogramme Synergieeffekte zwischen betrieblichen und außerbetrieblichen Bildungsträgern ermöglicht werden, auch kann die regionale Arbeitsmarktmobilität dadurch unterstützt werden. Damit ist der Forderung nach einem "arbeitsmarktpolitischen Interesse" Rechnung getragen.

Quantitative Angaben über die Kostenstruktur der betrieblichen Weiterbildung sind gleichwohl nicht verfügbar. Zum einen ist dies ein Bereich, in dem auch in den alten Ländern eher mit Schätzungen als mit exakten, überbetrieblich vergleichbaren Daten gearbeitet wird. Es ist daher nicht zu erwarten, daß die Datenlage in den neuen Ländern besser ist. Zum anderen dürfte ein betriebliches Interesse daran bestehen, Mitnahmeeffekte einer extern geförderten und betrieblich genutzten Weiterbildung nicht aktenkundig werden zu lassen.

6. Zusammenfassung und Perspektiven

Die Beispiele aus den Branchenstudien verweisen darauf, daß auch im Bereich der betrieblichen Weiterbildung die Beschäftigungsperspektiven einzelner Branchen an der Organisation und an den Inhalten von Weiterbildung abgebildet werden können. Gemeinsam ist dem Finanzdienstleistungssektor und dem Bauwesen eine relativ positive wirtschaftliche Entwicklung in der Gegenwart und Zukunft, wogegen im Maschinenbau eher noch mit einem wirtschaftlichen Rückgang zu rechnen ist. Während bei den Banken aber kaum Probleme bestanden, das vorhandene Personal weiterzuqualifizieren und in den Unternehmen zu halten, ergibt sich im Baubereich die Notwendigkeit, spezielle Lernformen für bestimmte Funktionen erst noch zu entwickeln bzw. durch Personaltransfer (vorübergehend) zu ersetzten. Damit ist eine Besetzung von Stellen mit qualifizierten Arbeitskräften unmittelbar problematisch, auch ergibt sich eine erhebliche Vorlaufzeit bis zu dem Zeitpunkt, an dem dies erfolgen kann. Für die Industriebranchen ist noch nicht erkennbar, wie weit über die Inhalte und die Organisation der Qualifizierung ein Einfluß auf die Entwicklung des Beschäftigungspotentials und auf die Beschäftigtenstruktur genommen werden kann.

Neben der Differenzierung nach Branchen zeichnet sich in den Eigentumsformen der Betriebe ein Indikator für unterschiedliche betriebliche Weiterbildungsstrukturen ab. Dies wird an Hand der unterschiedlichen Weiterbildungsanstrengungen von Treuhandbetrieben und Ex-Treuhandbetrieben deutlich (vgl. Wahse 1993). Im Jahre

1992 betrug die Weiterbildungsquote in Treuhandunternehmen 17,6 %, in Ex-Treuhandfirmen 28,4 %. Aufgeschlüsselt nach einzelnen Wirtschaftsgruppen stellen sich die Weiterbildungsquoten breiter differenziert dar. Dem angegebenen Durchschnitt entspricht der Maschinenbau; in den Treuhandunternehmen dieser Branche kann man eine Weiterbildungsquote von 17 % beobachten, in Ex-Treuhandfirmen von 30 %. Größere Unterschiede weisen die Energie- und Wasserwirtschaft (28 % zu 66 %), die Elektrotechnik (12 % zu 36 %) und die Textil- und Bekleidungsindustrie (4 % zu 32 %) auf.

Vergleicht man außerdem die Teilnahme nach Qualifikationsgruppen, Aufwendungen etc., so zeigt sich durchweg das Bild starker Differenzierungen zugunsten der Weiterbildung in Ex-Treuhandbetrieben. Eine Annäherung an die westliche Praxis der Weiterbildung deutet sich darin an, daß die Teilnehmerquoten nach Belegschaftsgruppen ähnlich liegen wie in westlichen Betrieben, die Höhe der Kosten liegt dagegen noch weit unterhalb des West-Niveaus. Als förderlich für die Intensivierung der Weiterbildung in den Ex-Treuhandbetrieben dürften sich vor allem die deutlicher erkennbaren betrieblichen Produkt-, Produktions- und Marktperspekti-ven und damit eine Konturierung der Personalplanung und -entwicklung erweisen.

Nimmt man das eingangs geäußerte Blickfeld einer prozessuralen Betrachtung wieder auf, so zeigt sich in diesen Unterschieden zwischen Treuhandbetrieben und Ex-Treuhandbetrieben ein Trend der Annäherung der Ex-Treuhandbetriebe an eine Weiterbildungspraxis nach westlichem Muster. Die Ursachen, die dahinter stehen, können vielschichtig sein. So hat der Umstand, daß der Personalabbau in Treuhandunternehmen häufig nach Sozialklauseln erfolgte, dazu geführt, daß jüngere und qualifizierte (mobilitätsfähige) Arbeitnehmer die Betriebe verlassen mußten - mit dem Effekt, daß in den Ex-Treuhandbetrieben Personal mit höherem Alter und mit häufig formal hohen, aber schon vor längerer Zeit erworbenen Qualifikationen, dafür mit erheblichen Betriebs- und Berufserfahrungen verblieb. Ein solches Qualifikationspotential wurde dann als wenig angemessen für rasche betriebliche Umstrukturierungs- und Innovationsprozesse eingeschätzt. Darin könnte eine weitere Erklärung für die hohen Weiterbildungsanteile in diesen Betrieben liegen.

Diese Freisetzungspolitik nach Sozialklauseln hatte weitere Wirkungen im regionalen Wirtschaftsraum. Zum einen beförderte sie einen Trend zur Rekrutierung jüngerer Arbeitskräfte in betrieblichen

Neugründungen, ohne daß bisher bekannt wäre, wie dies betriebliche Weiterbildung tangierte. Diesem positiven Moment stand - zum anderen - die Bereitschaft vieler junger qualifizierter Erwerbspersonen zur Abwanderung oder zum Pendeln in den Westen gegenüber, was eine Ausdünnung des regionalen Qualifikationspotentials mit sich brachte. Durch diese Entflechtungs- und Freisetzungspolitik wurden somit betriebstypische Belegschaftsstrukturen mit spezifischen Merkmalen erzeugt. Dies ist wiederum von unmittelbarem Interesse für die regionale Weiterbildungs- und Beschäftigungspolitik, denn diese gegenwärtig sich bildenden Belegschaftsstrukturen erfordern bei künftigem wirtschaftlichen und technologischen Wandel und darauf bezogenen betrieblichen Anpassungsprozessen eine Personalpolitik der Qualifizierung und Neurekrutierung, die ihrerseits mit entsprechenden flankierenden externen Maßnahmen zu unterstützen ist.

Die Darstellung der betrieblichen Weiterbildungsaktivitäten in den neuen Ländern in der ersten Phase nach der Wende verdeutlicht, daß gegenwärtig nur sehr geringe Bezüge für eine Qualifizierungspolitik mit auch überbetrieblich verwertbaren Qualifikationen erkennbar sind. Sie entspricht eher den bekannten westlichen Mustern einer Anpassungsqualifizierung der Belegschaften an die veränderten betrieblichen Anforderungen oder entwickelt sich in diese Richtung. Das gegenwärtig vorfindliche Spektrum von der betrieblichen Weiterbildung bis hin zur Weiterbildung in Beschäftigungs- und Qualifizierungsgesellschaften bietet allerdings bei flexibler Handhabung der Förderinstrumente des AFG viele Ansatzpunkte, um eine überbetrieblich wirksame Qualifizierungspolitik zu unterstützen. Die Konzeption von Maßnahmen und ihre Umsetzung muß sich daran messen lassen, wie weit damit Prozesse der Segmentation vermieden oder abgemildert werden können, wieweit auf regionaler Ebene Qualifikationspotentiale erhalten, geschaffen oder verändert werden können, die den wirtschaftlichen Wandel befördern, die eine ökologisch orientierte öffentliche Strukturentwicklungspolitik qualifikatorisch abstützen können und die insgesamt die Mobilität am regionalen Arbeitsmarkt in Bewegung halten können.

Literatur

Blötz, U., 1991: Qualifizierung kaufmännischer Fachkräfte in den neuen Bundesländern. Konzept für ein Forschungs- und Entwicklungsvorgaben, in: Berufsbildung in Wissenschaft und Praxis, Sonderheft, S. 51 ff

Bloy, W., 1992: Analysen zur betrieblichen Anpassungsqualifizierung - Erfahrungen aus der Baubranche, hrsg. von der Innovationstransfer- und Forschungsstelle beruflich-betriebliche Weiterbildung, Schwerin (vervielfältigtes Manuskript)

Bosch, G., 1987: Qualifizierungsoffensive und regionale Weiterbildungsplanung, in: WSI-Mitteilungen 10/1987), S. 589 ff

Dobischat, R./Husemann, R., 1992.: Berufliche Weiterbildung im Spannungsfeld betrieblicher und außerbetrieblicher Strukturen in den neuen Ländern. Beschleunigte Segmentationstendenzen in den Beschäftigungschancen? in: WSI-Mitteilungen 6/1992, S. 348 ff

Dobischat, R./Neumann, G., 1987a: Qualifizierungsoffensive in wessen Interesse? in: Berufsbildung in Wissenschaft und Praxis 1/1987, S. 13 ff

Dobischat, R./Neumann, G., 1987b: Betriebliche Weiterbildung und staatliche Qualifizierungsoffensive - Qualifizierungsstrategien zwischen privatwirtschaftlicher Modernisierung und staatlichem Krisenmanagement, in: WSI-Mitteilungen 10/1987b, S. 599 ff

Heidenreich, M. (Hrsg.), 1992: Krisen, Kader, Kombinate, Kontinuität und Wandel in ostdeutschen Betrieben, Berlin

Hübner, W., 1993: Arbeitsmarkt und Weiterbildung, in: QuEM-Bulletin 2/1993, S. 4 ff

Hübner, W., 1992 : Betriebliche Anpassungsqualifizierung in den neuen Bundesländern - Erfahrungen aus dem Maschinenbau, hrsg. von der Arbeitsgemeinschaft Betriebliche Weiterbildungsforschung e.V., Bochum (vervielfältigtes Manuskript)

Jansen, R., 1991: Berufliche Qualifikation der Erwerbstätigen in den neuen Bundesländer, in: Berufsbildung in Wissenschaft und Praxis 3/1991, S. 2 ff

Kühl, J./Schaefer, R./Wahse, J., 1991: Beschäftigungsperspektiven von Treuhandunternehmen, in: Mitteilungen aus der Arbeitsmarkt- und Berufsforschung 3/1991, S. 501 ff

Kühl, J., 1991: Beschäftigungspolitische Wirkungen der Treuhandanstalt, in: WSI-Mitteilungen 11/1991, S. 682 ff

Lötsch, I./Grundmann, S., 1992: Umschulung und Weiterbildung in Banken, Sparkassen und Versicherungen in den neuen Bundesländern, hrsg. von der Innovationstransfer- und Forschungsstelle beruflich-betriebliche Weiterbildung, Schwerin (vervielfältigtes Manuskript)

Pogodda, J./Hartwig, J./Trostmann, H., 1992: Betriebliche Anpassungsfortbildung im Einzelhandel für Mitarbeiter aus den neuen Bundesländern, hrsg. von der Innovationstransfer- und Forschungsstelle beruflich-betriebliche Weiterbildung, Schwerin (vervielfältigtes Manuskript)

Sauter, E., 1989: Herausforderungen an die berufliche Weiterbildung - Recycling-Modell oder Prävention? in: P.A. Döring (Hrsg.): Bildung in sozio-ökonomischer Sicht, Köln/Wien

Sauter, E., 1992: Berufliche Weiterbildung in der Bundesrepublik Deutschland, System, Organisation, Finanzierung, in: BBJ-Service (Hrsg.): Weiterbildungslesebuch, Berlin

Schmidt, H., 1992: Weiterbildung und Innovationstransfer - Erfahrungen aus den neuen Bundesländern für eine Neuorientierung der Weiterbildung, in: Berufsbildung in Wissenschaft und Praxis 5/1992, S. 13 ff

Schroeder, K. u.a., 1991: Probleme und Perspektiven der betrieblichen Weiterbildung in der Chemischen Industrie der ehemaligen DDR, hrsg. von der Arbeitsstelle Politik und Technik der FU Berlin, Berlin

Schumann, M./Baethge-Kinski, V./Kuhlmann, M./Kurz, C./Neumann, U., 1992: Neue Arbeitskonzepte im deutschen Automobilbau - hat "lean production" eine Chance? in: SOFI-Mitteilungen Nr. 19, S. 15 ff

Sengenberger, W. (Hrsg.), 1978: Der gespaltene Arbeitsmarkt - Probleme der Arbeitsmarktsegmentation, Frankfurt/New York

Sengenberger, W., 1987: Struktur und Funktionsweise von Arbeitsmärkten, Frankfurt/New York

Voskamp, U./Wittke, V., 1990: Aus Modernisierungsblockaden werden Abwärtsspiralen - Zur Reorganisation von Betrieben und Kombinaten der ehemaligen DDR, in: SOFI - Mitteilungen Nr. 18, S. 12 ff

Wahse, J., 1993: Stand und Erfordernisse betrieblicher Weiterbildung in den neuen Bundesländern im Prozeß der Transformation von der Planwirtschaft in die Marktwirtschaft, (Projektbericht SÖSTRA e.V. Berlin, im Auftrag des BMBW), Berlin

WSI-Projektgruppe Prognose, 1991: Die wirtschaftliche Entwicklung in Deutschland in den Jahren 1991/92, in: WSI-Mitteilungen 11/1991, S. 654 ff

Das scheue Reh und die Kröte.
Investition und Beschäftigung im Kalkül der Treuhandanstalt

Roland Czada

"Der Investor ist ein scheues Reh", sagt Frau Breuel, die Präsidentin der Berliner Treuhandanstalt (THA). Man kann sich nicht vorsichtig genug nähern, ihn zu fassen. Von privaten Investoren erwartet die Treuhandanstalt die Einrichtung wettbewerbsfähiger Arbeitsplätze. Jede andere Form der Arbeitsbeschaffung gilt dort als "eine Kröte, die man schlucken muß".[1] Trotzdem ist die Treuhandanstalt - oft gegen den erklärten Willen ihres Vorstandes - in eine beschäftigungpolitische Aufgabe hineingewachsen. Dies geschah ohne Konzept, schrittweise aufgrund von politischem Druck und begleitet von einem ständigen Lerneffekt. Auf diese Weise hat die Treuhandanstalt zur Erprobung neuer Organisations- und Finanzierungsmodelle der Arbeitsmarktpolitik beigetragen. Der folgende Beitrag befaßt sich mit der Rolle der Treuhandanstalt in der Arbeitsmarktpolitik.

1. Ursprung und Aufgaben der Treuhandanstalt

In der Treuhandanstalt ist das Ziel des marktwirtschaftlichen Aufbaus der neuen Bundesländer rechtlich und organisatorisch verankert. Sie ist nach Konstruktion und Aufgabenstellung kein Träger der Arbeitsmarktpolitik. Das Beschäftigungsziel ist im Aufgabenkatalog des Treuhandgesetzes überhaupt nicht aufgeführt. Das Gesetz nennt nur drei Aufgaben (§ 8 Treuhandgesetz vom 17. Juni 1990 [BGbl. I 33 S. 300], geändert am 22. März 1991 [BGBl. I S. 766]):
- Privatisierung durch Veräußerung von Geschäftsanteilen oder Vermögensanteilen,
- Sicherung der Effizienz und Wettbewerbsfähigkeit der Unternehmen,

---

[1] Der Beitrag basiert auf Interviews, die im Rahmen einer Forschergruppe "Treuhandanstalt" und eines Forschungsprojektes des Max-Planck-Institutes für Gesellschaftsforschung Köln, geführt wurden. Der Befragungszeitraum reichte vom Juli 1992 bis zum April 1993.

- Stillegung und Verwertung des Vermögens von nicht sanierungsfähigen Unternehmen oder Unternehmensteilen.

Der im April 1991 ermordete Präsident Rohwedder fand dafür die eingängige Formel: "Schnell Privatisieren, entschlossen Sanieren, behutsam Stillegen" (Brief an die Mitarbeiter vom 27. März 1991). Nur die Präambel zum Gesetz nennt ausdrücklich das Ziel der Schaffung von Arbeitsplätzen. Dort heißt es: "Getragen von der Absicht ... die Wettbewerbsfähigkeit möglichst vieler Unternehmen herzustellen und somit Arbeitsplätze zu sichern und neue zu schaffen ... wird folgendes Gesetz beschlossen" (ebenda). Eigentlich ging es aber nicht um Arbeitsplätze, sondern um das Produktivvermögen der DDR, das in Kapital, möglichst privates, umgewandelt werden sollte.

Allein die Präambel des Treuhandgesetzes läßt auch das ursprüngliche Vorhaben erkennen, den "Sparern nach Abzug der Sanierungskosten ein verbrieftes Anteilsrecht am volkseigenen Vermögen" einzuräumen. "Sparer" ist hier die Umschreibung für "DDR-Bürger", deren juristische Existenz mit der Vereinigung beendet wurde, und denen die Treuhandanstalt ihren Anteil am Volksvermögen sichern sollte. Die am 1. März 1990 gegründete Organisation ist ein Geschöpf des DDR-Ministerrats. Die Idee kam jedoch aus der damaligen Bürgerbewegung. Ein Vertreter der Gruppe "Demokratie Jetzt", Dr. Ullmann, hatte sich auf der 12. Sitzung des "Runden Tisches"[2] am 12. Februar 1990 erstmals dafür ausgesprochen, eine "Treuhandstelle zur Sicherung der Rechte der DDR-Bevölkerung am Gesamtbesitz des Landes" (Herles/Rose 1990, 124) zu errichten. Zuvor soll der Vorschlag von Mitarbeitern des Lutherischen Weltbundes in Genf an Ullmann herangetragen worden sein, der in der Modrow-Regierung als Minister ohne Geschäftsbereich die Gruppe "Demokratie Jetzt" vertreten hat (Kapferer 1992). An der Ausarbeitung der Idee war auch eine "Freie Forschergruppe Selbstorganisation" beteiligt. Bereits im November 1989 hatte sie durch einen Artikel in der "Deutschen Zeitschrift für Philosophie" die Frage der Wirtschaftsorganisation angeschnitten (Zukunft durch Selbstorganisation, Heft vom 1. November 1989). Die Treuhandanstalt ist also ein Kind der friedlichen Revolution, das aber, nachdem es am 1.

---

2 Der "Runde Tisch" war eine informelle Nebenregierung der DDR in der Zeit von 7. Dezember 1989 bis zur Vereinigung. An ihm saßen die etablierten Parteien und die neuen oppositionellen Kräfte (Herles/Rose 1990; zur Zusammensetzung: Glaeßner 1991, 89 f).

März 1990 aus der Taufe gehoben war, in einem ganz anderen Geist erzogen wurde, als es seine Urheber voraussehen konnten.

Bemerkenswert ist allerdings, daß die unumgänglich zu erwartende Beschäftigungswirkung der Treuhandanstalt auch in den Augen der Bürgerbewegung und des Runden Tisches nur eine untergeordnete Rolle gespielt hat. Genauso wie die Bundesregierung waren sie im Jahr 1990 davon ausgegangen, daß mit der Privatisierung der DDR-Wirtschaft ein Geschäft zu machen sei. Nach dem Willen der Bundesregierung sollten die Kosten der Einigung aus der Substanz der DDR-Wirtschaft bestritten werden und darüber hinaus sogar zur Rückführung der öffentlichen Verschuldung der Bundesrepublik beitragen (Interview 940406). In diesen Überlegungen war die Kompensation von bevorstehenden Arbeitsplatzverlusten durchaus enthalten - aber durch die hergebrachten Institutionen und Intrumente der Arbeitsmarktpolitik und nicht als eine Aufgabe der Treuhandanstalt.

Der Runde Tisch und die DDR-Regierung äußerten sich in ihren Entwürfen vielfach noch optimistischer als die Bundesregierung: Sie wollten den Privatisierungserlös den DDR-Bürgern direkt zugute kommen lassen. Beide Vorstellungen hatten eine gemeinsame Grundlage, die sich jedoch später als völlig verfehlt herausstellen sollte. Die letzte DDR-Regierung hatte den Wert der DDR-Wirtschaft auf der Basis ihrer volkswirtschaftlichen Gesamtrechnung noch auf 1000 Milliarden Mark geschätzt. Dies kam unter anderem daher, daß ihre Vorgängerinnen in zwei Großaktionen längst abgeschriebene Maschinen, die zum Teil aus Kriegs- und Vorkriegszeiten stammten, neu bewerten ließen, um damit die Bilanzen der Kombinate zu frisieren.[3] Auf veralteten Anlagen, die nach westlichen Maßstäben wertlos waren, wurde ein nominell überhöhtes, nach Qualität und Ressourceneinsatz aber minderwertiges Sozialprodukt hergestellt, das die DDR-Wirtschaft auf Platz 17 der Weltrangliste der reichsten Industrieländer brachte und nun der westdeutschen Bundesregierung als eine willkommene Morgengabe zur Wiedervereinigung erscheinen mußte.

Noch der THA-Präsident Rohwedder hatte im Herbst 1990 den Wert des Treuhandvermögens auf 600 Milliarden Mark geschätzt. Erst als im Jahr 1992 die DM-Eröffnungsbilanz vorlag, wußte man, daß zwischen dem notwendigen Veräußerungs- und Sanierungsauf-

---

[3] Zu diesem Zweck wurden auch Studenten in die Betriebe geschickt, um bei der Erstellung von Maschinen- und Werkzeuglisten mitzuhelfen (Interview 930406).

wand und dem Wert der Treuhandunternehmen eine Lücke von nahezu 250 Milliarden klaffte, die nur durch Schulden der Treuhandanstalt gefüllt werden konnte. Damit sind über Jahre hinweg unter anderem die Löhne von anfänglich vier Millionen Beschäftigten in Treuhandunternehmen bezahlt worden, die die Unternehmen nicht aus eigener Kraft aufbringen konnten - ein gigantischer Fall von Lohnsubvention, wie sie zum gängigen Repertoire der aktiven Arbeitsmarktpolitik gehört und andernorts, z.B. in Schweden, in kleinerem Ausmaß praktiziert wurde. Im Unterschied zu dortigen Erfahrungen, mußten in Treuhandbetrieben teils über Jahre hinweg bis zu 100 Prozent der Löhne aus öffentlichen Mitteln aufgebracht werden. Tatsächlich war es ein Bestandteil der Aufgabe der Treuhandanstalt auch unrentable Betriebe zur Bewertung, Veräußerung, Sanierung oder Stillegung zunächst einmal vorzuhalten. Hinzu kam der insbesondere von den Regierungen der neuen Länder massiv geäußerte Wunsch Massenentlassungen soweit als möglich zu vermeiden oder durch Auffangmaßnahmen sozialverträglich zu machen. Die anfänglichen Zukunftshoffnungen erklären, warum die arbeitsmarktpolitische Rolle der Treuhandanstalt im Bewußtsein der Öffentlichkeit zunächst verborgen blieb und Beschäftigungspolitik nicht als ein Teil der in der Treuhandanstalt institutionalisierten Aufgabe des ökonomischen Strukturwandels angesehen wurde. Hierin liegt auch eine frühe Weichenstellung, die den künftigen Kurs des ökonomischen Transformationsprozesses prägen sollte: Arbeitsmarktprobleme waren in der anfänglichen Treuhandkonzeption nicht vorgesehen und deshalb kam es darüber immer wieder zu politischen Konflikten und Problemverschiebungen.

2. Treuhandanstalt und Arbeitsmarkt

Die Treuhandanstalt gab bisher mehr als 100 Milliarden Mark aus, um Betriebe zur Privatisierung vorzuhalten, zu sanieren oder stillzulegen. Ein Großteil dieser Summe entfällt auf Lohnzahlungen, die diese Betriebe nicht selbst erwirtschaften können.[4] Die Lohnsubven-

---

4 Eine gesamte, über dreieinhalb Jahre gezahlte Lohnsumme von 70 Milliarden DM ist eher zu niedrig angesetzt, wenn man bedenkt, daß die zum Jahresende 1994 prognostizierten Treuhandschulden - einschließlich der aus DDR-Zeiten stammenden Altschilden - 250 Milliarden Mark betragen, und daß allein eine Abfindungssumme von 10 Milliarden DM gezahlt wurde, die im Durchschnitt weniger als sechs Monatslöhne pro freigesetztem Mitarbeiter betrug. In Treuhandunternehmen waren anfänglich vier Millionen Arbeitnehmer beschäftigt. Im April 1993 beschäftigten Treuhandbetriebe noch 300 000 Mitarbeiter in

tion betrifft ausnahmslos alle Beteiligungsunternehmen der Treuhandanstalt und darüber hinaus einen Teil der bereits privatisierten Ex-Treuhandunternehmen. Letztere sind vertraglich auf einen bestimmten Beschäftigungsstand festgelegt, den sie oft nur unter Hinnahme von Verlusten oder auf der Basis von Zugeständnissen beim Kaufpreis, durch Altlastenübernahmen, Immobilienübereignungen, nachträgliche Vertragsrevision sowie durch öffentliche Zuschüsse einhalten können - die Möglichkeiten reichen hier von Landesmitteln, solchen der "Gemeinschaftsaufgabe regionale Wirtschaftsstruktur" bis zur Finanzierung von Kurzarbeit-Null durch die Bundesanstalt für Arbeit.

Diese außerordentliche Situation wirft die Frage auf, wieweit man die unter Produktivitätsgesichtspunkten überschüssigen Arbeitskräfte durch einen Verbleib in Treuhandunternehmen alimentieren soll oder durch eine Überleitung in Beschäftigungsgesellschaften oder durch Lohnersatzleistungen der Bundesanstalt für Arbeit; alle drei Möglichkeiten sind gesamtfiskalisch gleich teuer, wenngleich aus unterschiedlichen Töpfen finanziert, von unterschiedlichem Wertschöpfungsbeitrag und von unterschiedlicher ordnungspolitischer Konsequenz. Vor allem aber beeinflußt die Wahl dieser Maßnahmen auch die Privatisierungschancen jeweiliger Treuhandunternehmen. Zu beachten ist außerdem, daß die Entscheidung für die eine oder andere Lösung neben den Interessen der Treuhandanstalt auch die von Bund, Ländern, Gewerkschaften und Wirtschaftsverbänden unterschiedlich beeinträchtigt und nicht zuletzt tarifpolitische Probleme aufwirft.

Der Justitiar der IG Metall, Prof. Dr. Michael Kittner, hat in seinem Gutachten gegen die mit der desolaten Wirtschaftslage begründete Kündigung der Metalltarifverträge in den Tarifbezirken der neuen Bundesländer argumentiert: "Die Grundlage dieses Tarifvertrages war die politische Übereinstimmung der Tarifvertragsparteien, daß insbesondere die Treuhandbetriebe, die auch damals schon die Löhne nicht aus eigener Kraft zahlen konnten, dafür von der Treuhandanstalt mit den notwendigen Mitteln ausgestattet werden sollten" (HB v. 16. Februar 1993). Die Vereinbarung über Stufentarifverträge aus dem Jahre 1991 sah für 1993 eine 26prozentige Tariflohnsteigerung vor. Sie war, so Kittner, rein politisch be-

---

2000 Unternehmen (einschließlich der Unternehmen in Management KGs, 10 mehrheitlich in Treuhandbesitz befindlichen ABS/ABM-Gesellschaften, 71 Auslaufgesellschaften, 83 Grundstücksverwaltungsgesellschaften u.ä. besondere Unternehmensformen).

stimmt, weil allen klar gewesen sei, daß die Lohnerhöhungen betriebswirtschaftlich nicht zu erwirtschaften waren. "Der Steuerzahler ist der wirkliche Tarifpartner" (ebenda), insofern als die Löhne in den Treuhandbetrieben und - indirekt - in notleidenden Ex-Treuhandbetrieben aus Steuermitteln aufgebracht werden. Dies ist eine immense Lohnsubvention, die bewußt in Kauf genommen wurde: einerseits weil anders die Treuhandunternehmen nicht zur Privatisierung geführt werden konnten, andererseits weil abrupte Massenentlassungen größten Ausmaßes die einzige Alternative gewesen wären.

Noch stärker als andere Unternehmen ist die Treuhandanstalt an niedrigen Tariflöhnen im Osten interessiert. Die Ertragslage ihrer Betriebe ist im Vergleich zumeist schlechter, und ihre Privatisierungschancen werden durch Lohnsteigerungen weiter geschmälert. Zum Jahreswechsel 1992/93 wies sie daher ihre Betriebe an, eine neunprozentige Tariflohnsteigerung statt der tarifvertraglich vereinbarten 26 Prozent für das Jahr 1993 einzuplanen. Dies sah die IG Metall als einen Verstoß gegen den noch ungekündigten Stufentarifvertrag für die Metallindustrie - einer Branche, die zu der Zeit neben der Chemie und Energiewirtschaft den Großteil der Beschäftigten in Treuhandunternehmen stellte. In einem Schreiben forderte die Gewerkschaft daraufhin den Finanzminister auf, er solle den Vorstand der Treuhandanstalt anweisen, in tarifpolitischen Fragen die einem Bundesorgan gebotene Neutralität zu wahren - allerdings ohne jede Resonanz (Interview 930127).

Der Arbeitgeberverband Gesamtmetall hatte bereits zuvor, im November 1992, unter Berufung auf eine Revisionsklausel im Stufentarifvertrag ein Angebot von 9 Prozent als Inflationsausgleich ins Gespräch gebracht. An dieser Ziffer orientierte sich nicht nur die Treuhandanstalt; auch die Tarifparteien der Chemieindustrie und des Baugewerbes einigten sich später auf entsprechende Abschlüsse - allerdings auf Basis einer bereits höheren Angleichung ihrer vorherigen Tariflöhne an das Westniveau.

Ein weiterer Konflikt zwischen der Treuhandanstalt und der IG Metall entstand über die Anwendung einer nach Kampfmaßnahmen vereinbarten Härteklausel, die betriebliche Tariflohnanpassungen nach unten zuläßt. Auch hier wies die Treuhandzentrale sofort die Geschäftsleitungen ihrer Betriebe an, "alles zu unterlassen, was die Anwendung der Härteklausel behindern könnte" (Süddeutsche Zeitung v. 28. Mai 1993, 23) und statt dessen gemäß einem mit dem Arbeitgeberverband Gesamtmetall abgesprochenen Verfahren alle Möglichkeiten der Tariflohnsenkung auszuschöpfen, was wiederum der IG Metall-Bezirksleiter von Berlin-Brandenburg als "Aufruf zu strafbaren Handlungen" bezeichnete (ebenda). Die Treuhandanstalt bringt in solchen Auseinandersetzungen stets auch das Beschäftigungsargument ins Spiel. In dieser Hinsicht war sie mit der IG Chemie und der IG Bergbau erfolgreicher als mit der IG Metall. Dies läßt sich bis zu ersten Verhandlungen über die Einrichtung von Beschäftigungsgesellschaften im Frühjahr 1991 zurückverfolgen.

3. ABM/ABS Gesellschaften und Treuhandbetriebe

Mitte 1991 hatte sich der politische Konflikt um Beschäftigungsgesellschaften in Ostdeutschland zugespitzt, bis nach Intervention des Bundeskanzlers und mit dem Einverständnis des Finanzministeriums die Treuhandanstalt einen Kompromiß billigte, dessen Grundzüge am 1. Juli 1991 im Haus des Bundesverbandes der Arbeitgeberverbände in Köln zwischen ihr und den Tarifparteien - DGB, DAG und BDA - vereinbart wurden (Erklärung vom 1. Juli 1991 nach dem "Gespräch zwischen Sozialpartner und Treuhandanstalt am 1. Juli 1991 in Köln"). Der Kompromiß führte zur Gründung von ABS-Gesellschaften. ABS steht für *"Gesellschaften zur Arbeitsförderung, Beschäftigung und Strukturentwicklung"*. Sie wurden auf der Grundlage einer förmlichen Rahmenvereinbarung zwischen Gewerkschaften, Arbeitgeberverbänden, Treuhandanstalt und den neuen Bundesländern vom 17. Juli 1991 gebildet. Die THA beteiligte sich bis zu einem Anteil von 10 Prozent an Dachgesellschaften auf Landesebene, die ihrerseits regionale Trägergesellschaften oder in Ausnahmefällen einzelne ABS-Unternehmen gründeten. In dem kurzen Zeitraum zwischen 17. Juli und 31. Oktober 1991 erstatteten THA-Unternehmen überdies "die im Rahmen des § 63, Abs. 5 des Arbeitsförderungsgesetzes (AFG) nicht gedeckten Personalkosten" für drei Monate, soweit sie nicht durch andere öffentliche Mittel finanziert werden konnten (Europäisches Forschungsinstitut 1993, 42). Die Sachmittelzuschüsse betrugen bis zum Herbst 1992 allein für 15 Großprojekte in Sachsen-Anhalt insgesamt 1,1 Milliarden Mark. Die THA trägt auch einen Teil des Sachaufwandes, indem sie Fabrikhallen und Werkzeuge den Beschäftigungs- und Qualifizierungsgesellschaften zur vorübergehenden Nutzung überläßt. Hierzu werden Kooperationsverträge zwischen ABS-Trägergesellschaften und Treuhandunternehmen abgeschlossen. Darin sind unter anderem die Miet- und Pachtzinsansprüche der THA sowie eine eventuelle kostenfreie Überlassung von Räumlichkeiten und Sachmitteln geregelt.

Die Treuhandanstalt erklärte sich auch bereit, dafür zu sorgen, daß ihre Beteiligungsunternehmen die Geschäftsführer der ABS-Unternehmen bis zu 6 Monaten (in Ausnahmefällen ein Jahr) finanzieren sowie Beratung und Managementhilfen bereitstellen. Gleiches gilt für Anfangshilfen bei administrativen Aufgaben wie Lohn- und Gehaltsabrechnung, Sozialversicherungsfragen. Schließlich hat die Treuhandanstalt zahlreiche ABS-Gesellschaften vorfinanziert mit dem Ergebnis, daß sie jetzt Forderungen in Millionenhöhe bei den Ländern einfordert. So mußte die THA die sächsische Landesregierung monatelang zur Rückzahlung mahnen, die ihrerseits von der Bundesregierung ein stärkeres finanzielles Engagement fordert; ein Fall von Problemverschiebung, wie er aus der bundesdeutschen Arbeitsmarktpolitik hinlänglich bekannt ist (Blanke u.a. 1987, Czada 1990).

Andererseits verbucht die Treuhandanstalt die von ihren Beteiligungsunternehmen den ABM/ABS-Gesellschaften überlassenen Ausstattungen und Betriebsmittel als Darlehen in Höhe von 10 bis 20 Prozent der jeweiligen Gesamtaufwendungen (zur Aufschlüsselung der Kostenübernahme vgl. Europäisches Forschungsinstitut 1993). Die Gesellschaften gehen aber davon aus, daß die Treuhandanstalt auf eine Rückzahlung verzichtet - unter anderem zur pauschalen Abgeltung von Wertsteigerungen, die Treuhandunternehmen aufgrund von Demontagen oder Flächensanierungen zugute kommen (Europäisches Forschungsinstitut 1993, 95).

Die Treuhandanstalt hatte ihre Beteiligung an beschäftigungssichernden Maßnahmen von Anfang an davon abhängig gemacht, daß dadurch der Privatisierungsauftrag nicht gefährdet wird. Dies bedeutet, daß sie sich in Fragen der Kooperationsverträge oft restriktiv verhält, und daß Beschäftigungsgesellschaften meist dort entstehen und unterkommen, wo die Privatisierungschancen minimal sind - oft in den am meisten abgewirtschafteten Produktionsstätten von Treuhand-Unternehmen. Die THA sah die ABS-Gesellschaften zunächst weniger als produktive Unternehmen, die auch einen Wertschöpfungsbeitrag erbringen können. Sie dienten vielmehr als Auffangbecken für die im Zuge von Betriebsauflösungen freigesetzten Arbeitnehmer. Daher drängte sie von Anfang an auf eine "klare arbeitsrechtliche Trennung" zwischen ihr bzw. ihren Beteiligungsunternehmen und den entstehenden ABS-Gesellschaften (HB v. 11. Juli 1991, 1).

Eine wesentliche Forderung der THA war die Beendigung der Beschäftigung in Treuhandunternehmen und die "Begründung eines neuen Rechtsverhältnisses besonderer Art" (Erklärung vom 1. Juli 1991 nach dem "Gespräch zwischen Sozialpartner und Treuhandanstalt am 1. Juli 1991 in Köln"). Damit war sie als Arbeitgeber entlastet. Die nachhaltigsten Einwände gegen Beschäftigungsgesellschaften finden sich bei den Arbeitgeberverbänden. Dort fürchtet man das Bestreben der Gewerkschaften, einen geschützten, von ihnen kontrollierten Arbeitsmarkt zu errichten, der mit der Privatwirtschaft in einen Verdrängungswettbewerb treten könnte (Bewyl u.a. 1992, 15 f). Andererseits profitiert gerade die mittelständische Wirtschaft - 30 Prozent der Zulieferungen und Vergabeleistungen kommen örtlichen Handwerksbetrieben zugute. Davon gehen weitere Beschäftigungseffekte aus, wenn man bedenkt, daß zum Beispiel schon eine kleine Sanierungsgesellschaft mit 250 Beschäftigten in einem Jahr bei 60 Firmen, davon 85 Prozent aus den neuen Bundesländern, für drei Millionen Mark eingekauft hat (Beispiel: Addinol Sanierungsgesellschaft, Krumpa). Größere Gesellschaften wie die "Gemeinnützige ökologische Sanierungs- und Entwicklungsgesellschaft" in Bitterfeld mit über 5000 Beschäftigten hat allein für ein Projekt (ökologische Restrukturierung der Filmfabrik Wolfen) Aufträge in Höhe von 13 Millionen Mark an regionale Handwerksbetriebe und Fremdleistungen von fast 10 Millionen DM vergeben. Insgesamt werden 30 bis 40 Prozent der Sachmittelzuschüsse durch Vergabeaufträge an private Unternehmen weitergeleitet (Europäisches Forschungsinstitut 1993, 42). Die Sachmittelzuschüsse betrugen bis zum Herbst 1992 allein für 15 Großprojekte in Sachsen-Anhalt insgesamt 1,1 Milliarden Mark.

Die Treuhandanstalt maß diesen Effekten, wie insgesamt den Wertschöpfungsaspekten von AB-Maßnahmen, anfänglich nur eine geringe Bedeutung bei. Der fortdauernde Wettbewerb zwischen ihren primären Privatisierungsinteressen, den industriepolitischen Interessen der Länder und den Qualifizierungs- und Beschäftigungsinteressen der Gewerkschaften verursachte einerseits Reibungsverluste, andererseits wirkte er auch produktiv. Durch Rahmenvereinbarungen mit der Treuhandanstalt wurden die Handlungsspielräume der Beteiligten letztlich soweit abgesteckt, daß Reibungsverluste und fruchtlose Konflikte reduziert werden konnten. Eine gänzlich neue Perspektive ergab sich in dieser Hinsicht aus der unter Mitwirkung der Treuhandanstalt erfolgten Einfügung des § 249 h in das AFG.[5]

---

5 Nach der allein für die neuen Bundesländer gültigen Regelung können Beschäftigungsgesellschaften auf der Basis von 90 Prozent des jeweiligen Branchentariflohns fünf Jahre lang ganz aus öffentlichen Mitteln finanziert werden.

Damit wurde der Weg frei unter anderem für zwei Großprojekte mit zusammen bis zu 40.000 Arbeitsplätzen, dem Qualifizierungswerk Chemie und dem Sanierungswerk Braunkohle, in denen ein für die Bundesrepublik neuer Weg der aktiven Arbeitsmarktpolitik beschritten wurde. Zur Vorgeschichte:

In den von der Bundesregierung initiierten "Grundsätzen zum Aufschwung Ost" vom 15. März 1991 war die Gründung und Dotierung von ABM-Trägergesellschaften noch allein den Ländern und der Bundesanstalt für Arbeit zugewiesen worden (Grundsätze Aufschwung Ost, Treuhand Informationen Nr. 1; Mai 1991, 11; Abs. 5). Diese Vorstellung war schon deshalb problematisch, weil solche Gesellschaften meist nur in Betriebsgebäuden von Treuhand-Unternehmen unterkommen konnten, Gründungshilfen dieser Unternehmen beanspruchten und teilweise Aufräumungs- und Sanierungsarbeiten für diese Unternehmen leisteten, und weil im übrigen die Treuhandanstalt durch ihre Entlassungspläne diese Maßnahmen auslösen konnte. Je dringlicher und großvolumiger der Sanierungsbedarf, um so unzureichender waren die auf kurzfristige, individuell begründete Überbrückungsmaßnahmen ausgerichteten Regelungen des Arbeitsförderungsgesetzes.

Mit dem hergebrachten Instrumentarium wäre die am 31. März 1993 zwischen der Treuhandanstalt und der IG Chemie zur Beschäftigungsförderung und Altlastensanierung abgeschlossene Rahmenvereinbarung nicht möglich gewesen. Der neu ins Arbeitsförderungsgesetz eingefügte § 249 h ermöglicht der Bundesanstalt für Arbeit eine auf fünf Jahre befristete Zahlung von Lohnkostenzuschüssen an Unternehmen in den neuen Bundesländern, die der Verbesserung der Umwelt, der sozialen Dienste oder der Jugendhilfe dienen. Auf dieser Grundlage verpflichtete sich die Treuhandanstalt ein "Qualifizierungswerk Chemie" mit 75 Millionen DM zu dotieren und "in enger Abstimmung mit der IG Chemie" zu verwalten. Dies geschieht folgendermaßen: Einmal leistet die Treuhandanstalt Zweckzuwendungen, mit denen die Betriebe des Qualifizierungswerkes sachlich ausgestattet werden. Zum anderen sollen die Sozialpläne der Treuhandunternehmen im Organisationsbereich der IG Chemie vorsehen, daß Arbeitnehmer nach Zuweisung in eine nach § 249 h AFG von der Arbeitsverwaltung geförderte Sanierungsgesellschaft Abfindungen in der Form von Lohnzahlungen beziehen. Zusammen mit Zuschüssen der Bundesanstalt für Arbeit an jeden von ihr zugewiesenen Arbeitnehmer entsteht ein Bruttoeinkommen, daß niedriger sein muß als das, was in einem nicht nach § 249 h

AFG geförderten Unternehmen derselben Branche tariflich geleistet wird.

Das könnte als ein Eingriff in die Tarifautonomie gedeutet werden. Diese Problematik wurde indes durch eine Konstruktion der Treuhandanstalt elegant umschifft. Für die zugewiesenen Arbeitnehmer gilt ein Tarifvertrag, den ein von der Treuhandanstalt neu gegründeter Arbeitgeberverband mit der IG Chemie abschließt. Die vereinbarten Entgelte liegen gemäß den Vorgaben des AFG bei jeweils 90 Prozent der entsprechenden Chemie-Tarifabschlüsse. Auf Grundlage der in den Unternehmensplänen enthaltenen Weiterbildungskomponente werden während eines Teils der Arbeitszeit die Chemiearbeiter zu Umweltsanierern weitergebildet, wie sie im Chemiedreieck insbesondere zur Demontage alter Fabrikanlagen auf lange Sicht dringend gebraucht werden. Diese Maßnahme erhöht die Privatisierungschancen im Chemiebereich, weil dadurch die Zahl der zu privatisierenden Arbeitsplätze verringert wird, und weil die Treuhandanstalt von der ökologischen Altlastenproblematik entlastet wird.

Eine ähnliche Rahmenvereinbarung hat die THA mit der IG Bergbau und Energie abgeschlossen. Hier sollen in einer Sanierungsgesellschaft Bergleute aus den Kali- und Braunkohlenrevieren zu Landschaftsgärtnern qualifiziert und zur Großflächensanierung eingesetzt werden. Beide Initiativen zeigen die Bereitschaft der Treuhandanstalt, Arbeitsbeschaffungsmaßnahmen dann zu unterstützen, wenn sie vornehmlich investiven Charakter haben, die Privatisierung ihrer Betriebe erleichtern und eine Rückkehr in Normalarbeitsverhältnisse nicht behindern. Unter Beteiligung der THA entstand auch eine sächsische Initiative ABS-Sondervermögen, in denen Abfindungssummen der THA als Sondervermögen auf Treuhänderkonten für die Beschäftigten zusammengetragen wurden. Aus den Erträgen können beschäftigungswirksame Projekte bezuschußt werden. Zudem erklärten sich die Treuhand und das Land Sachsen bereit, die Lohnnebenkosten der betroffenen 8.000 Arbeitnehmer zu übernehmen. Die THA-Zentrale und die IG Metall-Bezirksleitung Sachsen kamen zudem überein, die Kurzarbeiterregelung der Bundesanstalt für Arbeit auch für ABS-Gesellschaften nutzbar zu machen (Sächsische Zeitung v. 17. Dezember 1992, 7).

Insgesamt befanden sich im April 1993 von vormals 19 noch zehn Groß-ABM/ABS-Gesellschaften mehrheitlich in Treuhandbesitz. An einer weit größeren Anzahl ist die Treuhandanstalt als Minderheitsgesellschafter, über die Gewährung von Darlehen und als Eigentümer von Betriebsmitteln beteiligt. Bemerkenswert ist weiterhin, daß die Treuhandanstalt bis April 1993 die Mehrheitsanteile von neun ABM/ABS-Gesellschaften privatisieren konnte.

4. Arbeitsmarktförderung als Interessenpolitik

Wer die arbeitsmarktpolitische Rolle der THA erklären und bewerten möchte, kommt nicht umhin, die Handlungsspielräume und Interessenkonstellationen in und um diese Großorganisation näher zu untersuchen. Man unterstellt allzuleicht einen autonomen institutionellen Akteur, der die THA in Wirklichkeit nicht ist. Sie ist eine äußerst umweltoffene Organisation. Dies liegt an ihrem schnellen Wachstum, der Organisationsgröße, dem komplexen, arbeitsteiligen Organisationsaufbau und an äußerst vielfältigen politischen Außenbeziehungen. Sie ist zudem vielfältigen Forderungen aus der Politik ausgesetzt, die mit ihrem ursprünglichen Auftrag nicht übereinstimmen.

Die Position des Bundes und der Länder gegenüber der Treuhandanstalt wird in den "Grundsätzen zur Zusammenarbeit von Bund, neuen Ländern und Treuhandanstalt für den Aufschwung Ost vom 15. März 1991" besonders deutlich (Treuhand Informationen Nr. 1; Mai 1991, 11; Zeitschrift für Wirtschaftsrecht 6/1991, 13, vgl. auch Schmidt 1991, 31 ff). Dort heißt es: "Der Systemumbruch in den neuen Ländern erfordert ungewöhnliche Maßnahmen in einem konzertierten Zusammenwirken von Bund, neuen Ländern und Treuhandanstalt" (Absatz 1, Satz 1). Im weiteren wird die Rolle der Treuhandanstalt als "Dienstleister" der Länder beim Aufbau sozialverträglicher regionaler Wirtschaftsstrukturen festgeschrieben (Absatz 2, Satz 2). Sie hat sich verpflichtet, den Ländern im Fall von Stillegungen und Entlassungen alle Informationen zukommen zu lassen. Die Grundsätze nennen im einzelnen: Leistungsverzeichnisse über Maßnahmen (Abbruch, Recycling, Landschaftspflege, Flächensanierung), Listen freizustellender Mitarbeiter nach Alter, Qualifikation etc., Liste möglicher Sachbeiträge von Treuhandunternehmen für Arbeitsbeschaffungsmaßnahmen, Informationen über Grundstücke, die den jeweils zuständigen Länderressorts übermittelt werden. Hinzu kommt, daß die Ministerpräsidenten die Sitze der neuen Länder im Verwaltungsrat selbst einnehmen und dadurch über die Organisationsentwicklung, das generelle Konzept und großvolumige oder kritische Entscheidungen ohnehin unterrichtet werden.

Die "Grundsätze zum Aufbau-Ost" vom 15. März 1991 nennen neben dem Verwaltungsrat weitere organisatorische Schnittstellen zu den neuen Ländern: Treuhand-Wirtschaftskabinette, Beiräte der Niederlassungen sowie unmittelbare Kontakte von Regierungs- und Verwaltungsstellen mit den für die Privatisierung verantwortlichen Unternehmensbereichen. Die *Treuhand-Wirtschaftskabinette* wurden auf Grundlage von Absatz 8 der "Grundsätze" im April 1991 bei den Landesregierungen aller neuen Bundesländer konstituiert. An ihnen sind zum Beispiel (6. Sitzung des Treuhandkabinetts Sachsen in Dresden 30. Mai 1991) beteiligt: seitens der Treuhandanstalt die Länderabteilung Sachsen, Vertreter der von der Tagesordnung tangierten Unternehmensbereiche, die THA-Niederlassungen im Land (Chemnitz, Leipzig, Dresden); seitens des Landes mehrere Abteilungen der Ministerien für Wirtschaft, Finanzen und Landwirtschaft, der Leiter des Amtes zur Regelung offener Vermögensfragen, der stellvertretende Vorsitzende des Wirtschaftsausschusses des Landtages und Vertreter von Landtagsfraktionen.

In enger Beziehung zu den Wirtschaftskabinetten stehen die *Monatsgespräche* zwischen den Wirtschaftsministerien der Länder und Vertretern der THA-Unternehmensbereiche sowie Branchengespräche und Sanierungsgespräche. Zum Teil tagten sie im Anschluß an die Wirtschaftskabinette oder gesondert mit spezieller Zusammensetzung. Die Branchengespräche folgten meist einem einheitlichen Raster:
1. Informationen über Unternehmen, Ausgangslage, Situation, Einschätzung durch den Leitungsausschuß der Treuhandanstalt,
2. Privatisierungsstand, Interessenten,
3. Investititionsvorhaben,
4. Fördermöglichkeiten,
5. weiteres abgestimmtes Vorgehen.

Zu den Branchengesprächen zählten auch die Beratungen mit Abgeordneten und Landtagsausschüssen der neuen Bundesländer. Die entsprechenden Länderabteilungen der Treuhandanstalt waren auch häufig bei der Beantwortung parlamentarischer Anfragen von Landtagsfraktionen behilflich. Unternehmensauflösungen und Entlassungen erfuhren dagegen die Länder regelmäßig im Rahmen eines vertraulichen "Frühwarnsystems" der Treuhandanstalt, das ebenfalls aus der Rahmenvereinbarung vom Frühjahr 1991 hervorgegangen war.

In der Zusammenarbeit mit den Landesregierungen rückte die Förderung von Treuhandunternehmen durch die Länder immer mehr in den Vordergrund. Sie versuchten, meist unter Einsatz von Mitteln der Gemeinschaftsaufgabe regionale Wirtschaftsförderung und diverser Sonderprogramme, weiteren Arbeitsplatzverlusten entgegenzuwirken. Vereinbarungen mit einzelnen Ländern ist zu entnehmen, daß die Treuhandanstalt dieser Art der eigenen Entlastung durchaus positiv begegnete. So verpflichtete sich die sächsische Regierung in der "Breuel-Schommer Vereinbarung"[6] vom 24. April 1992, "mit ihrem ganzen Instrumentarium, insbesondere mit GA-Mitteln und mit Bürgschaften, regional bedeutsame Betriebe, die sie definiert, zu unterstützen ... die notwendigen öffentlichen Infrastrukturmaßnahmen zu fördern und ihr arbeitsmarktpolitisches Instrumentarium gezielt zur Verfügung zu stellen". Im Gegenzug wollte die Treuhandanstalt den vom Land geförderten Unternehmen "den notwendigen Spielraum, unternehmerisch und finanziell" einräumen, auch wenn das bestätigte Konzept einen mehrjährigen Modernisierungsprozeß erfordert.

Aus der Zusammenarbeit mit den Ländern erwuchsen verschiedene Programme zur Bestimmung und gemeinsamen Förderung regional bedeutsamer Unternehmen. Am bekanntesten wurde das sächsische ATLAS-Projekt, in dessen Rahmen ab Mai 1992 die Branchengespräche mit Sachsen geführt wurden. Die ATLAS-Liste enthält etwa 200 "Ausgewählte Treuhandunternehmen vom Land angemeldet zur Sanierung". Pendants sind in Mecklenburg-Vorpommern das Projekt ANKER und in Brandenburg das Projekt ZEUS.

Zusammenfassend kann man feststellen: 1. Die Dichte formeller und informeller Kommunikation zwischen der Bundesregierung, den Landesregierungen und der THA ist außerordentlich hoch. 2. Die autonomen Entscheidungsspielräume der THA sind dort, wo es um hohe Summen und größere Beschäftigungszahlen geht gesetzlich und satzungsmäßig eingeschränkt. Sie sind überdies aufgrund von (politischen) Verhandlungszwängen faktisch noch kleiner, als es die Rechtskonstruktion erwarten ließe. 3. Strategische Weichenstellungen und größere Privatisierungs- und Sanierungsentscheidungen tragen zunehmend den Charakter von Verhandlungslösungen, an denen die Bundesregierung und die jeweils betroffenen Länder bzw. deren beauftragte Behörden beteiligt sind. Demnach erfüllt die THA nicht nur eine intermediäre Funktion an der Schnittstelle von Staat und

---

6 Benannt nach der Präsidentin der THA, Birgit Breuel, und dem sächsischen Wirtschaftsminister Kajo Schommer, zit. nach dem Schreiben der Präsidentin der Treuhandanstalt, Birgit Breuel, an den sächsischen Ministerpräsidenten Biedenkopf vom 27. April 1992 zur "Zusammenarbeit zwischen der Treuhandanstalt und dem Freistaat Sachsen", THA-Archiv, SACH; S. 198-201.

Wirtschaft. Sie fungiert ebenso als "Scharnier" im System der vertikalen Politikverflechtung zwischen Bund und Ländern. Sie ist zu einem staatlichen Organ der "Interessenvermittlung" und Konfliktschlichtung im ökonomischen Transformationsprozeß geworden.

5. Fazit: Die Zukunft der Treuhand-Aufgabe

Die Zukunft des beschäftigungspolitischen Parts der Treuhandanstalt hängt von der Zukunft dieser Organisation selbst ab. Wenn sie, wie vorgesehen, zum Ende 1994 in der gegenwärtigen Form aufgelöst wird, muß auch eine beschäftigungspolitische Lücke gefüllt werden, die sie hinterlassen wird. Welche Möglichkeiten können hier in Betracht gezogen werden?

Die THA ist rechtlich kein Unternehmen und faktisch keine staatliche Behörde. Die Rechtsform einer bundesunmittelbaren Anstalt des öffentlichen Rechtes erlaubt kaum Rückschlüsse auf ihre tatsächliche Stellung im politischen System der Bundesrepublik. Ihre Aufgabe und Praxis der Aufgabenerfüllung verorten sie vielmehr an der Schnittstelle von Staat und Ökonomie. (Schuppert verortet sie aus rechtswissenschaftlicher Sicht als "Organisation im Überschneidungsbereich zweier Rechtskreise", in der öffentlich-rechtlicher Auftrag und zivilrechtliche Erledigung zusammenfallen; Schuppert 1992, 186) Die THA fungiert als eine "Agentur" des Staates zur Entwicklung der privaten Wirtschaft. Insofern erinnert sie - auch der Rechtsform nach - an die Kreditanstalt für Wiederaufbau, die aus der Verwaltung der Marschallplan-Mittel nach dem zweiten Weltkrieg hervorging. Beide verkörpern ein Sondervermögen des Bundes und werden von einem Verwaltungsrat kontrolliert, der großteils aus Repräsentanten der Wirtschaft zusammengesetzt ist. Ein großer Unterschied besteht darin, daß die Treuhandanstalt selbst die Firmen besitzt, denen sie bis zu ihrer Privatisierung oder Stillegung Betriebsmittel zuführt. Nach Beendigung ihres operativen Geschäfts sollen die bis dahin nicht privatisierten oder stillgelegten Firmen als Sondervermögen oder Beteiligungsunternehmen des Bundes oder der Länder weitergeführt werden. Dies kann unter anderem auch durch eine Reorganisation und Fortführung der bereits bestehenden "Management KGs" geschehen. Mehr als die gesellschaftsrechtliche Form dieser Unternehmen interessiert indes die Frage, ob der politische und ökonomische Auftrag der Treuhandanstalt in den Nachfolgeorganisationen erhalten bleibt, ob also auch sie als ökonomische Entwicklungsagenturen des Staates fungieren werden.

Man muß davon ausgehen, daß Betriebe, die von der Treuhandanstalt weder privatisiert noch stillgelegt werden können, von hoher wirtschafts- oder beschäftigungspolitischer Bedeutung sind. Sie gelten als förderungswürdig. Die Frage ist, ob sich auf diese Art längerfristig ein geschützter, zweiter Arbeitsmarkt herausbildet, oder ob das Ziel der Wettbewerbsfähigkeit weiterbestehen oder zumindest vorherrschen soll. Im zweiten Fall fragt sich weiter, ob eine öffentliche Förderung auf die Kapitalzufuhr, etwa aus einem Spezialkreditfonds, beschränkt wird, oder ob die Politik auch in das operative Geschäft dieser Unternehmen hineinreichen wird.

Die Forschung zeigt, daß der Erfolg öffentlicher Unternehmen von der Kompetenz und Autonomie ihres Leitungspersonals abhängt (vgl. Czada 1992). Diese Erfahrung lag auch dem Konzept der Treuhand Management KGs zugrunde. Sie sollten wie normale Unternehmen am Markt operieren können. Tatsächlich sind sie aber denselben politischen Einflüssen ausgesetzt wie die Treuhandanstalt. Diese Einflüsse würden sich bei einer Übernahme durch die Länder noch verstärken. Sie würden dann die Aufsichtsgremien dominieren. Die Treuhandanstalt war dagegen bemüht, ökonomischen Sachverstand für die Aufsichtsräte ihrer Unternehmen zu gewinnen - allerdings nicht immer erfolgreich. Sie war zuweilen froh, auf der Arbeitnehmerbank jene unternehmerische Kompetenz zu finden, die sie sich eigentlich auf der Arbeitgeberseite erhofft hatte (Interviews 930222 und 930222b, vgl. auch Czada 1993). Die Bemühungen insbesondere der IG Metall um eine Ausweitung der Beiratsmitbestimmung in den Management-KGs sind, wie das übrige Engagement der Gewerkschaften im Einigungsprozeß, keinesfalls auf die dauerhafte Einrichtung geschützter Unternehmen im Sinne eines zweiten Arbeitsmarktes gerichtet. Im Gegenteil, die Gefahr eines Verlustes der Tarifautonomie durch die Existenz eines geschützten Wirtschaftssektors hält die Gewerkschaften davon ab, hier machtvoll vorzupreschen. Bereits der § 249 h AFG, der für die ABS-Gesellschaften zugewiesenen Arbeitnehmer Löhne vorschreibt, die "angemessen niedriger sind als die Arbeitsentgelte vergleichbarer nicht zugewiesener Arbeitnehmer", steht bei der IG Metall unter dem Verdacht, eine schleichende Erosion der Tarifautonomie einzuleiten.[7]

---

7 Die ab Januar 1991 im Osten geltenden Sondervorschriften des AFG sind nach Ansicht der IG Metall verfassungswidrig. Die "sozialpolitische Giftmischung" werde zwar durch die Schaffung von Arbeitsplätzen schmackhaft gemacht, führe letztlich aber zu "gesetzlichen Lohnleitlinien"; IG Metall-Vorstandsmitglied Schmitthenner, zit. nach FR v. 18.6.1991, 2.

Die Treuhandanstalt hat durch die von ihrer Abteilung "Arbeit und Soziales" als Reaktion auf akuten Problemdruck und äußere Anforderungen entwickelten Ansätze aktiver Beschäftigungspolitik einen Konflikt losgetreten, der noch lange nachwirken wird. Wie er sich entwickeln wird, hängt davon ab, welche Trägerstruktur der Arbeitsmarktpolitik sich langfristig in den neuen Bundesländern durchsetzt. Werden die beschäftigungspolitischen Institutionen nach der Treuhandära autonomer sein oder noch stärker vom politischen Konflikt zwischen Bund, Ländern, Gewerkschaften, Wirtschaftsverbänden und Kommunen geprägt werden? Hier sind Trends erkennbar, die jedoch wegen der turbulenten Entwicklungsdynamik im Transformationsprozeß nur vage Voraussagen zulassen.

Versucht man den Autonomiegrad der Treuhandanstalt im Geflecht der politischen Institutionen der Bundesrepublik zu bestimmen, so sind bereits eindeutige Veränderungen des Handlungsspielraums im Zeitablauf zu erkennen. Auf die Frage nach externen Restriktionen der Aufgabenerfüllung berichten in einer Umfrage unter Treuhandbediensteten 56,3 Prozent zunehmende, 33,3 Prozent gleichbleibende und 10,4 Prozent abnehmende äußere Einflüsse auf die Tätigkeit der Treuhandanstalt.[8] Dieser Trend ist durch den Mißerfolg der bisherigen Wirtschaftspolitik mitverursacht. Dort, wo die wirtschaftlichen Probleme am größten sind, ist oft der politische Einfluß am stärksten. Angesichts einer vielgestaltigen und dynamischen Konfliktstruktur kommt es zu ständigen Problemverschiebungen. Darunter leidet die Beständigkeit und Kohärenz der Maßnahmen. Ohne institutionelle Vorkehrungen ist dagegen nichts auszurichten.

Andererseits ist fraglich, ob Institutionen, die nur dem Beschäftigungsziel verpflichtet sind - etwa die auf Landesebene eingerichteten Dachorganisationen der Beschäftigungsgesellschaften - den Problemen der neuen Bundesländer besser gerecht werden können. Sie sind den Interessenkonflikten zwischen Beschäftigungs- und Industriepolitik, fiskal- und ordnungspolitischen Erwägungen letztlich ebenso ausgesetzt wie die Treuhandanstalt. Bei ihr hat sich selbst die gesetzliche Begrenzung des Aufgabenkatalogs als völlig wirkungslos erwiesen. Sie ist zu einer viele Politikfelder umfassenden "sehr mächtigen Nebenregierung" (Schmidt 1993, 32) geworden - ein Vorgang,

---

[8] Die Daten basieren auf der Teilauswertung einer Befragung aller Direktoren, Niederlassungsleiter und Abteilungsleiter sowie einer Zufallsauswahl auf der Referentenebene (Auswertungsstand 10. Mai 1993, N=144). Gefragt war nach externen Einflüssen im Jahre 1992 im Vergleich zu 1991.

der sich angesichts akuten Handlungsdrucks und der Verschlungenheit der Probleme unaufhaltsam entwickeln mußte. Die durch Kompromißbildung zwischen Bund, Ländern, Treuhandanstalt, Gewerkschaften und Wirtschaftsverbänden bewirkte Aufgabenerweiterung hat seit der staatsrechtlichen Vereinigung zum 3. Oktober 1990 ständig zugenommen. Dies gilt besonders für die Beschäftigungspolitik.

War nach den Erstanträgen auf AB-Maßnahmen 1991 die Treuhandanstalt nur zu 0,2 Prozent an Sachkostenzuschüssen beteiligt, waren dies 1992 bereits 18 Prozent; und es dürften 1993 nahezu 30 Prozent werden. Auch die eingesetzten Mittel der Länder und des Gemeinschaftswerkes "Aufschwung Ost" nahmen zu, so daß die Bundesanstalt für Arbeit relativ entlastet wurde. Die Veränderung ging einher mit einer verstärkten Finanzierung von Arbeit anstelle von Lohnersatzleistungen, wie sie von der Bundesanstalt für Arbeit in großem Umfang geleistet wurden - insbesondere auch über die starke Inanspruchnahme der "Kurzarbeit-Null"-Regelung durch Treuhandbetriebe. Wenn in den neuen Bundsländern die aktive Arbeitsmarktpolitik einen höheren Stellenwert erlangt hat, so ist dies nicht zuletzt auf den Einfluß und die von außen erwirkte Beteiligung der Treuhandanstalt zurückzuführen.

Andererseits kommt den übrigen Beteiligten die Möglichkeit einer kreditfinanzierten Beteiligung der Treuhandanstalt an der Arbeitsmarktpolitik nicht ungelegen. Ein solches Vorgehen wäre über den Bundeshaushalt nur bedingt und für die Bundesanstalt für Arbeit überhaupt nicht möglich.[9] Die Bindung an ein Beitragsaufkommen der Versicherten fällt weg. Die arbeitsmarktpolitischen Maßnahmen der Treuhandanstalt belasten auch nicht unmittelbar den Bundeshaushalt, sondern werden wie die übrige Treuhandtätigkeit über den internationalen Kapitalmarkt refinanziert und vermutlich später einem "Erblastentilgungsfonds" zugeschlagen, der je zur Hälfte von Bund und Ländern bedient werden soll. Allein daraus ergibt sich eine zeitliche Befristung aller unter Treuhandbeteiligung ergriffenen Maßnahmen. Sie sind zwar nicht unbedingt an die Treuhandanstalt in ihrer heutigen Rechtsform gebunden, sondern könnten beispielsweise bei der zum Ende 1994 vorgesehenen Auflösung und Aufspaltung der Treuhandanstalt einer eigenen Trägergesellschaft zugeschlagen werden. Nur müßte sich diese dann anders finanzieren und daher einen Teil der bisherigen Handlungsspielräume aufgeben. So wäre

---

9 Das Finanzierungssystem muß als eine der wesentlichen Determinanten der Arbeitsmarktpolitik überhaupt gelten. Es bestimmt weitgehend ihren Umfang, aber auch ihre Leistungsinhalte (Bruche/Reissert 1985).

eine Dotierung des Qualifizierungswerks Chemie und des Sanierungswerks Braunkohle aus Treuhandmitteln nach Auflösung der Treuhandanstalt nicht mehr möglich. Dann müßten diese investiven Mega-ABM-Gesellschaften von privaten Unternehmen oder öffentlichen Trägern mit einer vermutlich reduzierten Belegschaft übernommen werden. Freisetzungen von Arbeitskräften werden insofern weitergehen. Sie sind durch ABM/ABS-Maßnahmen nur zeitlich gestreckt worden.

Der auf dem Weg über eine Treuhandbeteiligung erhoffte oder befürchtete Einstieg in einen zweiten, geschützten Arbeitsmarkt ist jedoch aufgrund der prekären Existenz der Treuhandanstalt und ihrer Finanzierungsmodi erschwert. Auch die Bundesregierung wird schwerlich einzelne Produktionsstandorte in den neuen Bundesländern durch dauerhafte beschäftigungserhaltende Subventionen stützen können. Sie würde sich damit nicht nur fast unlösbare Verteilungsprobleme mit einzelnen Ländern, Gewerkschaften und Branchenverbänden aufhalsen. Auch die EG-Kommission, die bereits die Treuhandanstalt erheblich kontrolliert, könnte einem solchen Vorgehen im Wege stehen. Die Gründung großer investiver Beschäftigungsgesellschaften unter Ausnutzung von § 249 h AFG und auf der Basis kollektivvertraglich geregelter Beschäftigungsverhältnisse markiert eine Abkehr von der individuellen, beitragsfinanzierten Arbeitsmarktförderung und könnte daher als Subventionsfall behandelt werden. Tatsächlich agieren die Geschäftsführer dieser Gesellschaften als öffentliche Unternehmer, die sich zunehmend auch als Wortführer der regionalen Strukturpolitik profilieren. Die großen ABS-Gesellschaften sind eben nicht nur von arbeitsmarktpolitischer Bedeutung, sondern umfassen Infrastrukturaufgaben ebenso wie industrie- und regionalpolitische Belange. Ein dauerhaftes Engagement des Bundes auf diesem Feld erschiene nur in Zusammenarbeit mit den Ländern sinnvoll, weil sonst föderale Kompetenzkonflikte aufbrächen. Allenfalls einzelne Länder und Kommunen könnten, sofern sie finanziell dazu in der Lage versetzt würden und das EG-Subventions- und Wettbewerbsrecht dem nicht entgegenstünde, solche Maßnahmen im Rahmen der bestehenden Zuständigkeitsstruktur über längere Zeit und in einem größeren Ausmaß fortführen.

Literatur

Bewyl, W./Helmstädter, W./Wiedenmeyer, M., 1992: Arbeitsförderungsgesellschaften in den neuen Bundesländern. Perspektiven einer strukturellen Reform, Düsseldorf (Hans-Böckler-Stiftung)

Blanke, B./Heinelt, H./Macke, C.-W., 1987: Großstadt und Arbeitslosigkeit. Ein Problemsyndrom im Netz lokaler Sozialpolitik, Opladen

Bosch, G., 1990: Qualifizieren statt entlassen. Beschäftigungspläne in der Praxis, Opladen

Bruche, G./Reissert, B., 1985: Die Finanzierung der Arbeitsmarktpolitik - System, Effektivität, Reformansätze, Frankfurt

Czada, R., 1990: "Kuckuckspolitik" gegen Arbeitslosigkeit. Institutionelle Schranken der Beschäftigungs- und Sozialpolitik, in: Caspari, A./Dörhage, W. (Hrsg.): Beschäftigung für die Region. Arbeitsmärkte im Strukturwandel, Berlin, S. 259-275

Czada, R., 1992: Verstaatlichung und Privatisierungspolitik, in: Schmidt, M.G. (Hrsg.): Die Westlichen Industrieländer (Lexikon der Politik, Bd.3.), München, S. 474-482

Czada, R., 1993: Die Treuhandanstalt im Umfeld von Politik und Verbänden, in: Fischer, W./Hax, H./Schneider, H.-K. (Hrsg.): Das unmögliche Wagen. Treuhandanstalt 1990 bis 93, Berlin 1993 (im Erscheinen)

Europäisches Forschungsinstitut, 1993: Sanierungsgesellschaften in Sachsen-Anhalt, Königswinter/Magdeburg

Glaeßner, G.-J., 1991: Der schwierige Weg zur Demokratie. Vom Ende der DDR zur deutschen Einheit, Opladen

Herles, H./Rose, E. (Hrsg.), 1990: Vom Runden Tisch zum Parlament, Bonn

Kapferer, St., 1992: Entstehung und frühe Entwicklung der Treuhandanstalt, Diplomarbeit, Fakultät für Verwaltungswissenschaft, Universität Konstanz

Kern, H./Sabel, C.F., 1992: Zwischen Baum und Borke. Zur Unsicherheit der Treuhand, was sie als nächstes sagen sollte, in: SOFI-Mitteilungen 1/1992, S. 61-78

Knuth, M., 1993: ABS-Gesellschaften - Rettungsanker im Strukturbruch?, in: Die Neue Gesellschaft-Frankfurter Hefte 6, S. 519-524

Kühl, J., 1993: Unternehmensentwicklung von Treuhandunternehmen und privatisierten ehemaligen Treuhandfirmen vom Ende der DDR bis Ende 1992, Beitrag zum ZEW-workshop "Arbeitsmarktdynamik und Unternehmensentwicklung in Ostdeutschland - Erfahrungen und Perspektiven des Transformationsprozesses", 4./5. März Mannheim

Schmidt, R., 1991: Aufgaben und Struktur der Treuhandanstalt im Wandel der Wirtschaftslage, in: Hommelhoff, P.(Hrsg.): Treuhandunternehmen im Umbruch. Recht und Rechtswirklichkeit beim Übergang in die Marktwirtschaft, Köln, S. 17-38

Schuppert, G.F., 1992: Die Treuhandanstalt. Zum Leben einer Organisation im Überschneidungsbereich zweier Rechtskreise, in: Staatswissenschaft und Staatspraxis 3, S. 186-210

Wahse, J./Dahms, V./Schaefer, R., 1992: Beschäftigungsperspektiven von Treuhandunternehmen und Ex-Treuhandfirmen. Umfrage 4/1992 (BeitrAB 160.2), Nürnberg

Die Kommunen als arbeitsmarktpolitischer Akteur

Alexander Wegener

1. Entwicklung der kommunalen Arbeitsmarktpolitik

Arbeitsmarktpolitik zielt direkt auf eine Verbesserung der Beschäftigungschancen oder die Schaffung von Beschäftigungsverhältnissen. Im Unterschied zur indirekt wirkenden Beschäftigungspolitik bezeichnet die Arbeitsmarktpolitik eine direkte Intervention des öffentlichen Sektors in das Verhältnis von Arbeitsangebot und Nachfrage. Die Bedeutung der lokalen Ebene hinsichtlich Implementationsbedingungen, Institutionen und Instrumenten zentralstaatlicher Maßnahmen und Programme der Arbeitsmarktpolitik ist hinreichend erkannt (u.a. Scharpf/Brockmann 1983; Garlichs u.a. 1983). Kommunen sind Mittler zwischen bundesstaatlichen Rahmenbedingungen und Instanzen der Arbeitsmarkt- und lokalen Sozialpolitik (Blanke u.a. 1987a, 29 ff).

Arbeitsmarktpolitik ist ein junges Feld öffentlicher Politik. Die Arbeitslosigkeit war bis Ende der 60er Jahre sehr niedrig, so daß interventionistische Eingriffe in den Markt nicht notwendig erschienen. Erst in den späten 60er Jahren entwickelte sich die Aufgabe auf bundesstaatlicher Ebene. In Folge der Wirtschaftskrise 1973/74 wurde deutlich, daß eine planerische und gestaltende Funktion der Politik zur Bewältigung des beginnenden Strukturwandels notwendig wurde. Der gesellschaftliche Konsens für den Ausbau des Sozialstaates während der sozialliberalen Koalition ermöglichte zahlreiche Gesetzesinitiativen. Die Kommunen und ihre Spitzenverbände trugen die Entwicklung einer "kommunalen Sozialstaatlichkeit" zumindest bis in die 70er Jahre mit (Jaedicke u.a. 1990), obgleich entsprechende Gesetze höhere Sozialausgaben der Kommunen bewirkten. Die Zustimmung der Kommunen zu einem weiteren Ausbau des Sozialstaates endete, als deutlich wurde, daß der wirtschaftliche Strukturwandel nicht Ausdruck einer konjunkturellen Schwäche, sondern Ausdruck eines tiefgreifenden gesellschaftlichen Umstrukturierungsprozesses war. Damit - und durch die Abwälzung der Folgekosten auf die Kommunen - waren steigende Kosten im Bereich der Sozialhilfe verbunden. "Kommunale Arbeitsmarkt- und Beschäftigungspolitik ist so gesehen ein Akt politischer Notwehr oder Selbst-

hilfe und zugleich Akt der Bekämpfung eines Notstandes, der auf der kommunalen Ebene am sichtbarsten und spürbarsten aufbricht" (Ellwein 1987, 72). Die Kommunen sind von der andauernden Arbeitslosigkeit mehrfach betroffen:
- Hohe Arbeitslosigkeit bedeutet Mindereinnahmen bei der Umverteilung von Lohn- und Einkommensteuer im Rahmen des Finanzausgleichs;
- Arbeitslosengeld/-hilfe muß von der Kommune auf die Hilfe zum Lebensunterhalt nach BSHG aufgestockt werden;
- Arbeitslose ohne Arbeitslosengeld oder -hilfe sind bei Bedürftigkeit sozialhilfeberechtigt, welche im Rahmen des BSHG von den Kommunen gewährt wird.
- Hohe Sozialausgaben binden erhebliche Finanzmittel, so daß für freiwillige Aufgaben weniger Gelder zur Verfügung stehen.

Die Kommunen sehen sich durch die wirtschaftliche Entwicklung seit den 70er Jahren zunehmend dem Zwang ausgesetzt, ihre Haushalte von Belastungen der Sozialausgaben zu befreien. Gegenwärtig ist in den alten Bundesländern ein rückläufiges Wirtschaftswachstum festzustellen, während sich die neuen Bundesländer in einem tiefgreifenden Strukturumbruch befinden. Die Haushaltsprobleme sind heute größer denn je zuvor.

Dennoch hat kommunale Politik einen Handlungsspielraum, weil überörtliche "Programme" in ihrer Implementation sowohl von der (partei-)politischen Konstellation in der jeweiligen Kommune als auch von der Mitwirkungsbereitschaft der Kommunalverwaltung abhängen - insbesondere dann, wenn es darum geht, "'neue Wege' zu gehen" (Blanke u.a. 1987a, 321).

2. Reaktionen der Kommunen

Das verstärkte inhaltliche Engagement der Kommunen seit den 80er Jahren bestand zunächst "aus vielerlei Formen spontaner Reaktionen auf lokal sich manifestierende Probleme" (Mayer 1991, 54), und rief Erwartungen hervor, die die Kommune als Gegenmacht "von unten" betrachteten (vgl. Wollmann 1986; Bullmann 1991; kritischer: Hesse 1986; Häußermann 1991). Nach einigen Jahren Erfahrungen in der Umsetzung verschiedenster Instrumente und Projekte ist zu fragen, welche konzeptionellen Entwicklungen zu beobachten sind. Im Bereich der kommunalen Arbeitsmarktpolitik sind dies

- Arbeitsbeschaffungsmaßnahmen (u.a. zur Förderung von Selbsthilfe und selbstorganisierten Projekten im Gesundheits-, Sozial- und Kulturbereich sowie unmittelbar im kommunalen Bereich),
- Maßnahmen zur Bekämpfung der Jugendarbeitslosigkeit,
- "Hilfe zur Arbeit" bzw. "Arbeit statt Sozialhilfe" (Schaffung von Arbeitsplätzen für Sozialhilfeempfänger) und
- kommunale Qualifizierungs- und Beschäftigungsgesellschaften.

Die Handlungsfelder überschneiden sich mit traditionellen Politikfeldern wie Wirtschaftsförderung und Sozialpolitik und drücken die institutionelle Fragmentierung der kommunalen Arbeitsmarktpolitik aus.

2.1 Auslöser Jugendarbeitslosigkeit

Kommunen wandten sich Ende der 70er Jahre verstärkt dem Problem der Jugendarbeitslosigkeit zu, da sich für diesen Personenkreis Probleme der Integration ins Erwerbssystem ergaben und er gleichzeitig (wegen nicht vorliegender Beitragsleistungen) überwiegend keinen Anspruch auf Lohnersatzleistungen der Arbeitslosenversicherung hatte.

Das Problem der Jugendarbeitslosigkeit zeigt deutlich, daß herkömmliche Instrumente das Problem nicht lösen. Aus sozialpolitischer Perspektive ist die Einbeziehung nicht-staatlicher Organisationen notwendig, um Jugendliche in Maßnahmen zu integrieren, die nicht beim Arbeitsamt gemeldet sind und deswegen nicht von Programmen profitieren (vgl. Konsalt 1990, 51 ff, 135 f). Für die inhaltliche Ausgestaltung sozial- und arbeitsmarktpolitischer Maßnahmen sind weitere Anstrengungen und Innovationen notwendig. Der zweite Arbeitsmarkt als Möglichkeit regionaler und kommunaler Arbeitsmarktpolitik ist ein Schritt in Richtung einer beschäftigungsorientierten Sozialpolitik (Bäcker u.a. 1989, 255).

Kommunen reagierten unterschiedlich auf die jeweilige Situation dieser Problemgruppe (vgl z.B. Maier/Wollmann 1986; Blanke u.a. 1986, 159 ff). Empirische Befunde weisen darauf hin, daß sich die Ausgaben angesichts der Jugendarbeitslosigkeit in Kommunen quantitativ recht langsam entwickelt und insofern nicht zu gravierenden Verschiebungen im Sozialhaushalt geführt haben (Krüger u.a. 1990, 91). Deutlich zeigte sich, daß Kommunen (wie bei Arbeitsbeschaffungsmaßnahmen/ABM; siehe unten) dazu neigen, eher überörtliche Programme in Anspruch zu nehmen, als eigene Finanzierungsbeiträge zu leisten. Mit Beginn der 80er Jahre wurden zunehmend Werkstatteinrichtungen freier Träger oder außerbetriebliche Einrichtungen gefördert oder selbst eingerichtet, die "jedoch überwiegend fremdinitiiert und fremdfinanziert wurden" (Krüger u.a. 1990, 100). In den letzten Jahren wird bei größeren Kommunen deutlich, daß Aktivitäten zur beruflichen Integration als Daueraufgabe angesehen werden (Heinelt 1991a). Damit wird ein temporäres Mißverhältnis zwischen Ausbildungsstellen und Ausbildungsplatzsuchenden vermieden. Die Kommunen treten bei dem Problem der Jugendarbeitslosigkeit aber vor allem als Implementations- und Vermittlungsinstanz auf (Krüger u.a. 1990, 230), was zu einer intensivierten vertikalen Politikverflechtung führte, die aber nicht von der Kommune oder der lokalen Ebene initiiert wurde.

Die "Kommunalisierung der Sozialpolitik" (vgl. oben) beschränkt sich auf die Implementation, weniger auf selbstgeförderte Innovation und zeigt Defizite in den Kooperationsleistungen zwischen verschiedenen Trägern zur Bildung einer "sozialpolitischen Phantasie" auf.

2.2 ABM: Grundpfeiler kommunaler Arbeitsmarktpolitik

Arbeitsbeschaffungsmaßnahmen nach dem Arbeitsförderungsgesetz (AFG) spielten vor der Rezession von 1974/75 eine untergeordnete Rolle. 1978/79 wurde der bis dahin höchste Bestand mit 51.000 Personen in ABM gezählt (Schmid 1985, 121). Hierbei traten vor allem Kommunen als Träger von ABM hervor; ihr Anteil lag bei etwa 50 % (vgl. Jaedicke u.a. 1991; Lerch 1984; IAB 1992a). In den alten Bundesländern wurde das Instrument ABM "Gründungsinstrument" des zweiten Arbeitsmarktes, der maßgeblich von den Kommunen getragen wurde und wird (zur Rolle der Kommunen vgl. Huebner u.a. 1990a; Huebner u.a. 1990b). Zwischen ABM-Nutzung und politischer Konstellation besteht ein signifikanter Zusammenhang. Politische Prioritätenänderungen wirken in Kommunen stärker als angenommener Handlungsdruck durch ökonomische Belastungen. Eine Befragung mehrerer westdeutscher Kommunen ergab (Fuchs u.a. 1987), daß starke Korrelationen zwischen dem Umfang der ABM-Beschäftigung in Kommunen und "roten" bzw. "rot-grünen" Mehrheiten in den Kommunalvertretungen bestehen. Ein derartiger Zusammenhang ließ sich für die Beschäftigung von Sozialhilfeempfängern nicht feststellen.

ABM stellen in den neuen Länder *das* arbeitsmarktpolitische Instrument schlechthin dar (vgl. u.a. Spitznagel 1992; Weiland 1992), im Januar 1993 wurden 325.000 Personen in ABM gezählt. 45 %

aller ABM-Beschäftigten arbeiten bei öffentlichen Trägern, und zwar weit überwiegend bei Kommunen (vgl. Spitznagel 1992, 282). Die Anzahl der in den westlichen Bundesländern beschäftigten Personen in ABM wird nach der 10. AFG-Novelle weiter zurückgehen: "Der Druck der leeren Kassen wird zum Steuerungsinstrument" (Herder-Dorneich 1984, 29).

Auf lokaler Ebene ist ABM in den Sog restriktiver kommunaler Personalpolitik geraten: "ABM wurden häufig zum Lückenbüßer bei Finanzengpässen der Gemeinden, wodurch ein schleichender Funktionswandel stattgefunden hat" (Bäcker u.a. 1989, 256), d.h. ABM werden faktisch teilweise für Regelaufgaben eingesetzt. Die Kommunen haben durch Arbeitsbeschaffungsmaßnahmen nur dann haushaltsentlastende Effekte, wenn die vom Arbeitsamt Ausgewählten solche Personen sind, die weder Arbeitslosengeld noch Arbeitslosenhilfe, sondern Sozialhilfe erhalten. Dies ist aber nach § 93 Abs. 1 AFG, der den Bezug von Lohnersatzleistungen als Zugangsvoraussetzung nennt, von der nur bei "besonderen Zielgruppen" (etwa Langzeitarbeitslosen) abzusehen ist, nicht die Regel. Eine Untersuchung des Instituts für Arbeitsmarkt- und Berufsforschung (IAB) (Spitznagel 1989, 528) zeigt, daß 72% der ABM-Teilnehmer Bezieher von Arbeitslosengeld oder -hilfe waren, nur 21% hatten keinen Anspruch oder der Leistungsbezug war beendet. Im Durchschnitt entfallen auf die Kommunen lediglich 6,9 % der unmittelbaren Entlastungen, sofern es sich nicht um Sozialhilfeempfänger in ABM handelt (Jaedicke u.a. 1991, 118 f; Bach u.a. 1986, 373).

Der Verbleib von ABM-Beschäftigten kann über die "Verwaltungsstatistik" der Bundesanstalt für Arbeit nicht ermittelt werden. Einige Untersuchungen (u.a. Spitznagel 1989) zeigen aber, daß gerade für Langzeitarbeitslose ABM nur in "relativ geringem Maße" die Basis für den direkten Sprung in Arbeit ist.

In den neuen Bundesländern wurde die Entwicklung einer kommunalen Handlungsstrategie gerade durch die "ABM-Schwemme" 1991 behindert, denn Kommunen hatten bislang wegen des leichten Zugangs zu ABM-Mitteln noch keine Strategie entwickelt. Die Folge ist, daß ABM für mehr oder weniger sinnvolle Tätigkeiten eingesetzt worden sind.

In besonderen Krisenregionen der neuen Bundesländer bestehen sogenannte "Mega-ABM". Für sie ist der neue § 249h AFG besonders geeignet (siehe dazu den Beitrag von Emmerich in diesem Buch), der neue arbeitsmarktpolitische Perspektiven eröffnet. Kommunen sind bislang allerdings an "Mega-ABM" nur gering beteiligt (siehe Tab. 5 im Beitrag von Emmerich), und es spricht nichts dafür, daß sich dies in Zukunft ändert. In Sachsen sind beispielsweise von den 98 Gesellschaften zur Arbeitsförderung, Beschäftigung und Strukturentwicklung (ABS) etwa 60 in der Rechtsform einer GmbH organisiert, von denen etwa 20 bis 30 von Kommunen in höchst unterschiedlicher Beteiligung mitgetragen werden.

ABM sind insgesamt in "relativ geringem Maße mit der Wirtschafts- und Strukturpolitik verzahnt" (Spitznagel 1992, 282 f). Ausnahmen bilden lediglich ABM in Trägerschaft von Treuhandunternehmen und ABS-Gesellschaften (IAB 1992b), an denen Kommunen jedoch - wie erwähnt - nur gering beteiligt sind.

2.3 Entdeckung der "Hilfe zur Arbeit"

Die Arbeitslosigkeit schlug sich in steigenden Sozialausgaben der Kommunen in dem Maße nieder, wie die Zahl der Arbeitslosen anstieg, die keinen Anspruch auf Leistungen der Arbeitslosenversicherung hatten. Diese Entwicklung vor Augen, konnten die Kommunen in kommunaler Arbeitsmarkt- und Beschäftigungspolitik ein Mittel sehen, Sozialhilfeempfänger wieder in ein Beschäftigungsverhältnis zu bringen und mithin den kommunalen Sozialetat zu entlasten.

Für die Kommunen stellen Maßnahmen nach § 19 BSHG keine "neuen" Maßnahmen dar; dennoch ist das verstärkte arbeitsmarktpolitische Engagement einiger Kommunen in Richtung Bündelung und Koordination verschiedener Instrumente der kommunalen Sozial-, Arbeitsmarkt- und Wirtschaftspolitik nicht zu übersehen, auch wenn die Integration in den ersten Arbeitsmarkt nicht sichergestellt ist. "Die wesentliche Wirkung solcher Maßnahmen ist vielmehr, Sozialhilfeempfängern Ansprüche auf Arbeitslosengeld oder Arbeitslosenhilfe zu verschaffen und so soziale Lasten zurück zum Bund zu schieben" (Jaedicke u.a. 1991, 217). Damit wurde die "Entgeltvariante" der "Hilfe zur Arbeit" bedeutsamer, nach der ein sozialversicherungspflichtiges Beschäftigungsverhältnis mit ortsüblicher Bezahlung begründet wird (vgl. ausführlicher Jaedicke u.a. 1991; Wollmann 1990). Sie löste die bis in die 80er Jahre hinein dominierende "Mehraufwandsentschädigungsvariante" ab, nach der Sozialhilfeempfängern neben den Leistungen der Hilfe zum Lebensunterhalt nur eine geringe Entschädigung für einen arbeitsbedingten Mehraufwand bekommen.

"Hilfe zur Arbeit" erwuchs vor diesem Hintergrund zu einem wichtigen Standbein im zweiten Arbeitsmarkt. Der Stadtstaat Hamburg förderte als erster die Bündelung arbeitsmarktpolitisch relevanter Instrumente durch eine eigene Beschäftigungsgesellschaft (vgl. Fiedler/Fahrenholtz 1986). Zwar ist Hamburg als Stadtstaat mit einer Kommune nur bedingt zu vergleichen, dennoch bewirkte die Hamburger Initiative eine Nachahmung in anderen Kommunen.

Kommunen haben aber geringe Anreize, jenseits einer fiskalpolitischen Orientierung Maßnahmen nach § 19 BSHG zu implementieren, da die befristeten Beschäftigungsverhältnisse in voller Höhe aus dem Gemeindehaushalt finanziert werden müssen, sofern nicht die Länder eine Teilfinanzierung übernehmen (Münder/Hofmann 1987; Jaedicke u.a. 1991; vgl. u.a. MASB 1991; SLMV 1992).

Mit zunehmenden Finanzierungsengpässen droht in den alten Bundesländern (auch in Städten mit "innovativen" Problemlösungsansätzen) eine restriktivere Handhabung des § 19 BSHG, da die Entgeltvariante mit erheblichen finanziellen Mehraufwendungen der Kommunen verbunden ist.

In den neuen Bundesländern sind bisher nur wenige Maßnahmen nach § 19 BSHG implementiert worden. Bislang wird das Tätigkeitsfeld der Kommunen und ihrer Gesellschaften noch von ABM dominiert, zumal die quantitative Anzahl von Sozialhilfeempfängern noch nicht besonders groß ist. Es ist zu erwarten, daß im Verlauf des Jahres 1993/94 in diesem Bereich größere Anstrengungen unternommen werden, zumal die neuen Länder entsprechende Fördermaßnahmen aufgelegt haben.

2.4 Lösungen durch kommunale Beschäftigungsgesellschaften?

Ende der 70er Jahre wurden erste Erfahrungen mit kommunalen Beschäftigungsgesellschaften gesammelt. Diese, meist in der Rechtsform einer GmbH von Kommunen und anderen Trägern gegründet, konzentrieren sich in der Regel auf besondere Problemgruppen. Das Angebot erstreckt sich dabei auf Erstausbildung, Fortbildung und Umschulung (FuU), ABM, Unterstützung von Existenzgründungen, Beratung, Vermittlung und soziale Betreuung der Teilnehmer (Müller 1992, 49; Buch u.a. 1993). Bewertungskriterien für den Erfolg der Beschäftigungsgesellschaften sind nur unzureichend entwickelt. Würde die dauerhafte, direkte Vermittlung in den ersten Arbeitsmarkt als einziges Kriterium verwendet werden, ist der Erfolg dieser Gesellschaften ernüchternd.

Die Bildung von kommunalen Gesellschaften deutet an, daß das Engagement der Kommunen auf dem Gebiet der Arbeitsmarkt- und

Beschäftigungspolitik nicht ohne Auswirkungen auf die Organisationsstruktur der Verwaltung und ihrer Verbindungen zu anderen Akteuren bleiben kann. "Überlegungen, die verschiedenen Politiken zu bündeln und so - z.B. über das Instrument einer Beschäftigungsgesellschaft - einen weitaus umfangreicheren Beitrag zur Lösung von Beschäftigungsproblemen zu leisten, wurden nur in Ansätzen realisiert" (Jaedicke 1991, 288).

In den neuen Bundesländern sind Qualifizierungs- und Beschäftigungsgesellschaften wesentlicher Bestandteil der Arbeitsmarktentlastung (siehe den Beitrag von Knuth in diesem Buch). Das Instrument Beschäftigungsgesellschaft, als Konzept in die neuen Bundesländer transferiert, ist angenommen worden (Heseler/Warich 1992, 295 f). Der Transfer von Konzepten wurde nicht unkritisch gesehen: "Es können in der DDR nicht Positionen gewonnen werden, die in der BRD nicht erreicht werden konnten" (Sund 1990).

Perspektiven für Qualifizierungs- und Beschäftigungsgesellschaften in den neuen Bundesländern bestehen darin, daß sie sich von der Funktion eines Notauffangbeckens zu einem lokalen oder regionalen Wirtschaftsakteur entwickeln. Daraus ergibt sich ein Zwang zur Innovation: Weder dürfen auf Dauer kommunale Regelaufgaben Inhalte der Tätigkeit sein, noch dürfen es "08/15"-Maßnahmen sein. Die Entdeckung und Besetzung einer arbeitsmarktpolitischen Nische, die als sinnvoll anerkannt wird und auch andere Förderungsmöglichkeiten als ABM erlaubt, ist wesentlicher Bestandteil zukünftiger Entwicklung. Diese Perspektive ist ihnen dann eröffnet, wenn ein lokales Netzwerk die Befriedigung betrieblicher, kommunaler und arbeitsmarktpolitischer Interessen ermöglicht. Die geringen Berührungspunkte zwischen dem ersten und zweiten Arbeitsmarkt sind nur durch eine umfassende Koordination und Abstimmung zu verbessern (vgl. unten). Koordination in der lokalen Arbeitsmarktpolitik unter den wirtschaftlichen, kommunalen und arbeitsmarktpolitischen Akteuren (Stöbe 1992) ist notwendig, um experimentelle "Formen der Arbeitsmarktpolitik entsprechend den vorliegenden regionalen Bedingungen zu erweitern" (Heseler/Warich 1992, 300).

2.5 Netzwerke, Verknüpfungen oder Kooperation als Ausweg?

Die Kommunen stehen vor dem Dilemma, daß das Problem der steigenden Sozialhilfeausgaben aus reformorientierter Perspektive nach innovativen Lösungen verlangt, andererseits die Kommunen aber weitgehend einen fachadministrativen Ansatz verfolgen, der sich zudem mehr an fiskalischen als an sozial- oder arbeitsmarktpolitischen Zielen orientiert.

Die von den Kommunen verlangte gestaltende, aktive Politik gegen Arbeitslosigkeit wird in den alten Bundesländern in den nächsten Jahren eher nicht durchzusetzen sein. Auch innovative Ansätze sind wegen der angespannten Haushaltslage danach zu hinterfragen, welche nachhaltige Integration mit welchem Mittelaufwand erzielt werden konnte.

In der Zukunft wird es darum gehen, lokal angemessene Ansatzpunkte für die Förderung von Kooperationen auch auf dem Gebiet der Arbeitsmarkt- und Beschäftigungspolitik zu finden (vgl. dazu v.a. Stöbe 1992), denn "Programme, die den Einbezug lokaler Akteure bedürfen, lassen sich dort besser durchführen, wo etablierte Kontaktsysteme bestehen" (Schmid 1983, 144), auf denen Kooperationen aufgebaut werden können. Grundlage für Kooperationen oder Netzwerke ist aber die Bereitschaft zur Kommunikation, Konsultation, Koordination um letztendlich Kooperation zu erreichen. Ist dies realistisch? Kooperation in der lokalen Arbeitsmarktpolitik bedeutet
- Aufbau und Pflege eines lokalen/regionalen Netzwerkes wirtschaftlicher, kommunalpolitischer und arbeitsmarktpolitischer Akteure;
- Verknüpfungen der bisher nebeneinander laufenden Maßnahmen der verschiedenen Akteure, vor allem Verbesserung der Verbindungen zwischen dem ersten und dem zweiten Arbeitsmarkt.

Diese verstärkte gestaltende Funktion kommunaler Politik bedarf aber Voraussetzungen, die nicht in allen Kommunen gegeben sind. Darunter fallen
- die Bereitschaft, für entsprechende Maßnahmen Mittel für mehrere Jahre bereitzustellen;
- die Bereitschaft, mit anderen Akteuren zu kooperieren;
- die Sicherheit der finanziellen Unterstützung durch Dritte (Bundesanstalt für Arbeit, Land); sowie
- das Vorhandensein von Zielvorstellungen und Konzeptionen einer lokalen Wirtschaftsentwicklung.

Aber auch hier wird das Engagement der Kommunen nicht durch eine verstärkte gestaltende Funktion der Kommunalpolitik grundlegend zu verändern sein, denn Kommunen scheinen sich eher aus dem Bereich der Arbeitsmarktpolitik zurückzuziehen.

3. Kommunale Arbeitsmarktpolitik in den 90er Jahren

Kommunale Arbeitsmarktpolitik ist Folge der Arbeitslosigkeit (Windhoff-Héritier 1984; Ellwein 1987) und als Ergebnis komplexer Beziehungen der verschiedenen Ebenen der Gebietskörperschaften, Mechanismen der sozialen Sicherungssysteme und politischer Nichtentscheidungen vor dem Hintergrund des wirtschaftlichen Strukturwandels allgemein zu sehen (Blanke u.a. 1987b, 297).

Eine Vielzahl von Kommunen haben arbeitsmarktpolitische Aktivitäten unternommen. Ihre örtliche Ausgestaltung nach Quantität und Qualität sowie nach Zielgruppenbezug ist indes sehr unterschiedlich (vgl. Deutscher Städtetag 1984; Stöbe 1992 mit weiteren Hinweisen).

Forschungsergebnisse zeigen, daß die Kommunen und ihre Spitzenverbände das Problem der Sozial- und Arbeitsmarktpolitik weniger mit einem qualitativ und quantitativ verbesserten Repertoire an eigenen Aktivitäten angehen, sondern eher durch Haushaltskonsolidierung und Investitionsförderung (Jaedicke u.a. 1991). In den alten Bundesländern ist die institutionelle Fragmentierung der Arbeitsmarktpolitik nur teilweise überwunden; sie verhindert die Formulierung und Implementation einer aktiven Arbeitsmarktpolitik (Schmid 1985, 125). Arbeitsmarktpolitik fordert von den Kommunen wegen der Unzulänglichkeit der Organisationsstruktur bei ämterübergreifenden Aufgaben institutionelle "Innovationen", vorrangig koordinierende Stabsstellen und kommunale Gesellschaften (KGSt 1990, 1991). Trotz hoher, konstanter Arbeitslosigkeit und wachsender Zahl von Sozialhilfeempfängern sind geringe institutionelle Niederschläge in den Organisationsstrukturen der Kommunalverwaltungen festzustellen. Für die westdeutschen Kommunen kann zusammenfassend bemerkt werden: "Lediglich im Ausbau des lokalen Angebots von Qualifizierungsmöglichkeiten sind breitere Anstrengungen unternommen und Erfolge erzielt worden. Der systematische Ausbau von Beschäftigungsgesellschaften, Beschäftigungsinitiativen und deren Vernetzung ist als Ziel und Ergebnis lokaler Beschäftigungspolitik eher die Ausnahme geblieben" (Sund 1990, 4).

Kommunen wirken in der Selbstverwaltung der Bundesanstalt mittelbar mit, aber ihre arbeitsmarktpolitische Relevanz ergibt sich eigentlich nur dort, wo sie als Träger von Maßnahmen der aktiven Arbeitsmarktpolitik auftreten (Wollmann 1990). Ihre Bedeutung ergibt sich durch die lokal praktizierte Form der Arbeitsmarktpolitik, d.h. durch sinnvolle Verknüpfungen verschiedener fachlicher Einzel-

maßnahmen, durch die Koordination und Kooperation mit anderen Verwaltungseinheiten, der Wirtschaft und der Wirtschaftsverbände sowie der selbstinitiierten Projekte vor Ort. Die Situation ist in den alten Bundesländern wie folgt zusammenzufassen:
1. Arbeitsmarktpolitik ist kein prioritäres Aufgabengebiet der Kommunen.
2. Zahlreiche Kommunen haben interessante Ansätze entwickelt, deren Fortexistenz durch die schwierige Haushaltslage der Kommunen jedoch gefährdet sind.
3. Der Rückzug des Bundes aus der aktiven Arbeitsmarktpolitik durch zurückgehende Fördermittel wird eher eine weitere Zurückhaltung der Kommunen auf dem Gebiet der lokalen Arbeitsmarktpolitik bewirken, als daß durch den Problemdruck neue, innovative und zukunftsträchtige Modelle entwickelt werden.
4. Die institutionelle Fragmentierung der kommunalen Arbeitsmarktpolitik bleibt in zahlreichen Kommunen weiter bestehen.

Kommunen sind als arbeitsmarktpolitischer Akteur in den neuen Bundesländern bisher vorrangig als Träger von ABM und sogar gelegentlich selbst als "Massenentlasser" hervorgetreten. In den neuen Bundesländern gestaltet sich das Problem der Arbeitslosigkeit in einem Ausmaß, mit dem westdeutsche Kommunen nie konfrontiert waren. Trotz hoher Sensibilität von Verwaltungsmitarbeitern und hoher Verantwortung gegenüber dem arbeitslosen Mitbürger sind entsprechende Maßnahmen eher selten anzutreffen. Die Gründe hierfür sind noch nicht abschließend untersucht[1]. Mögliche Gründe sind:
1. In westdeutschen Kommunen wurde gezeigt, daß die Dominanz der Kommunen im Bereich der ABM auf den engen institutionellen Verbindungen zwischen Arbeitsamt und Kommunalverwaltungen beruhen (Scharpf 1982, 258). In den neuen Bundesländern bestanden keine institutionalisierte Verbindungen, da die Arbeitsämter aus bestehenden Strukturen noch vor den Kommunalverwaltungen ihren Aufbauprozeß begonnen hatten. Nicht selten war das Verhältnis zwischen Arbeitsamt und (neuer) Kommunalverwaltung durch "politische Vergangenheiten" belastet.
2. Die neuen rechtlichen Regelungen und die Gebundenheit der Verwaltung bewirkte bei vielen Mitarbeitern in den Verwaltungen eine legalistische Arbeitsauffassung. Handlungsspielräume wur-

---

[1] Erste empirische Ergebnisse aus einem von der Hans-Böckler-Stiftung geförderten laufenden Forschungsprojekt "Kommunale Arbeitsmarktpolitik" in den neuen Bundesländern an der Humboldt-Universität zu Berlin. Untersuchungsgegenstand sind größere, städtische Kommunen.

den nicht genutzt, so daß gerade im Bereich möglicher Innovationen Zurückhaltung geübt wurde.
3. Die Nutzung weiterer Instrumentarien verlangt nach einer Finanzierung durch die Kommune, zumindest aber eine Komplementärfinanzierung. Für entsprechende Maßnahmen sind aber kaum Mittel vorhanden, da andere Aufgabengebiete wie traditionelle Wirtschaftsförderung und Gewerbeausweisung und -erschließung im Vordergrund stehen.

Nach den eher resignativen Blicken auf kommunale Arbeitsmarktpolitik ist zu fragen, ob in Zukunft die Kommune als Moderator lokaler Strategie unter der Verwendung problemangemessener Handlungsmuster und Organisationsformen aufgefaßt werden kann. "Die lokale Ebene verfügt zwar zweifellos über Ressourcen, die für die Lösung von Problemen der Massenarbeitslosigkeit entscheidend sind - nämlich die der problembezogenen Planung, Koordination und Kooperation" (Heinelt 1991b, 121). Zweifellos ist aber auch vor einer zu euphorischen Bewertung zu warnen, denn arbeitsmarktpolitische Aktivitäten "drohen substanzlos zu werden, wenn die lokale Ebene nicht selbständig diese finanziellen Mittel mobilisieren kann" (Heinelt 1991b, 121). Gleichwohl bleibt festzuhalten, daß kommunale Strategien immer in Abhängigkeit zentralstaatlicher Förderungsprogramme sind, und daß die Stabilität lokaler Netzwerke auch davon entscheidend abhängt (vgl. Heinelt 1989). Dennoch ergeben sich für die Kommunen Herausforderungen, die nur durch die Überwindung tradierter Handlungsmuster und Problemlösungsansätze zu bewältigen sind. Kommunen werden arbeitsmarktpolitisch aktiv bleiben bzw. werden müssen, und sei es aus so widersprüchlichen Gründen wie haushaltspolitische Gründe, aus Gründen der Imagepflege oder der Lebensqualität.

Nach anderen Überlegungen (IAB 1992c, 19) könnten Kommunen im Umfang eingesparter Arbeitslosengelder der Bundesanstalt Zuschüsse erhalten, mit denen zusätzliche Investitions- oder Infrastrukturaufträge vergeben werden müssen, u.U. in Verbindung mit "Vergabe-ABM". Hier bestünde ein Ansatz für eine stärkere Beachtung lokaler Bedürfnisse und eine Möglichkeit, Mittel der Bundesanstalt nach regionalen und strukturpolitischen Konzeptionen der Gebietskörperschaften einzusetzen.

Literatur

Bach, H.-U./Kohler, H./Spitznagel, E., 1986: Arbeitsmarktpolitische Maßnahmen. Entlastungswirkung und Kostenvergleiche, in: Mitteilungen aus der Arbeitsmarkt- und Berufsforschung 3/1986, S. 371-384

Bäcker, G. u.a., 1989: Sozialpolitik und soziale Lage in der Bundesrepublik Deutschland, Bd. 1: Arbeit, Einkommen, Qualifikation, Köln

Blanke, B./Heinelt, H./Macke, C.-W., 1986: Handlungsfelder kommunaler Politik gegen Arbeitslosigkeit in einer "normalen" Stadt. Das Beispiel Hannover, in: B. Blanke/E. Evers/H. Wollmann (Hrsg.): Die Zweite Stadt. Neue Formen lokaler Arbeits- und Sozialpolitik (Leviathan-Sonderheft 7), Opladen, S. 154-178

Blanke, B./Heinelt, H./Macke, C.-W., 1987a: Großstadt und Arbeitslosigkeit, Opladen

Blanke, B./Heinelt, H./Macke, C.-W./Rüb, F., 1987b: Staatliche Sozialpolitik und die Regulierung der Nichterwerbstätigkeit, in: H. Abromeit/B. Blanke (Hrsg.): Arbeitsmarkt, Arbeitsbeziehungen und Politik in den 80er Jahren (Leviathan Sonderheft 8), Opladen, S. 296-314

Buch, G./Schwegler-Rohmeis, W./Wagener, A., 1993: Arbeitsförderungsgesellschaften in Brandenburg, in: Arbeit und Arbeitsrecht 48, S. 68-70

Bullmann, U., 1991: Kommunale Strategien gegen Massenarbeitslosigkeit, Opladen

Bundesministerium für Arbeit und Sozialordnung (Hrsg.), 1977: Wirtschaftlicher und sozialer Wandel in der Bundesrepublik Deutschland, Gutachten der Kommission für wirtschaftlichen und sozialen Wandel, Göttingen

Deutscher Städtetag, 1984: Kommunale Aktivitäten im Bereich Arbeitslosigkeit, Köln

Ellwein, T., 1987: Das Regierungssystem der Bundesrepublik Deutschland, 6. Auflage, Opladen

Fiedler, J./Fahrenholtz, A., 1986: Möglichkeiten und Grenzen des zweiten Arbeitsmarktes als Modell regionalisierter Arbeitsmarktpolitik - Das Beispiel Hamburg, in: H. Maier/H. Wollmann (Hrsg.): Lokale Beschäftigungspolitik (Stadtforschung aktuell 10), Basel/Boston/Stuttgart, S. 388-402

Fuchs, G./Rucht, D./Treutner, E., 1987: Kommunale Arbeitsmarktpolitik im Umbruch: Das Beispiel München, in: Zeitschrift für Sozialreform 11-12/1987, S. 677-688

Garlichs, D./Maier, E./Semlinger, K., 1983 (Hrsg.): Regionalisierte Arbeitsmarkt- und Beschäftigungspolitik, Frankfurt am Main

Häußermann, H., 1991: Lokale Politik und Zentralstaat. Ist auf kommunaler Ebene eine "alternative Politik" möglich?, in: H. Heinelt/H. Wollmann (Hrsg.): Brennpunkt Stadt. Stadtpolitik und lokale Politikforschung in den 80er und 90er Jahren (Stadtforschung aktuell 31), Basel/Boston/Berlin, S. 52-91

Heinelt, H., 1989: Chancen und Bedingungen arbeitsmarktpolitischer Regulierung am Beispiel ausgewählter Arbeitsamtbezirke. Zur Bedeutung der Kommunen beim Einsatz von Arbeitsbeschaffungsmaßnahmen (ABM), in: Mitteilungen aus der Arbeitsmarkt- und Berufsforschung 2/1989, S. 294-311

Heinelt, H., 1991a: Die Beschäftigungskrise und arbeitsmarkt- und sozialpolitische Aktivitäten in den Städten, in: H. Heinelt/H. Wollmann (Hrsg.) Brennpunkt Stadt. Stadtpolitik und lokale Politikforschung in den 80er und 90er Jahren (Stadtforschung aktuell 31), Basel/Boston/Berlin, S. 257-280

Heinelt, H., 1991b: Lokale Arbeitsmarktpolitik in einem sich wandelnden Wohlfahrtsstaat, in: B. Blanke (Hrsg.): Staat und Stadt (Politische Vierteljahresschrift, Sonderheft 22), Opladen, S. 113-125

Herder-Dorneich, P., 1984: Sozialstaatskrise und Soziale Ordnungspolitik, in: P. Herder-Dorneich/H. Klages/H.-G. Schlotter (Hrsg.): Überwindung der Sozialstaatskrise. Ordnungspolitische Ansätze, Baden-Baden, S. 13-68

Heseler, H./Warich, B., 1992: Strukturwandel, Beschäftigung und Arbeitsmarktpolitik in Rostock, in: Mitteilungen aus der Arbeitsmarkt- und Berufsforschung 3/1992, S. 289-302

Hesse, J. (Hrsg.), 1986: Erneuerung der Politik "von unten"? Stadtpolitik und kommunale Selbstverwaltung im Umbruch, Opladen

Huebner, M./Krafft, A./Ulrich, G., 1990a: Asymmetrie der Macht. Arbeitsbeschaffungsmaßnahmen im Netzwerk lokaler Arbeitsmarktakteure, in: WSI-Mitteilungen 11/1990, S. 730-738

Huebner, M./Krafft, A./Ulrich, G., 1990b: Allgemeine Maßnahmen zur Arbeitsbeschaffung - ein Geschäft auf Gegenseitigkeit?, in: Mitteilungen aus der Arbeitsmarkt- und Berufsforschung 4/1990, S. 519-533

Institut für Arbeitsmarkt- und Berufsforschung (IAB), 1992a: Allgemeine Maßnahmen zur Arbeitsbeschaffung (ABM) - Neue Forschungsergebnisse (IAB Werkstattbericht 11), Nürnberg

Institut für Arbeitsmarkt- und Berufsforschung (IAB), 1992b: Gesellschaften zur Arbeitsförderung, Beschäftigung und Strukturentwicklung (ABS-Gesellschaften) als Träger arbeitsmarktpolitischer Maßnahmen. Ein Zwischen- und Sachstandsbericht (IAB-Werkstattbericht 10), Nürnberg

Institut für Arbeitsmarkt- und Berufsforschung (IAB), 1992c: Neue Politik für neue Arbeitsplätze. Zur Weiterentwicklung der Arbeitsmarkt- und Beschäftigungspolitik in den neuen Bundesländern (IAB Werkstattbericht 20), Nürnberg

Jaedicke, W. u.a., 1991: Lokale Politik im Wohlfahrtstaat. Zur Sozialpolitik der Gemeinden und ihrer Verbände in der Beschäftigungskrise, Opladen

Jaedicke, W., 1991: Kommunen und Arbeitslosigkeit. Ein Kommentar, in: H. Heinelt/H. Wollmann (Hrsg.): Brennpunkt Stadt. Stadtpolitik und lokale Politikforschung in den 80er und 90er Jahren (Stadtforschung aktuell 31), Basel/Boston/Berlin, S. 286-290

Kommunale Gemeinschaftsstelle für Verwaltungsvereinfachung (KGSt), 1988: Organisation der kommunalen Beschäftigungsförderung - Aktivitäten gegen Arbeitslosigkeit, Köln

Kommunale Gemeinschaftsstelle für Verwaltungsvereinfachung (KGSt), 1990: Aufgaben und Organisation kommunaler Arbeitsmarktpolitik in den ostdeutschen Bundesländern, Köln

Kommunale Gemeinschaftsstelle für Verwaltungsvereinfachung (KGSt), 1991: Aufgaben und Organisation kommunaler Arbeitsmarktpolitik in den ostdeutschen Bundesländern, Köln

Konsalt, 1990: Konzeptionen gegen Jugendarbeitslosigkeit. Beispiel Hamburg-Wilhelmsburg, Opladen

Krüger, J./Pojana, M./Richter, R., 1990: Lokale Handlungsebene und Jugendarbeitslosigkeit, München

Lerch, W., 1984: Ansatzpunkte für den Ausbau einer kommunalen Arbeitsmarktpolitik, in: Sozialer Fortschritt 12/1984, S. 270-277

Maier, H., 1983: Arbeitsbeschaffungsmaßnahmen als regional differenziertes Instrument der Arbeitsmarkt- und Beschäftigungspolitik, in: D. Garlichs/H. Maier/K. Semlinger (Hrsg.): Regionalisierte Arbeitsmarkt- und Beschäftigungspolitik, Frankfurt am Main, S. 214-238

Maier, H./Wollmann, H. (Hrsg.), 1986: Lokale Beschäftigungspolitik (Stadtforschung aktuell 10), Basel/Boston/Stuttgart

Mayer, M., 1991: Neue Trends in der Stadtpolitik - eine Herausforderung für die Lokale Politikforschung, in: B. Blanke (Hrsg.): Staat und Stadt (Politische Vierteljahresschrift, Sonderheft 22), Opladen, S. 51-71

Ministerium für Arbeit, Soziales, Gesundheit und Frauen (MASB), 1992: Landesprogramm 1992. Qualifizierung und Arbeit für Brandenburg, Potsdam

Müller, C., 1992: Beschäftigungsgesellschaften, Bonn

Münder, J./Hofmann, H.-J., 1987: Sozialpolitische Gestaltung durch die Kommunen, in: Soziale Welt 38, S. 365 ff
Scharpf, F. u.a., 1982: Implementationsprobleme offensiver Arbeitsmarktpolitik. Das Sonderprogramm der Bundesregierung für Regionen mit besonderen Beschäftigungsproblemen, Frankfurt am Main
Scharpf, F./Brockmann, M. (Hrsg.), 1983: Institutionelle Bedingungen der Arbeitsmarkt- und Beschäftigungspolitik, Frankfurt am Main
Schmid, G., 1983: Handlungsspielräume der Arbeitsämter beim Einsatz aktiver Arbeitsmarktpolitik: Theoretische und empirische Evidenzen institutioneller Handlungsbedingungen, in: F.W. Scharpf/M. Brockmann (Hrsg.): Institutionelle Bedingungen der Arbeitsmarkt- und Beschäftigungspolitik, Frankfurt am Main, S. 135-165
Schmid, G., 1985: Labour market policy under the Social-Liberal Coalition, in: K. v. Beyme/G. Schmidt (Hrsg.): Policy and Politics in the Federal Republic of Germany, Aldershot, S. 107-131
Sozialminister des Landes Mecklenburg-Vorpommern (SLMV), 1992: Arbeit für Mecklenburg-Vorpommern. Richtlinien vom April 1992, Parchim
Spitznagel, E., 1989: Zielgruppenorientierung und Eingliederungserfolg bei Allgemeinen Maßnahmen zur Arbeitsbeschaffung, in: Mitteilungen aus der Arbeitsmarkt- und Berufsforschung 4/1989, S. 523-531
Spitznagel, E., 1992: Allgemeine Maßnahmen zur Arbeitsbeschaffung (ABM) in den neuen Bundesländern, in: MittAB 3/1992, S. 277-288
Stöbe, S., 1992: Kooperation in der lokalen Arbeitsmarktpolitik, Opladen
Sund, O., 1990: Eine Rezeptur, die vorsichtig dosiert werden muß. Beschäftigungsgesellschaft in der DDR, in: Frankfurter Rundschau vom 27.8.1990
Weiland, M., 1992: ABM - Alternative zur Arbeitslosigkeit, in: Arbeit und Arbeitsrecht 10/1992, S. 293-296
Windhoff-Héritier, A., 1984: Politik der Abhängigkeit. Kommunale Sozialpolitik in der fiskalischen Krise, in: Archiv für Kommunalwissenschaften 2/1984, S. 177-192
Windhoff-Héritier, A., 1991: Policy-orientierte Konzeptionen und Hypothesen im Licht lokaler Arbeitsmarktpolitik. Ein Kommentar, in: H. Heinelt/H. Wollmann (Hrsg.): Brennpunkt Stadt. Stadtpolitik und lokale Politikforschung in den 80er und 90er Jahren (Stadtforschung aktuell 31), Basel/Boston/Berlin, S. 281-285
Wollmann, H., 1986: Stadtpolitik - Erosion oder Erneuerung des Sozialstaats "von unten"?, in: B. Blanke/E. Evers/H. Wollmann (Hrsg.): Die Zweite Stadt. Neue Formen lokaler Arbeits- und Sozialpolitik (Leviathan-Sonderheft 7), Opladen, S. 79-101
Wollmann, H., 1990: Politik- und Verwaltungsinnovation in den Kommunen? Eine Bilanz kommunaler Sozial- und Umweltschutzpolitik, in: T. Ellwein/J.J. Hesse/R. Mayntz/F.W. Scharpf (Hrsg.): Jahrbuch zur Staats- und Verwaltungswissenschaft 4/1990, Baden-Baden, S. 69-112

Autorinnen und Autoren

Dr. Lutz Bellmann, Institut für Arbeitsmarkt- und Berufsforschung der Bundesanstalt für Arbeit (IAB), Nürnberg

Prof. Dr. Gerhard Bosch, Wissenschaftszentrum Nordrhein-Westfalen, Institut Arbeit und Technik (IAT), Gelsenkirchen

PD Dr. Roland Czada, Max-Planck-Institut für Gesellschaftsforschung, Köln

Prof. Dr. Rolf Dobischat, Universität-Gesamthochschule Duisburg

Knut Emmerich, Institut für Arbeitsmarkt- und Berufsforschung der Bundesanstalt für Arbeit (IAB), Nürnberg

Prof. Dr. Hartmut Häußermann, Humboldt-Universität zu Berlin

PD Dr. Hubert Heinelt, Abteilung Sozialpolitik und Public Policy des Instituts für Politische Wissenschaft der Universität Hannover

Dr. Heiner Heseler, Universität Bremen, Kooperation Universität-Arbeiterkammer Bremen, Forschungstransferstelle

Dr. Rudolf Husemann, Arbeitsgemeinschaft Betriebliche Weiterbildungsforschung (ABWF), Bochum

Matthias Knuth, Wissenschaftszentrum Nordrhein-Westfalen, Institut Arbeit und Technik (IAT), Gelsenkirchen

Jürgen Kühl, Institut für Arbeitsmarkt- und Berufsforschung der Bundesanstalt für Arbeit (IAB), Nürnberg

Dr. Karin Müller, Institut für Arbeitsmarkt- und Berufsforschung der Bundesanstalt für Arbeit (IAB), Nürnberg

Prof. Dr. Bernd Reissert, Fachhochschule für Technik und Wirtschaft Berlin

Dr. Hartmut Seifert, Wirtschafts- und Sozialwissenschaftliches Institut des Deutschen Gewerkschaftsbundes (WSI), Düsseldorf

Dr. Bernd-Georg Spies, Trägergesellschaft Schiffbau, Gesellschaft zur Beschäftigungsförderung des Sektors Maschinen- und Schiffbau (DMS) mbH, Rostock

Dr. Brigitte Völkel, Institut für Arbeitsmarkt- und Berufsforschung der Bundesanstalt für Arbeit (IAB), Nürnberg

Alexander Wegner, Institut für Politikwissenschaft der Humboldt-Universität zu Berlin

Ebenfalls in der edition sigma
eine Auswahl aus dem Programm

Arbeitsmarkt / Beschäftigung / Sozialpolitik

Sigrid Quack
Dynamik der Teilzeitarbeit
Implikationen für die soziale Sicherung von Frauen

1993   289 Seiten   ISBN 3-89404-125-0   DM 36,00

Bettina Bangel
Geographie der Altersgrenzen
Frühverrentung im regionalen Strukturwandel

1993   251 Seiten   ISBN 3-89404-126-9   DM 29,80

Claudia Gather, Ute Gerhard, Karin Prinz, Mechthild Veil (Hg.)
Frauen-Alterssicherung
Lebensläufe von Frauen und ihre Benachteiligung im Alter

1991, 2. Aufl. 1993   291 Seiten   ISBN 3-89404-323-7   DM 32,00

Mechthild Veil, Karin Prinz, Ute Gerhard (Hg.)
Am modernen Frauenleben vorbei
Verliererinnen und Gewinnerinnen der Rentenreform 1992

1992   301 Seiten   ISBN 3-89404-342-3   DM 32,00

Karin Lüsebrink
Büro via Fabrik
Entstehung und Allokationsprinzipien weiblicher Büroarbeit 1850 bis 1933

1993   253 Seiten   ISBN 3-89404-353-9   DM 32,00

Bettina Schmitt
Neue Wege – alte Barrieren
Beteiligungschancen von Frauen in der Informatik

1993   206 Seiten   ISBN 3-89404-355-5   DM 27,80

Florian Schramm
Beschäftigungsunsicherheit
Wie sich die Risiken des Arbeitsmarkts auf die Beschäftigten auswirken - Empirische Analysen in Ost und West

1992   267 Seiten   ISBN 3-89404-606-6   DM 36,00

(Fortsetzung auf der nächsten Seite)

Margarete Landenberger
Die Beschäftigungsverantwortung der Rentenversicherung
1991   244 Seiten   ISBN 3-89404-106-4   DM 33,00

Michael Huebner, A. Krafft, H. Thormeyer, G. Olrich, K. Zelder
ABM in der lokalen Politikarena
Macht und Interesse bei der Implementation lokaler Arbeitsmarktpolitik
1990   353 Seiten   ISBN 3-89404-311-3   DM 36,00

Michael Huebner, Alexander Krafft, Günter Ulrich
Das Spektrum kommunaler Arbeitsmarktpolitik
1992   309 Seiten   ISBN 3-89404-336-9   DM 36,00

Burkhard Strümpel, Wolfgang Prenzel, Joachim Scholz, Andreas Hoff
Teilzeitarbeitende Männer und Hausmänner
Motive und Konsequenzen einer eingeschränkten Erwerbstätigkeit von Männern
1988/2. durchges. Aufl. 1989   228 Seiten   ISBN 3-924859-95-7   DM 29,80

Deutsche Vereinigung

Horst Albach
Zerrissene Netze
Eine Netzwerkanalyse des ostdeutschen Transformationsprozesses
1993   133 Seiten   ISBN 3-89404-130-7   DM 24,80

Martin Heidenreich (Hg.)
Krisen, Kader, Kombinate
Kontinuität und Wandel in ostdeutschen Betrieben
1992   368 Seiten   ISBN 3-89404-344-2   DM 39,00

Christel Faber, Traute Meyer (Hg.)
Unterm neuen Kleid der Freiheit das Korsett der Einheit
Auswirkungen der deutschen Vereinigung für Frauen in Ost und West
1992   186 Seiten   ISBN 3-89404-328-8   DM 27,80

Sie möchten mehr wissen über die sozialwissenschaftlichen Fachbücher in der edition sigma? Wir senden Ihnen gern unser Gesamtprogramm. Natürlich kostenlos und unverbindlich. Postkarte genügt.

edition sigma   Heimstr. 14   D-10965 Berlin